阳明心学

——老刘讲《传习录》（上）

刘长志 著

中国财富出版社

图书在版编目（CIP）数据

阳明心学：老刘讲《传习录》. 上 / 刘长志著 .—北京：中国财富出版社，2019. 7

ISBN 978 - 7 - 5047 - 6970 - 1

Ⅰ. ①阳…　Ⅱ. ①刘…　Ⅲ. ①心学—中国—明代 ②《传习录》—通俗读物　Ⅳ. ①B248. 2 - 49

中国版本图书馆 CIP 数据核字（2019）第 136613 号

策划编辑　刘　刚　郝婧婕　　**责任编辑**　齐惠民　宋江伟

责任印制　梁　凡　　**责任校对**　杨小静　　**责任发行**　董　倩

出版发行　中国财富出版社

社　　址　北京市丰台区南四环西路 188 号 5 区 20 楼　　**邮政编码**　100070

电　　话　010 - 52227588 转 2098（发行部）　　010 - 52227588 转 321（总编室）

010 - 52227588 转 100（读者服务部）　　010 - 52227588 转 305（质检部）

网　　址　http://www.cfpress.com.cn

经　　销　新华书店

印　　刷　北京京都六环印刷厂

书　　号　ISBN 978 - 7 - 5047 - 6970 - 1/B · 0555

开　　本　710mm × 1000mm　1/16　　**版　　次**　2020 年 2 月第 1 版

印　　张　21. 75　　**印　　次**　2020 年 2 月第 1 次印刷

字　　数　367 千字　　**定　　价**　56. 00 元

前　言

一、阳明心学

（一）阳明心学的地位

关于阳明心学及其创始人阳明先生在中华历史上的地位早有定论，老刘在这里不再赘述，只简单罗列一二。

2015 年习近平主席在参加全国两会讨论的时候指出，王阳明的心学正是中国传统文化中的精华，也是增强中国人文化自信的切入点之一。意思是说阳明心学等优秀传统文化的创造性转化与创新性发展，对于解决当下社会的种种问题，具有积极的启示意义。

王守仁（1472 年 10 月 31 日—1529 年 1 月 9 日），汉族，幼名云，字伯安，别号阳明。浙江绍兴府余姚县（今属宁波余姚）人，因曾筑室于会稽山阳明洞，自号阳明子，学者称之为阳明先生，亦称王阳明。

春秋时鲁国大夫叔孙豹称“立德”“立功”“立言”为“三不朽”。“立德”，即树立高尚的道德；“立功”，即为国为民建立功绩；“立言”，即提出具有真知灼见的言论。此三者是虽久不废、流芳百世的。据说，我国历史上能够做到“三不朽”的只有两个半人，分别是孔子、王阳明和曾国藩（半个）。

对于阳明先生，古今名人的评价比较多，我们挑几个比较典型的。

蒋介石赞誉说：“余所重者，王阳明知行合一之说。此心有立，然后可以应天地万物之变也。”蒋介石对阳明先生有多崇拜呢？崇拜到他到台湾之后，把台湾草山改名为阳明山。台湾还有个阳明大学，现在还在，大家一查就知道了。

梁启超先生说："王学绝非独善其身之学。而救时良药，未有切于是者。"

王学在日韩影响也非常大，有个日本人叫东乡平八郎，他被称为日本明治时代的海军军神，他在对马海峡海战中打败了俄国舰队。这是近代史上第一次黄种人在战争中打赢白种人，回国述职的时候，别人就问他怎么能取得这么大的成就，东乡平八郎没说什么，而是从腰带上拿起了一块腰牌，只见上面写着"一生俯首拜阳明"。意思是我因为学习了阳明心学，所以才有今天的成就。另外一个日本人稻盛和夫，创建了两个世界 500 强企业——京瓷和日本 KDDI 电信公司，他也是阳明先生的忠实粉丝。

关于阳明先生以及阳明心学的高度评价网上特别多，这里就不多讲了。

外部的约束，永远是治标不治本，只有让每个人的内心都有良知呈现，法律和教化相辅相成，社会才有希望。我们的国家将来必定是一个大同世界。天下为公，讲信修睦，像一个大家庭一样，"人不独亲其亲，不独子其子，使老有所终，壮有所用，幼有所长，矜寡孤独废疾者，皆有所养；男有分，女有归"。

从这几年中央倡导"中华优秀传统文化是文化复兴的不竭源泉"来看，传统儒家文化，或者说以阳明心学为代表的传统儒家文化，在不远的未来，必将是中华民族主流文化的大方向。

阳明心学是比较注重生命历程的，讲的是今生，讲的是如何入世治世，如何修身，如何应付人情事变。不讲彼岸，更不讲大茶壶文化。心学修心性，修的是入世治世的智慧。

一门学问，如果它不能指导实践，只会空耗生命，这个学问就是垃圾，你可以毫不犹豫地摒弃它。学习阳明心学，你将拥有一种完全不同的看世界的视角和方法。呈现在你面前的，将是一个全新的世界，而你，必然会获得一种完全不同的生活。

（二）心学的"善"和"恶"

对我们人类而言，"喜欢"和"厌恶"并非来自外界事物本身的感观和刺激，而是源于内心对它们的判断。意思是说，对于同样一个事物，每个人的感受是不一样的。比如说同样一个女子，你觉得她是美女，别人却可能觉得这人长得实在很一般。每个人心里的标准不同，得到的结果自然不同。

再打个比方，这个月奖金发一千块钱，同样领钱，每个人对这一千块钱的感觉也是不一样的。张三不知道发奖金，而且他也没觉得自己会发奖金。突然天上掉下一千块钱，他心里很高兴，可能拿着钱马上就出去庆祝了。李四以为这个月可能要发五千块钱奖金，结果实际上就发了一千块钱。他拿到钱的时候心里就会很郁闷，感到极度不爽。

同样是发钱这件事情，同样是一千块钱，对于不同人来说，心态、反应是不一样的，心里的喜欢或者厌恶并不是对客观事物的客观判断。通常来说，我们认为是好的就喜欢，认为是不好的就不喜欢，没啥感觉的就无视。但是这种自我意识上的判断未必符合客观事实。很显然，认为是好的就是“善”，不好的就是“恶”，显然是不太靠谱的。

那么心学里的“善”“恶”是什么呢？心学里面的“善”，是《尚书》“允执厥中”的意思，即妥当、恰到好处；“恶”就是失准的判断。打个比方，张三偷东西，按照赃物的案值，法律判他三年有期徒刑，他进去蹲了三年才出来。这时对他的惩罚是恰当的，符合标准的。这是什么？这就是“善”。他本来应该判三年，法官判了五年，那还是“善”吗？显然不是了，已经是“恶”了。如果他本来该判三年，结果判了一年就放出来了，是不是“善”呢？不是的，这也是一种“恶”。因为对于受害者而言，判三年是一个相对来说比较妥当的事情，如果小偷只是受了一年惩罚就出来了，对受害者来说无疑是一种伤害。

好多人可能会想，我善良，是不是我就该事事忍让，唾面自干呢？显然不是这样的。善良并不是无条件地让步，也不是软弱可欺。善良同样要遵循一定的原则，而以直报怨也并非不善。

（三） 心学核心脉络梳理

“心即理”“知行合一”“致良知”是心学的三大核心理念。三者互相渗透、相互支撑，自成体系，不可独存。犹如一个机械模型的三视图，三个理念三张图，每张图自成一体，只有三张图合起来才是完整的心学概貌。

三视图小科普

三视图是观测者从上面、左面、正面三个不同角度观察同一个空间几何体而画出的图形。

一个视图只能反映物体的一个方位的形状，而不能完整反映物体的结构形状。三视图是从三个不同方向对同一个物体进行投射的结果，另外还有如剖面图、半剖面图等作为辅助，基本能完整地表达物体的结构。

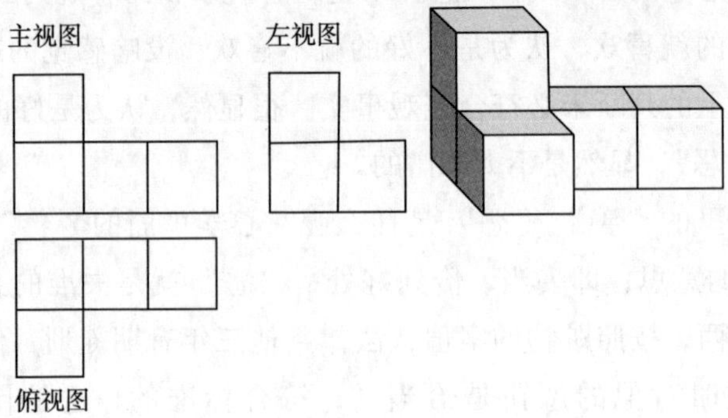

心即理

在阳明心学中，“心即理”是非常重要的核心理念，是个体在修习阳明心学时的基准，说的是人和世界的交互关系。人是天地之心，把人压缩至一个点（虚灵不昧），就是人存于世间的那一点灵明。心无体以感知万物为体，心即理，就是以那点灵明为原点，将个体放在与天地万物的交互体系中，原点所处的位置就是个体和世界交互的位置。位置定了，个体所感知的世界基本就定了。

不同个体，其眼中的世界和心中的理就不同。因此就形成了你的理、我的理，你的心学、我的心学。看世界的角度，单从字面上理解为“你看世界的角度、我看世界的角度”，就是浮于表面了，只是个洋葱的表皮。

“心即理”告诉我们的是，站在灵明所处的位置去和世界交互，向内明我们的心体，看清我们在天道、人道和大势中所处的位置，不断地内求，不断地“格”“致”“诚”“正”，不断地“明明德”“存天理、去人欲”，最后达到至善的境界。

在这之后入世治世，“明明德”的外发就是亲民。理解了“心即理”，就会对天地万物心存敬畏，对人性本身多分尊重，就不会轻易将臆断当作客观事实，不会处处看别人不顺眼、处处拧巴，就能体会到“天地不仁，以万物为刍狗”“上善若水。水善利万物而不争，处众人之所恶”“万物一体”的真正含义，感受到悲天悯人的圣人情怀。

此理念，无须过度修习，只是转换角度。弯子转过来了，就将拥有一个全新的世界。“朝闻道，夕死可矣”说的就是这个脱胎换骨的过程。

知行合一

“知行合一”，是把利刃，是将懂得与做到之间打通，懂得了，落实下去并做到了，就是知行合一。

当我们的心与外界交互时，各种信号会出入心体。当信号输入时，心体随感而动产生意，意动有了，善恶就有了分别。接下来我们要做的是，在信号输入的时候就导正这个输入，让它合于道，把攀附心体的私欲和遮蔽物拿掉，种下善去除恶，让良知导正知觉，从而导正行的方向。这样知行的结果，就是循理，是善、是合乎天理的，“知行合一”的同时也致了“良知”。

如果心体被私欲攀附或遮蔽，在信号出现时不进行导正，任由其向恶的方向发展，其结果不会善，虽然也是“知行合一”，却没有“致良知”。比如说，一个人在高速上开车，知道油门一直踩至200码一路狂奔的后果，但还是这么做，最终车毁人亡，不想活最终达成了死的目的，这也算他的“知行合一”，但他这是合道和“致良知”吗？显然不是的。

“知行合一”是一把利刃，就像一把菜刀本无好坏，用来切菜还是用来砍人，关键在于良知的指引。正因于此，阳明先生才在后面提出了“良知”和“致良知”。把知变成良知，正知正觉，知行下去。知不仅包括我们不学而知的良知，还包括从外面来的各种知识。知的程度有等级，有深浅，只要做到了符合你“知”程度的“行”，就是“知行合一”。自知、知行、边知边行，每一次知行都会形成一个小结果。小结果被消化吸收变成知觉后，再知行，再形成结果，交互共进，螺旋上升，知行的深度和广度会不断递进，良知会越来越充盈，越来越能“致良知”，我们修己入世治世的水准会越来越高，越来越游刃有余。

"知行合一"，需要我们转变思维，正知正觉后，真知真行。

致良知

"良知"和"致良知"是让大家走正道。良知是道，是天理，是妥当，是顺道而行。良知具有知觉和监察两个面，其中，监察功能是根本。知觉的知，包括良知和不良的知，良知是符合道的知。监察功能判断完了往前走就是意动，意动产生，善恶就有了分别。行得下去的知才是真知，知了并行得下去叫致知。知道了良知，行得下去并用诚意送达了才叫"致良知"。

良知的充盈，需要我们在格物上着力，要时时内观，存养良知，格除私欲，无论闲忙，必有事焉，不间断地存养良知，才能养得一腔浩然正气。致良知时，要坚持事上磨，勿忘勿助，时时提起良知，把良知放第一位。

格物的功夫到了，心体明了，我们就清楚地知道了心体被私欲遮蔽时的表现和人性晦涩的真相，推己及人，也就洞悉了人性。面对人情事变时，就可以因势利导，引人向善，节约自己珍贵的人生成本，增加坦坦荡荡的幸福感。入世治世是儒学的根本，随着修为的提高，就懂得了"当生则生，当死则死""自反而缩，虽千万人，吾往矣"的浩然正气！

最后总结一下，"心即理""知行合一""致良知"三大理念没有严格的必然顺序，无论从哪个理念切入都可以顺着走，并延展开去。弄懂了三大理念，也就摸清了心学的脉络。揣着"诚意"往前走，勿忘勿助，不断地格物致知、培根固源，下学而上达，不知不觉你会发现，你这个发光体会越来越亮，修习圣学原来如此"简单"！

二、《传习录》

（一）《传习录》概述

《传习录》在阳明心学中地位究竟有多高呢？差不多相当于《圣经》在基督教中的地位。后世所有与阳明心学相关的东西，基本都是从《传习录》衍生出来的。《传习录》的内容主要是阳明先生的语录和论学书信。那个年代不像现在通信这么方便，当时彼此交流主要靠书信往来，论学观点性的东西也是通过书信这个载体流传了下来。

“传习”这个词是从《论语》“传不习乎”这一句话来的，原文是：“吾日三省吾身——为人谋而不忠乎？与朋友交而不信乎？传不习乎？”

《传习录》包括上、中、下三卷。

上卷是语录体，是相对比较基础的东西。比如什么是“知行合一”，什么是“心即理”，什么是“心外无理，心外无物”等，主要强调什么是圣人之学、身心之学，要领在于体悟实行。阳明心学是入世的东西，不是空谈心性，与佛道之学是有分别的。心学不讲彼岸，强调入世践行，强调儒家的“修、齐、治、平”，强调对实际的生活和人生的帮助，而不是遁世枯禅。

中卷是书信，主要回答了“知行合一”、格物说的“问难”等，还谈了王学的根本内容、王学的意义和创立王学的良苦用心，大致讲解了王学宗旨“致良知”的意义以及如何践行等。

下卷的主要内容是致良知。这一卷先生自己没有审阅过，上卷和中卷先生都是审阅过的。这一卷中先生提出了“本体功夫”和“满街都是圣人”的观点。核心是天泉证道“四句教”：“无善无恶心之体，有善有恶意之动，知善知恶是良知，为善去恶是格物。”“四句教”是阳明心学的精华所在。

（二） 知、行的关系

很多人一谈到“知行合一”，马上就会想，这“知”不就是“知识”嘛，“行”就是实践，“知行合一”，就是理论联系实际；还有人把“知行合一”理解成我知道了，我就去做；还有的理解成言行一致。这些观念都不是心学说的“知行合一”的真正意思。

那么真正的“知行合一”是什么意思呢？

“知行合一”的“知”，在心学里指的是“知觉”，而非“知识”，如果你理解成“知识”，那整个意思就完全变味儿了。我们讲“行”的时候，大部分人都认为“行”就是行动，开始去做事了就是“行”。实际上完全不是这么回事，“行”是分三个阶段的。第一个阶段是我们心感知到的一瞬间，心头的一涌动；第二个阶段是我们心里的“意”发动起来，开始心理活动；第三个阶段才是我们真正外放的、看得见的行动。

打个比方，我们在路上碰到一个小女孩，三四岁的年纪，大眼睛，穿着花裙子，看起来非常萌非常漂亮，让人觉得可爱。我们第一眼看到是不是有这种感觉：哎呀，这个小妹妹好可爱呀，我心里好喜欢。这喜欢的一涌动，就是"行"的第一阶段。一涌动之后，心里就想：哎呀，这么可爱的小朋友，我想和她打个招呼。有这个意向就是"行"的第二个阶段。第三个阶段才是走过去和她打招呼："小朋友你好，萌萌的好可爱呀，在哪个幼儿园呀？"这就是一个完整的"行"。

我们讲知行合一，讲的是心性的一种状态。你可以把"知"理解成所有信号输入心体的集合。心收到知觉的信号时，马上就会有行动。比如说我们看见一个非常厌恶的人或者遇到一件非常厌烦的事，心里马上就会生出厌恶，而不是信号传递到大脑，大脑再给心一个信号，心再产生厌恶的感觉。这就是先生说的"如好好色，如恶恶臭"的真正意思。所以我们讲"知"是内在的行动，知和行之间是无缝连接的。我们只要觉知到，心里马上就会有一涌动，这里的一涌动就是"行"的开始。这就是知、行之间的关系。所以我们讲知、行是一个硬币的两面，是不可分割的。

懂得很多大道理，人生依然过得一塌糊涂的人，大有人在。根本原因就是没有连通"懂得"和"做到"之间的桥梁。贯通"懂得"到"做到"就是"知行合一"。知道这样做不对，却左右不了自己的"行"，显然是和"知行合一"背道而驰的。

关于"知行合一"，在正文中有详细的讲解，这里只作简单概述。

三、 如何学习阳明心学

（一） 我们为什么要学习阳明心学

对普通人而言，很多人学习的动机属于"别人学我也学"，而对学它究竟干什么，并没有太多思考。学习阳明心学对我们的生活究竟有什么帮助？对我们的人生究竟有什么意义呢？

懂得了很多大道理却依旧过不好这一生的人比比皆是：想认认真真地谈场恋爱，掏心掏肺地对她，结果追来追去，把她追跑了；对一个人披肝沥胆、情真意切，结果最后却彻底翻了脸。每天都在患得患失中度过，焦虑、失眠……这是很多人的人生状态。阳明心学可以帮助你解决这些问题，让你拥有一个不一样的人生。

幸福的人生有两个基本支撑点。第一个是灵魂的独立性，第二个是坦坦荡荡的幸福感。

灵魂的独立性，是指我们的幸福是依托于我们自己的灵魂的，而不是依托于别人或者外物。心学讲向内求，评价自己人生的永远是自己的内心。独立的灵魂就像一棵树，挺拔安详，不需要依靠别的东西，无论春夏秋冬，顺天地之道而生。无法独立的灵魂，就会像藤一样，缠着一棵树的时候，可以爬得很高，突然这树倒了，就只能趴在地上，辗转成泥了。

坦坦荡荡的幸福感，是指发自内心的幸福感。有个典故说“箪食瓢饮居陋巷，人不堪其忧，回也不改其乐”。指的是孔子的弟子颜回，住在贫民窟里，每天吃不上喝不上的，生活条件很差，别人看着都发愁，而颜回却没把这种外部环境当回事，每天过得开开心心的。随遇而安，不以物喜不以己悲，这就是坦坦荡荡的幸福感。

这两点很多人是做不到的，甚至其中一点也做不到。这时，人生质量就会呈现一种随机状态，这一分钟觉得很幸福，下一分钟很可能会觉得很难受。这种人生体验就不再是享受人生，而是变成了一个字——“熬”。

阳明心学对心性修炼讲得很浅白、务实，没有太多故弄玄虚的东西。大家觉得晦涩难懂，根本原因是故弄玄虚的人太多。比如有人告诉你，要想学好阳明心学，先要通读四书五经等，列一大堆书目，这么讲的人，往往自己就是半桶水，很多东西自己搞不懂，就往玄之又玄的方向引，无非是“好名”之心作祟，着实害人不浅。当年我刚入儒学门的时候，居然有位所谓的“专家”建议我先通读《四库全书》。《四库全书》一共3.6万册，约8亿字，一天读一万字，也要二百多年才能看完，这个搞法，完全是不负责任地胡扯。

更有甚者，为了满足自己的私欲，出来给大家讲如何去除私欲，无异于心存歪念的人给无知少女讲如何坚守贞操。

人和人之间最大的差异是认知的差异。认知，几乎是人和人之间唯一的本质差别。技能的差别是可量化的，是可以累加的；而认知的差别是本质的，是不可量化的。

人和人比拼的，是对一件事情的理解和洞察，执行本质是为了实践认知。同样的事物，在认知不同的人眼里，是不同的，而这种不同会影响你的判断，判断影响行动，行动自然会影响结果。阳明心学教我们换个角度看世界，分清臆想和客观世界，让我们判断什么是真相。

人生更像是长跑，跑得快的不见得一定是赢家，因为如果你边跑边摔跟头，最后真的不一定还能跑在前边；相反，如果一路上不犯错误，不摔跟头，即便慢慢走，最后得第一的概率也会很高。

阳明心学修心性，向内求，如果能够清晰观照到心体的气机流行，感知到贪嗔好恶的攀附，自然就容易做到“发而皆中节”，应对人情事变游刃有余。心性修到一定的程度，面对各类人情事变的时候，会平和得多。打个比方，上小学三年级的时候，早上去上学前，发现作业没做，是不是会觉得像天都要塌下来一样？完全不知道怎么办，甚至连死的心都有了。作为大学生的时候，同样早上起来，发现老师留的作业没做，会怎么想？还会有那么大的压力，那么大的情绪冲击吗？

修习阳明心学，随着心性的提高，人生的绝大部分问题都会迎刃而解，整个人生自然阳光明媚，春暖花开。

修心学各阶段体会

原创：李小雪（资深白领，西安）

1. 修心之前（成年后到 29 岁之前），心里没有片刻平静，总是思绪纷杂，有时候会感觉非常孤独，因为找不到心灵共鸣的同类人，通常在受到打击时自我怀疑非常严重。（点评：没有方向的时候，很容易迷失自己，陷于迷茫和患得患失的煎熬中。）

2. 开始修心初期（2—5 个月），有时候可以平静下来，很多时候疑惑重重，对修心所要达到的目标持怀疑态度，就像怀疑耶稣或者释迦牟尼所描述的天国或是西天一样，觉得空中楼阁，虚无缥缈。（点评：有疑才是真智慧的入门之径，这个疑指的是基于是否能通过实践检验的怀疑，而不是基于情绪、立场等的为了怀疑而怀疑。盲从不是心学所倡导的。要信，但不可盲从。）

3. 随着慢慢观照内心（5—6 个月），发现修心是一门实实在在的学问，曾经以为修心的最终目的是获得内心的平静，慢慢领悟到修心的目的是随心所欲不逾矩，且能获得灵魂的独立和坦坦荡荡的幸福感。

4. 修心到一定阶段（6—8 个月），生活中的事情慢慢向好的方向发展，但突然对一切丧失热情，好像被生活拖着走，找不到付诸热情的动力。这个时候就有点儿偏了，偏向了佛家无欲无求的状态，这个阶段大概经历了 1—2 个月。当时的感觉有点儿小绝望，对心学产生了一些不信任感，觉得心学就是在剥夺人性（去人欲，存天理的状态）。（点评：这个阶段，要非常注意不要堕入顽空断灭，心学的精髓在于入世治世，不能偏到出世一面。）

5. 过了上个阶段（8 个月以后），慢慢开始从日常琐碎中找到生活的美，开始逐渐对生活恢复热情和变得积极向上，接受了生活本身就是平淡和平常的真相，认真地对待自己和生活。这个时候基本入门了，开始领悟心学的真正意义是让自己的人生不虚度，过好无论是平淡还是激情的每一天。（点评：窥见心学藩篱，就是找到圣人之乐的真谛。）

当前的阶段是无论是否有看《传习录》，是否有听讲解，对自己生活中经历的每一件事，产生的每一个念头和每一种情绪，都尽量过审。当然也有“忘”和“助”的时候，每当这个时候就是遇到了小关卡，过去之后就会理解更深一层。

修心学，入门之后是一个螺旋上升的过程，有时候几天甚至几十天没什么进阶，一旦过了这个关卡，就会突然处于一种新的状态。知道这个规律之后，就不会太着急，就会给自己一些时间去冲破当前的关卡。

思无邪，唯有感恩

张海鹰（高管，郑州）

身为“70 后”，近两年，真切地感知到青春已经渐行渐远。初入职场的青涩和懵懂早已模糊，弥漫在奋力打拼和博弈战场上的硝烟也已消散。曾经享受过成功带来的喜悦，也承受过挫折带来的痛苦。曾经会因一段动人的爱情感动良久，也为窥见人性的晦涩和丑恶而意志消沉。

岁月更迭，云卷云舒，一切过往皆成云烟，生活渐渐呈现出它本来的样子。可又突然发现，曾经沧海难为水，原本明艳鲜活的心，在生活的磨砺下早已坚硬如铁，冥顽不灵。不知何时，心体已被蒙上了厚厚的灰尘，活泼泼的觉知灵明被遮蔽得面目全非，美好的生活已成一潭死水。“天地之大德曰生”，心体本该生机盎然、生生不息的啊。真正的生活，决然不应该是这个样子！（点评：真相本来就在，接受在，不接受亦在。儒家的态度是活在当下，坦然面对一切人力可及和不可及，这份坦荡平实，就是顺道而行。）

阳明心学，冥冥之中，犹如一道天际之光骤然而至。接下来的日子，我对心学的热爱犹如飓风裹挟。兴之所至，如醉如痴，孜孜不倦，乐而忘忧。

在同道为鉴，共同进步的学习群里，五湖四海的心学同道齐聚一堂，如切如磋，如琢如磨，感情日渐深厚。在此期间，我认真研读了《论语》《大学》《中庸》《道德经》等典籍，观看了1990年拍摄的电视剧《孔子》，以及繁华主演的电视剧《老子传奇》和周润发主演的电影《孔子》，重新认识并深刻领会到了传统文化的博大精深，体悟到了先哲智慧和儒家心学的简易广大，在传统文化范围内“博学之”，正可谓良知存养之正途。事实证明，这些存养对我后来心学的学习和理解有非常大的帮助。

4个月来对阳明心学的学习，可以说让我改变很大。现在的我，遇到困难，会勇敢面对，不再慌乱；遇到棘手的问题，会循理而行，着力找寻解决问题的途径；遇到不良的情绪，有信心去匡正，因为七情六欲是人之本性，没有什么好避讳的；遇到乱象，不再迷茫，因为有了新的认知高度。（点评：阳明心学的精髓在于入世治世，活泼泼的生生不息，这是独立灵魂和坦坦荡荡幸福感的最基本保障，也是区别于佛道的泾渭分明之处。）

电影《无问西东》中，黄晓明向章子怡表白的“我就是那个给你托底的人”的经典台词，曾经感动过无数人。我坚信，后半生有阳明心学致良知托底，我的人生必能笃定从容、坦坦荡荡，也必能活成自己喜欢的模样。

“诚”字，只是思无邪，不自欺，唯有感恩：感恩母亲带我来到这个世界！感恩心学路途中我的恩师和各位同道。遇到你们，余生幸甚！

（二） 阳明心学入门指南

随着儒学越来越普及化，阳明心学的爱好者越来越多。2017年10月底，我在在线音频平台开了一个《传习录》通俗讲解的讲座专辑，讲的东西都是自己在修习阳明心学时，走过的一些弯路，对初学者的困惑比较有针对性。仅仅一年时间，点击量就超过三千万，应大家的要求，现把讲稿整理出来，让更多人受益。

大部分初入阳明心学学门的人，往往对如何学阳明心学，没有清晰的方向，基本上都是撞来撞去，事倍功半，有时甚至耗费了大量的精力和时间，还是不得其门而入。

为什么会出现这种情况?

主要原因有两个：

一则，我们现在这批人从幼儿园开始，一直到大学毕业，学的都是西方自然科学方面的东西，真正接触到的传统文化方面的东西很少。比如说像《说文解字》这类很基础的东西，很多人基本上没有接触过，更别说看过了。在这种情况下读古圣先贤的书，难免会觉得晦涩难懂，举步维艰。另外作为语言来讲，它不是恒定不变的，而是在不断变化。比如说现在的英文和一百年以前的英文，很多东西是不一样的。也就是说你到大英博物馆翻出来二百年以前的英文书，本地纯种英国人也不一定能完全看懂。

二则，思维模式问题，自然科学是从西方传过来的，西方自然科学的思维模式和我们中华文化的思维模式是不一样的。打个比方，现在很多人都会开车，你是在北京生活，他是在香港生活，一个右侧通行，一个左侧通行，用你的角度看他开车，或者用他的角度看你开车，都会觉得对方开得一塌糊涂。同理，用西方思维理解中华文化，得出的结论也同样荒诞不经。而现在，很多人，特别是年轻人成长过程中接触的都是西方思维模式，这种影响非常大。认知方式的不同，导致其在理解中华传统文化中所蕴含的思维模式的时候会有障碍，这是根本原因。

阳明心学入门，有两个前提，但现行的很多书中都没有讲。对初学者而言，这些东西不讲，有点儿类似于请老外吃火锅，却不告诉他筷子怎么用，老外只好抓耳挠腮流口水，却无从下手。给老外一双筷子，教会他怎么用筷子，后面怎么吃，就不用再去教他了，他自己琢磨也肯定能吃饱。但没这个筷子的用法，就只能当观众了。这部分讲的内容，就是给你双筷子，告诉你怎么用。

第一个前提，为啥“明白很多大道理却依然过不好这一生”?

思维和心性不是一回事，或者说脑和心不是一码事。很多人把思维和心性混为一谈，反正都是脑子想事，那我就多读书，然后按照我的理解去强化思维，我一直这么修，自然就修成了，这对不对呢?

这种修法显然是有问题的，完全没搞清思维和心性的分别。举个例子来说明一下思维和心性之间究竟是什么关系。比如说失眠：失眠的时候，你的思维，也就是你的大脑告诉你说："晚上 9 点必须得睡觉，因为明天早晨 5 点半得起来做事，事情很重要，如果睡不好觉，明天会没精神干活，肯定会影响做事的效果。"从思维的角度，你躺着就想睡觉，希望马上进入睡眠状态，对不对？但是你的心始终没有安静下来，心始终在闹腾、闹腾、闹腾，闹得你翻来覆去辗转反侧，就是睡不着，直到凌晨两三点钟，甚至三四点钟，才迷迷糊糊睡着了那么一会儿。早上起来必然是顶着俩黑眼圈。从这个案例，我们可以知道，作为人类来讲，我们所有的行为都是心来决定的，不是思维来决定的。

如果把思维与心性这两个东西混为一谈，你修来修去，修到的最后结果只有一个：你的知识面越来越宽，你的思维深度越来越深，但心性始终没有变化。没有变化的结果就是说的时候，你能讲出一大堆道理来，别人谁也说不过你。但在做事的时候，还跟以前一个德行，该失眠还是失眠，该情绪失控还是情绪失控。

一个吸烟很久、烟瘾很大的人，你和他讲吸烟危害的时候，你是说不过他的。关于吸烟的危害，他能跟你说两小时不带重样的，而且能举一反三，延展出一堆道理来。但他能不能戒得了烟呢？似乎还是戒不了。"明白很多道理却依然过不好这一生"，根源就是心性没有改变，只是知识多了而已。

第二个前提，人类的认知结构问题。修阳明心学的本质是修一种智慧。我们习惯用逻辑来推导智慧，实际上，这种方式的结果是南辕北辙，缘木求鱼。在这里，我把人类的认知方式简单讲一下，按照人类的认知高度，分三个层面（见下图）：

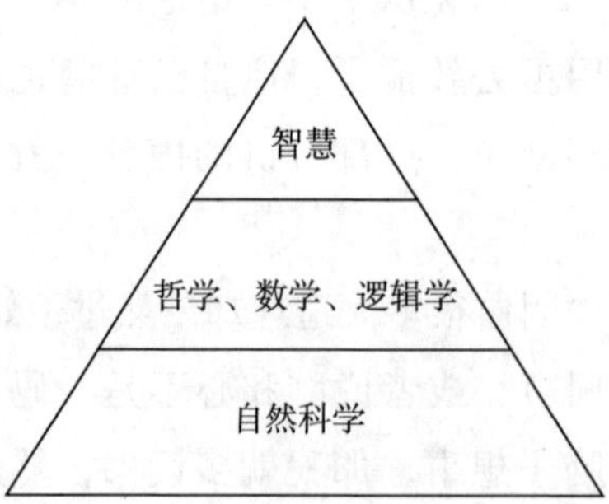

认知金字塔

金字塔最高点是智慧，中间是工具学科。工具学科包含数学、哲学和逻辑学。最下面的部分，也就是底座是自然科学。

自然科学是什么？粗浅地说，就是你在大学里学的绝大部分专业，无论你是学临床医学的，搞心脏外科的，学机械的，学计算机编程的，还是学冶金的，它们都归自然科学。

就写论文这个事情来说，要逻辑严谨，经得起推敲。如果你的论文能建立个数学模型，那么这个论文的含金量就上去了，没有数学模型，只是空洞地阐述，档次就上不去。

通过严密的逻辑和数学模型，可以把论文的论点诠释得非常清楚明确。认知金字塔的本质是上面部分能诠释下面的，而下面没有办法诠释上面的。你不能说你通过某个具体冶金方式，回头来指导，或者解析数学究竟是怎么回事。自然科学有可能会反馈某些影响，引出某些灵感，但是它没法去解析上一层。我没见过写个数学论文，靠冶金这种方式，或者说靠机械这种方式去推导的。

阳明心学这种修心性修智慧的事情，只能往下推，通过心性/智慧推导工具学科的东西，而不能反过来用工具学科（逻辑）来推导智慧。

总结一下，第一，思维和心性不是一回事。我们修阳明心学修的是心性，不是思维；第二，不能用逻辑来推导智慧，而应该反过来，用智慧来推导逻辑。这个方向不能反，一旦反了，心学的门就进不去了。

阳明心学是一种智慧——能让你看清楚真相的智慧。这里强调一下，智慧和知识是不一样的，知识是个刻板的东西，智慧是个应变的东西。智慧的作用是洞悉这个世间的规律，所思所想所行，处处与规律合拍，法天则地，道法自然；知识是用来解决具体问题的，是由智慧产生，智慧是知识之母，知识不过是末端应用的皮毛而已。举个例子，知识就相当于在游泳池里学会游泳的基本动作，蛙泳、蝶泳、自由泳都会了，但游泳池是个理想状态，水温、水流什么的基本都是设定好的，你游得再好，也代表不了真正用的时候的效果。

比如掉到江里了，不知道任何相关水文信息。有没有漩涡，有没有深坑，有没有淤泥，等等，什么都不清楚。这个时候就需要用已经掌握的最基本的游泳动作，来应对水情的各种变化，游到安全的一端。而这中间的应变过程就是智慧。

没有智慧的时候，空有一身知识，却不知道如何应变，就像盲人走路，就算有人告诉你这段路平平坦坦，什么障碍都没有，你真的敢放开大步往前走吗？显然你不敢，你还是得拿你手里的盲杖，不断地探前面的路，敲一下，走一步，再敲一下，再走一步，战战兢兢，如履薄冰。

智慧充盈的状态就像明眼人走在路上，什么都能看得见，前面有没有沟沟坎坎，心里很清楚。心里边会特有安全感，平和坦荡。

人生如同在水中游泳一样，熟知水性就可以任意遨游，不懂水性，就会寸步难行，活得很累。如果对人性和世界缺乏足够的了解，不懂得如何应对人情事变，就会像一条狗掉到水里，不想被淹死就只能拼命狗刨，在充满对未知命运的恐惧中，疲累交加，不知道什么时候是个头。没有智慧的时候，每天活着的状态亦是如此。

心学修炼入门有四个要点：

第一，改变思维模式。改变思维模式是心学入门的核心，要求我们换个角度看世界。我们通常习惯的方式是以自我为中心，用我们自己心里的尺度来评价这个世界。释迦牟尼出世的时候讲了一句话："天上地下，唯我独尊。"释迦牟尼不是在说我是老大，我最牛，不是这样理解的。他讲"唯我独尊"，这"我"是指本我，意思是每个人的世界都是以自我为中心的，用自己的认知和尺度来评价世界。每个人看问题的角度、认知方式、评价尺度、评价方式都不一样，分歧和冲突就出来了。

要把焦点从外界转回自身，把注意力转向内心，观照内心，因为智慧就在心中。只有和自己意识世界发生关系的事物，才对我们的人生有意义。比如碰到个热点事件，很多人的做法是深挖细节和站在道德制高点去裁判是非，满足窥探的欲望。站在道德制高点居高临下指点江山的感觉的确很爽，但对自己的人生和心性的提升，是没有任何实际意义的。

第二，要分清臆想和现实。每个人都会产生臆想，分清这种不真实和真实之间的关系，本身就是一种智慧。

曾经有人在天涯论坛发了个帖子，大意是说，大夏天看到一个老太太背了个编织袋在路上走，满头大汗，顿生恻隐之心，就给了老太太一瓶没喝过的矿泉水，想让老人家解解渴。这明显是一片好心。但老人家接过矿泉水之后，稍微愣了一下，然后打开盖子把水全倒了，并把瓶子踩扁扔到了编织袋里。这位老兄当时非常无语，最后在帖子下面写了自己的感受：不是老人变坏了，而是坏人变老了。他要表达的意思是，天这么热，你一定很渴。我给你拿瓶矿泉水喝，你至少要说声谢谢吧？你不但不谢还把水倒了。你这人怎么这样子？明显是一个坏人。

事实上，这位老兄没搞清一个问题，他的臆想并不是客观事实。我们从老太太的角度反推一下，这老太太背个编织袋捡矿泉水瓶子，很明显，她就是一个拾荒者。按照她的职业思维模式，正走在路上的时候，突然有人走过来了，把一瓶矿泉水递给了她，很有可能是这个人觉得矿泉水很重，不想背了，让她帮着把矿泉水处理掉。拾荒的只收集瓶子，就把水倒了，留下空塑料瓶子。她心里估计还在想，现在的人怎么这么浪费，一瓶水都没打开过，说扔就扔。

我们从两个不同的角度来分析这个问题的时候，会发现这样一条真理：客观事实是有办法证明的，但动机没法证明。如果我们把臆想，即推测的别人动机当作客观事实的时候，分歧和冲突就产生了。

我们入世治世的时候经常也这样。我们认为领导肯定知道这件事情，但领导是真不知道；我们认为下属肯定知道这件事该这么做，下属也是真不知道。在家里，你认为你的爱人对某一件事情应该非常清楚，但很可能你爱人根本就不清楚。最后结果是他觉得委屈，你也觉得委屈，冲突就来了。有这种冲突之后，自然会影响到情绪，接着就影响到很多很多东西。我们的大部分烦恼都是这么产生的。

第三，修习心性要事上磨。在入世治世中应对具体的人情事变，磨炼我们的心性。心平气和的时候，比较容易客观看问题，做事时能保持心智水平在线。一旦心体受到贪嗔好恶的攀附，七情失控，对事物的判断就会扭曲失真，应对入世治世的具体事情就会大失水准，甚至犯低级错误。

比如先入为主认为这个人是个好人，以后这个人的所作所为，我们都会从善意的角度去推断。即使这个人做了很不好的事情，由于先入为主认为这个人是好人，我们就会趋向认为：这个人这么做，肯定是情有可原的。

反过来，如果我们先入为主认为一个人是坏人，或者对这个人很厌恶的时候，就会把这个人的动机恶意化，即便他做了件好事，我们很可能也会认为他是别有用心，动机不良，在打什么坏主意。

就这样，因为臆想和客观事实看不清楚，我们的认知就扭曲了，得出来的结论和由此推导出的应对方式方法，自然就离题万里了。

事上磨就是不断地磨掉这些先入为主的东西，把心体打扫干净，把“好名好色好利”的私欲连根拔起，存养良知，做到心体廓然大公，不让贪嗔好恶攀附在心体上。

第四，修习心学的时候，结果不重要。大家一定要记住：结果是不重要的，重要的是什么？重要的是过程。举个小例子，我们学习数学二元一次方程，考试的时候这道题不会，只要眼神好，斜着眼看前面，前桌的那个人写的答案是 $x=3$，$y=5$，把它写在自己的考卷上，这次考试就会有好分数。但是，大家都清楚，这个答案对自己是没用的。

下次考试的时候，你很难确定是否还能抄到别人的答案。想从根本上解决这个问题，关键在于自己搞清楚运算过程，也就是解决问题的方法。

一人一世界，我得到的东西，和你说是没有任何意义的。每个人的成长经历、环境等，都是不同的，每个人都是一个特例，我的“果”只是特定地属于我这个人的。

对我来说，我的二元一次方程答案是：$x=3$，$y=5$，但这个答案对你来说，是没有任何意义的。因为你的人生二元一次方程和我的不一样，你碰到的问题跟我碰到的问题也不一样。同一句话，因为语气、语调、表情等原因，你说出来和我说出来的效果是不一样的。修行也是同样的道理。

（三） 心学学习的五大忌讳

第一，很多人学习心学后，每天咬文嚼字，训诂考据，在初学者面前故弄玄虚，让很多初学者望而却步，搞得心学不是心学，成了玄学。

第二，心学入门既难也不难，难在学了一点儿就被好名之心占据，总想表达自己知道，证明自己懂！不难在于一个“诚”字，只要诚心诚意地用心，不懂的地方不自以为是，切实实践，做到“知之为知之，不知为不知”，自然会每日进步。喜欢显摆，本身就是心智不成熟的表现。外求之心过盛，终究只是在门外打转，入不得大门。

第三，错误地理解学问，学问不是懂多少古文，懂多少哲学，懂多少历史，懂多少自然科学，而是要懂五伦。就是要会做人处事，那才叫有学问。

学问，学问，就是边问边学，谦虚做人。自以为懂得“茴香豆”的“茴”有四种写法，别人不晓得，就沾沾自喜，自以为懂得了别人不懂的东西，就高人一等。殊不知懂得这种对修炼心性，提高入世治世能力，提高人生质量都毫无帮助的所谓学问，纯粹是浪费生命。如同《庄子·秋水》所言：“鸱得腐鼠，鹓鸰过之，仰而视之曰：‘吓!’”鸱的行为，只会让真正的上智之人贻笑大方。

第四，到处插科打诨，理解一点点就去教育别人，非要争个你死我活，非要证明自己就是真理，这个对于学习心学真的没有帮助。有帮助的是好好事上磨，遇事内观自心，事事看看自己是否有僭越之心，是否有争胜之心，好好地修习自己的心性，一步一个脚印踏踏实实进步，才是捷径。过分张扬，无非浅薄。

第五，心学不是一时一刻的事情，是一生都要坚持的事情，心学是事事都用功的事情，不要三分钟热度，“义袭而取”是一生也学不好心学的。孟子一个“必有事焉”，道尽了为学根本。

目　录

徐爱序 …… 1
【001】亲民和新民之辩 …… 5
【002】至善求于心 …… 9
【003】天下事理皆源于心 …… 13
【004】此心的至善 …… 18
【005】知行合一初步 …… 21
【006－1】尽心知性和格物致知的关系（上） …… 27
【006－2】尽心知性和格物致知的关系（下） …… 33
【007】大人格君心 …… 37
【008】恢复内心的光明 …… 38
【009】博文约礼和惟精惟一 …… 40
【010】人心和道心 …… 43
【011－1】虚文之害和明道的返璞归真 …… 46
【011－2】孔门家法 …… 52
【011－3】治理天下的大原则 …… 56
【012】《春秋》列入《六经》的依据（上） …… 60
【013】《春秋》列入《六经》的依据（中） …… 62
【014】《春秋》列入《六经》的依据（下） …… 64
徐爱跋 …… 67
【015】主一之功 …… 68

【016】真正的立志 …… 70
【017】妄念丛生的修行方法 …… 73
【018】朋友相处之道 …… 74
【019】好为人师的危害 …… 75
【020】贯通学问的根本（上） …… 77
【021】贯通学问的根本（中） …… 79
【022】贯通学问的根本（下） …… 82
【023】遇事便不同的原因 …… 84
【024】上达的功夫在脚下 …… 86
【025】惟精惟一的真相 …… 88
【026】知行合一 …… 90
【027】孔门言志（上） …… 91
【028】未发而中 …… 94
【029】孔门言志（下） …… 97
【030】学问如何进步 …… 99
【031】心体明即是道明 …… 102
【032】心外无理，心外无事 …… 104
【033】心即性，心即理 …… 105
【034】善和不善 …… 107
【035】精一的功夫就是上达 …… 108
【036】存养即是省察 …… 110
【037】人情事变的功夫 …… 111
【038】四端的真相 …… 113
【039】论为学功夫 …… 116
【040】怕鬼的根本原因是什么 …… 119
【041】动静是什么 …… 122
【042】《大学》和《中庸》的关系 …… 123
【043】孔子正名 …… 124
【044】心学入世“中和”的度 …… 129
【045】心学的根本是未发之中 …… 132

【046】潜龙勿用 …… 134
【047】圣人为什么不讲“夜气” …… 136
【048】心之本体和思绪的关系 …… 138
【049】破除烦恼的根本之道 …… 140
【050】万变不离的中道 …… 143
【051】时势造英雄 …… 144
【052】真正的执中是什么 …… 146
【053】善念存就是立志 …… 148
【054】低调的必要性 …… 150
【055】文中子的“续经之非” …… 151
【056】“治生之先”误人 …… 153
【057】精气神的真相 …… 155
【058】情绪和心体的关系 …… 156
【059】至情至性 …… 157
【060】克己功夫 …… 158
【061】当下就是一切 …… 159
【062】昏镜岂能照物 …… 161
【063】道无精粗 …… 163
【064】私欲如尘土 …… 164
【065】致知克己在当下 …… 166
【066】道究竟是什么 …… 168
【067】如何做到君子不器 …… 171
【068】有源之水生意不穷 …… 174
【069】活在当下 …… 175
【070】心和五感六识的关系 …… 177
【071】存养良知 …… 179
【072】私心杂念的真相 …… 180
【073】什么是“气” …… 182
【074】圣人应对问题的妙法 …… 184
【075】心性实修不能刻意求静 …… 186

【076】私欲的病根 …… 188
【077】颜子没而圣学亡 …… 192
【078】身、心、知、意 …… 195
【079】过去未来思之无益 …… 197
【080】说话颠三倒四的原因 …… 198
【081】心随自然便是不动心 …… 199
【082】心静和精一之功的理解 …… 201
【083】好的心念亦需要“格” …… 203
【084】存养良知需要连贯 …… 204
【085】正其不正以归于正 …… 206
【086】止于至善在心里 …… 207
【087】动静皆有事 …… 208
【088】格物致知 …… 210
【089】“格致诚正修齐治平”就是“仁” …… 212
【090】空谈心性的危害 …… 214
【091】至善即是复其本然 …… 215
【092】大学的“知止定静安虑得” …… 217
【093】墨子“兼爱”的不妥处 …… 219
【094】当理和无私心的分别 …… 222
【095】持志如心痛 …… 224
【096】如何看清内心的私欲 …… 226
【097】修行的进境 …… 229
【098】做学问该有的态度 …… 231
【099】圣人的合格标准是什么 …… 233
【100】学问的根源 …… 237
【101－1】善恶的本质（上） …… 240
【101－2】善恶的本质（下） …… 244
【102】做学问的根本处 …… 249
【103】业举之累和为学的关系 …… 251
【104】每天私心杂念挥之不去怎么办？ …… 252

【105】如何克服好名的毛病 …… 254
【106】君子日省的重点是否是悔 …… 257
【107】圣学根本在“纯度” …… 258
【108】体用一源 …… 261
【109】改变的根本在内心 …… 263
【110】交友之道 …… 265
【111】学而时习之的真意 …… 268
【112】曾子的“三省”和“一以贯之” …… 271
【113】孔圣人褒赞颜回的真相（上） …… 273
【114】孔圣人褒赞颜回的真相（下） …… 275
【115】修圣学立志的根本 …… 277
【116】为学日益，为道日损 …… 279
【117】居敬、穷理之辩 …… 281
【118】心的本体是什么 …… 286
【119】诚意和正心的关系 …… 289
【120】戒惧慎独的本质 …… 291
【121】看人不能脸谱化 …… 294
【122】为己之心的解析 …… 297
【123】积极面对，以待天命 …… 301
【124】儒学的妙处 …… 303
【125】真知和真行 …… 306
【126】儒家的生、死之道 …… 308
【127】率性之谓道 …… 310
【128】治大国的根本 …… 314
【129】修身中诚意的重要性 …… 317

徐爱序

【原文】

先生于《大学》“格物”诸说，悉以旧本为正，盖先儒所谓“误本”者也。爱始闻而骇，既而疑，已而殚精竭思，参互错综以质于先生。然后知先生之说若水之寒，若火之热，断断乎“百世以俟圣人而不惑”者也。先生明睿天授，然和乐坦易，不事边幅。人见其少时豪迈不羁，又尝泛滥于词章，出入二氏之学，骤闻是说，皆目以为立异好奇，漫不省究。不知先生居夷三载，处困养静，精一之功，固已超入圣域，粹然大中至正之归矣。爱朝夕炙门下，但见先生之道，即之若易而仰之愈高，见之若粗而探之愈精，就之若近而造之愈益无穷，十余年来，竟未能窥其藩篱。世之君子，或与先生仅交一面，或犹未闻其謦咳，或先怀忽易愤激之心，而遽欲于立谈之间，传闻之说，臆断悬度，如之何其可得也！从游之士，闻先生之教，往往得一而遗二，见其牝牡骊黄而弃其所谓千里者。故爱备录平日之所闻，私以示夫同志，相与考而正之，庶无负先生之教云。门人徐爱书。

【老刘说】

徐爱，字曰仁，号横山，浙江省余姚马堰人，进士及第，是阳明先生最早的入室弟子之一，也是阳明先生的妹夫。曾任祁州知州、南京兵部员外郎、南京工部郎中等职务。逝于三十一岁。

在这篇序中，徐爱主要说明了一下成书的原因，自己修习阳明心学的心路历程，并介绍了一下阳明先生的形象和学说。我们能看到徐爱对自己恩师发自肺腑的崇敬和爱戴之情，真诚朴实，没有虚誉之词。

“先生于《大学》‘格物’诸说，悉以旧本为正，盖先儒所谓‘误本’者也。爱始闻而骇，既而疑，已而殚精竭思，参互错综以质于先生。”

这个“先儒”，指的是朱熹。讲到《传习录》，朱熹是不能不说的。

孔子 孟子

朱熹 王阳明

儒学四门，“孔孟朱王”——孔子、孟子、朱熹、王阳明。

朱熹是程朱理学的代表人物，世称“朱子”。朱熹是唯一非孔子亲传弟子而享祀孔庙的，位列大成殿十二哲者之中。官至焕章阁侍制，帝师之职，主要工作是给宋宁宗讲学。最有名的著作是《四书章句集注》（四书指《大学》《中庸》《论语》《孟子》），该书后来成为官方科举考试标准教科书，也就是说读书人想走科举这条路，就必须按照这本教材的标准来，否则直接没戏。大家可想而知，朱熹对天下读书人的影响有多大。

徐爱也是通过学习这本教材进士及第的，朱批《四书》在他心里是天经地义的存在，突然有人说朱熹的《大学》版本是有问题的，正确的应该是旧本，也就是《小戴礼记》中的《大学》篇，心里肯定不是一般的震惊。震惊之后就开始怀疑，既然阳明先生提出来这东西有错误，那么依据是什么？

徐爱从自己的角度来考虑：我是朱熹理论的忠实信徒，我要维护我相信的东西，那我就要想办法找到你的漏洞驳倒你，怎么才能找到你的漏洞呢？肯定要先把你的学说研究明白了，以子之矛攻子之盾，以此证明朱学的东西是对的。

由此可见，徐爱学习阳明心学的初心是来找碴儿的，随着他不断地学习，在质疑解惑过程中，发现阳明先生讲的才是真理，朱批版本的《大学》确实是有问题的，最后对阳明先生心服口服，承认阳明心学是“断断乎‘百世以俟圣人而不惑’者也”。意思是就算再过几百年，再有圣人出现，或者说再有更聪明的人出现，也得承认阳明先生讲的东西确实是真理。任何真理在立世之初，都是从被质疑开始的。只有经得起时间检验，才能立于世。

阳明先生虽然很聪明睿智，但没什么架子，不故弄玄虚，走在大街上和平常人差不多，平常又不修边幅，看起来并不仙风道骨。很多人都会以貌取人，一看阳明先生貌不惊人，如此平常，自然不会把他放在太高的位置。

此外，阳明先生年少的时候也干过一些荒唐事。比如结婚时，家里人忙里忙外地操持，结婚当天他竟然跑到山上闲逛，看到有个道观，就进去和老道喝茶聊天，居然聊到把时间给忘了。拜堂的时候，大家发现新郎竟然找不到了。有段时间又泛滥于辞章，吟诗作赋，写了些风花雪月的诗词；还经常找和尚、道士切磋。

而这么一个人竟然在儒学上否定先儒，还提出了个新学说。依平常人看来，不过是在标新立异，自然就没有太多兴趣去深究了。

但实际上，阳明先生在贵州龙场悟道三年，已经超凡入圣，徐爱和阳明先生接触之后才知先生的高深莫测。徐爱对先生的评价是极高的：徐爱我除了仰视别无选择，跟随先生学习十几年，别说追上先生，到现在为止，我连门都没摸到呢。“十余年来，竟未能窥其藩篱”，这句话有点儿类似颜回对孔子的评价：“仰之弥高，钻之弥坚。”意思是说，我越看越觉着孔子水准高，越跟着学习越觉得除了仰视别无选择。

徐爱接着说很多人学习东西的时候，往往很浮躁，看到一些或听到一些就想当然。比如说有些人和阳明先生只见过一面，话也没说几句，就下定论了，说他的理论不行。还有些人则先入为主，来之前就在心里持否定态度，任何事情都从负面进行解析，而不是客观地思考和验证。我们中国人在听话的时候，经常听的不是内容，而是态度。通常我们认为态度合适的时候，才会去听内容；如果觉得对方的态度不好，往往会拒绝接受内容。这是我们在修习心性的时候要特别注意的一件事情。

还有些人跟着阳明先生学习的时候，不是系统地学习，而是舍本求末，结果是盲人摸象，不得其要。这里徐爱举了个选千里马的例子：选千里马时应该把马拉出去跑一跑，用实践检验一下，就知道马是不是千里马了。但很多人选择千里马的标准是先看公的还是母的，是黄颜色的还是黑颜色的，这和选千里马的目的完全没什么关联。很多人在学习的时候同样会犯这样的错误，结果就是得不到真正的要学的东西，挂一漏万。

最后，徐爱做了个总结：修身之道要互相印证，每个人的精力毕竟很有限，修心性的人相互之间要多交流，彼此之间要多印证，从而增加自己认知的长度和宽度。“同志”在这里是指同道、有共同志向的人。

徐爱最后说：“我把先生平常的讲学内容和我认为有价值的话收集整理出来，汇编成一本书，大家可以相互探讨并对我理解错误的地方予以纠正。同道为鉴，不辜负先生的教诲。”

【001】
亲民和新民之辩

【原文】

爱问："'在亲民'，朱子谓当作'新民'。后章'作新民'之文似亦有据[①]。先生以为宜从旧本作'亲民'，亦有所据否？"

先生曰："'作新民'之'新'是'自新之民'，与'在新民'之'新'不同，此岂足为据！'作'字却与'亲'字相对，然非'新'[②]字义。下面'治国平天下'处，皆于'新'字无发明。如云'君子贤其贤而亲其亲，小人乐其乐而利其利'，'如保赤子'，'民之所好好之，民之所恶恶之，此之谓民之父母'之类，皆是'亲'字意。'亲民'犹《孟子》'亲亲仁民'之谓，'亲之'即'仁之'也。'百姓不亲'，舜使契为司徒[③]，'敬敷[④]五教[⑤]'，所以亲之也。《尧典》[⑥]'克明俊德'便是'明明德'，'以亲九族'至'平章''协和'[⑦]便是'亲民'，便是'明明德于天下'。又如孔子言'修己以安百姓'，'修己'便是'明明德'，'安百姓'便是'亲民'。说'亲

---

① 朱熹《四书或问》："今亲民云者，以文义推之则无理。新民云者，以传文考之则有据，程子于此，其所以处之者亦已审矣。"

② 新：有版本作"亲"。

③ 司徒：官名，周时六卿之一，掌管国家的土地和人民的教化。

④ 敬敷：恭敬慎重地传布实行。

⑤ 五教：父子有亲，君臣有义，夫妇有别，长幼有序，朋友有信。

⑥ 《尧典》：《尚书》篇目之一，里面记叙了尧、舜的事迹。

⑦ 《尚书·尧典》："克明俊德，以亲九族；九族既睦，平章百姓；百姓昭明，协和万邦。"克，能；俊，大；九族，以自己为本，上推至四世之高祖，下推至四世之玄孙为九族。

民'便是兼教养意。说'新民'便觉偏了。"

【老刘说】

讲这一节，我们需要先解释一下《大学》。"大学"不是指清华大学、北京大学这种大学，这里是指孔子讲授"初学入德之门"的要籍，由孔子的学生曾参整理而成，代表了儒学的基本思想体系。

那清华大学、北京大学的大学从哪里来呢？这个"大学"本为"太学"，是西周时期设立的主要供贵族上的学校，它不仅承担教育功能，还有祭祀或者宴会等功能。周天子所设大学叫"辟雍"，校址圆形，围以水池，前门外有便桥，周围是养着珍奇异兽的苑囿。按照礼制，贵族在十五岁之前学习小学，包括礼、乐、射、御、书、数等。这些是对贵族最基本的要求。十五岁入太学，学《大学》中所谓的"三纲八目"等内容。总结起来，小学学基本生存、交往、军事等技能，属于"术"层面；太学中学为什么，属于"道"层面。古代教育体系，注重先实践，后理论，先从小事，再学修身、齐家、治国、平天下的大事。

《大学》有"三纲八目"。"三纲"是"明明德、亲民、止于至善"，是儒家修身的根本目标。"八目"是"格物、致知、诚意、正心、修身、齐家、治国、平天下"，是修身的进阶顺序。这里所说的"修身"比较好理解，"齐家"和现在的理解不太一样，以前的家指的是家族，不像现在的小家，顶多五六口人。以前的大家族，动辄就几百口，这样一个家庭里，人际关系非常复杂，光靠硬性的家法是搞不定的，"仁、义、礼、智、信"缺一样都不行，在过去能把三四百口人的一个大家族管理得井井有条的人，按现在的标准，管个千人企业是绰绰有余的。"治国"就是治理一个国家，这个不多说了。"平天下"是指在国家林立的状态下，纵横开阖，游刃其间。当然如果按照文言文中的使动用法，也可以理解成"使天下太平"的意思。现在的世界，无非是一个扩大版的战国时代而已。因此也可以这样说，《大学》是儒家之人入世治世的总纲领，换言之：要想做一个理想的儒者——君子，就必须按照《大学》的套路来。

朱批版本《大学》的开篇是："大学之道，在明明德，在新民，在止于至善"。旧本《大学》的开篇是："大学之道，在明明德，在亲民，在止于至善。”

一个“亲民”，一个“新民”，徐爱觉得朱熹说的也很有道理，于是问阳明先生：朱熹认为《大学》后面有“作新民”的文句，前后呼应，可以证明前面对应的应该是“新民”。先生说“亲民”才是对的，有什么依据呢？

我们看阳明先生是怎么回应的，阳明先生首先就把“作新民”给否定掉了。他说，“作新民”这个“新”字是自新的意思，“作新民”三个字源于《尚书》，意思是“改过自新，重新做人”，这句话和前面的“新民”是对应不上的。他接着又说，《大学》后面的章节里倒是有很多论据证明前面应该是“亲民”而不是“新民”，比如说“君子贤其贤而亲其亲，小人乐其乐而利其利”，“贤其贤”是尊敬贤人的意思，“亲其亲”是亲近双亲的意思，显然这句是和“亲”有关系，而和“新”没什么关系。“如保赤子”，“赤子”是什么呢？就是小孩刚生出来，身上红彤彤的状态，“赤”是红色的意思。“如保赤子”意思是说，对待百姓要像父母对待刚出生的婴儿一样。和刚出生的婴儿讲道理是没用的，做父母的要用一颗挚爱之心来呵护他、保护他。“民之所好好之，民之所恶恶之，此之谓民之父母”，作为君子，对天下百姓要有一颗仁爱之心。说的都是“亲”的意思，和“新”没什么关系。

其他儒学经典，依据同样很多。孟子说：“亲亲而仁民，仁民而爱物。”意思是说，对百姓我们要用仁爱和爱护的态度，而不是冷冰冰的管理和被管理的关系，仁爱放在前面，用仁爱的态度对待老百姓，这同样是“亲”的意思，和“新”是没有关系的。

再看尧、舜、禹时代，讲的也是“亲”的意思，基本上是没有“新”的意思。比如《尚书》里边讲舜让契做司徒。司徒一职，大概相当于现在的教育部部长，但二者又有很大的区别。现在的教育部部长管的是孩子读书、高等教育等教育事业。而司徒在当时管的是教化人民的，就是说他对全社会的精神文明建设都要承担责任的。契做司徒讲“敬敷五教”，这个五教指的就是五伦（即父子有亲、君臣有义、夫妇有别、长幼有序、朋友有信）讲的还是“亲”的意思。而不是我高高在上，我要教育你，我要让你改过自新，重新做人，没有这层意思。

孔子在《论语》里讲“修己以安百姓”，注意这个“安”字，是使动用法，也就是怎么才能使百姓心安呢？也就是要“修己”，要让老百姓有亲近感。老百姓心里头没有安全感，天下是不可能安定的，这个安全感的获得是让他们感觉到“亲”，感觉到亲情和爱，只有这样，老百姓才会心安。比如你非常相信一个人，你相信这个人绝对不会伤害你，你在这个人身边的时候，一定会有安全感。反过来，有一个人天天和你讲规章制度，讲流程，讲这讲那，理论讲一大堆，但你骨子里并不觉得这个人亲善，你在这个人面前能找到安全感吗？因此孔子这句讲的还是“亲”的意思，而不是“新”。所以这里说“亲民”有教诲和养化民众的意思。说“新民”意思就偏了。

【002】
至善求于心

【原文】

爱问："'知止而后有定'，朱子以为'事事物物皆有定理'，[①] 似与先生之说相戾。"

先生曰："于事事物物上求至善，却是义外[②]也。至善是心之本体，只是明明德到至精至一[③]处便是。然亦未尝离却事物，本注所谓'尽夫天理之极而无一毫人欲之私'[④] 者得之。"

【老刘说】

接着上一节。徐爱问阳明先生："《大学》里说'知止而后有定'，朱子说'事事物物皆有定理'，和先生您说的不一样呀。"

这是朱熹和阳明先生思想分歧最大的地方，朱熹认为"理"应当在事事物物上求，阳明先生认为"理"不外乎人心。徐爱的疑问在于，朱熹说外求，

---

① "知止而后有定"出自《大学》："大学之道，在明明德，在亲民，在止于至善。知止而后有定，定而后能静，静而后能安，安而后能虑，虑而后能得。"知、止、定、静、安、虑、得也被称作修身七境。朱熹在《大学或问》中用"能知所止，则方寸之间，事事物物，皆有定理矣"来解释"知止而后有定"这句话。

② 《孟子·告子上》："告子曰：'食、色，性也。仁，内也，非外也；义，外也，非内也。'"孟子反对告子"仁内义外"之说，认为仁义的根本在心中。

③ 《尚书·大禹谟》："人心惟危，道心惟微。惟精惟一，允执厥中。"这十六个字也被称为"十六字心传""中华心法"。

④ 朱熹《四书章句集注·大学章句》："言明明德、新民，皆当止于至善之地而不迁，盖必其有以尽夫天理之极，而无一毫人欲之私也。"

阳明先生说内求，到底怎么个求法呀？一脑子糨糊呀。

这个“理”怎么理解呢？“理”在这里是天理的意思，天理就是“真理、原理、规律”等在意识体的投射，在没投射之前的存在就是老祖宗讲的“道”，上天生成万物，万物就应该有各自的规则和特征。比如天理落在某条狗身上，这条狗的大脑活动、意识冲动、行为表现都必须符合狗的规则和特征。如果某一天，你看到一条金毛居然在爬树，你的第一反应肯定是这狗要成精吧？言外之意是，这条金毛虽然生理结构是狗，但已经不能算是真正意义上的狗了。天理落在人的心之本体上，就是良知，良知充盈流动起来，驱动生理结构上的人成为一个符合天道意义的人。良知涵盖伦理方面却又不局限于伦理方面，它还有更广阔的外延，这在后面会讲到。

讲这一部分，要先讲一下“至善”。“至善”指的是心体盈满良知，无一丝一毫人欲之私，天理完全落在心之本体上的状态。人心对事理的反映与本然如此的自然之理重合为一时，心之所至的点就是“至善”，“至善”的“善”不能误认为是流于道德判断上的“善与恶”的“善”，“至善”指心与天理相吻合的点。也就是“盖必其有以尽夫天理之极，而无一毫人欲之私也”的状态。

但这个“至善”是心理活动。你不是别人肚子里的蛔虫，不可能知道别人到底在想什么，所以我们没办法评价别人是不是“至善”，别人也同样没办法评价我们是不是“至善”。这个评价只能是自己对自己。每个人心里都有杆秤，按孟子的说法，“是非之心，人皆有之”。这个“是非之心”，就是善恶的分界线。

从修心性的角度来说，向外求其实是南辕北辙。关于“义外”，孟子和告子之间有过争论，孟子批判告子之学讲的东西都是有问题的，像仁、义、礼、智、信这些东西是源于我们内心的，不能向外求，向外求就相当于是用行为来推断一个人的动机，这很显然是有问题的。

同样一件事情，比如说你在路上走的时候，看到有个老人准备过马路，老人年纪大了，眼神不好，腿脚不利索。在恻隐之心的驱动下，你觉得应该帮老人一下，这是发自内心的，这就是良知。你没想求什么额外的好处，就是觉得应该做，就走过去，扶着老人过了马路。这件事情是基于内心的良知。

你看见一个老人过马路，恰好旁边有认识你的人，或者说你的领导，你心里想要在熟人或者领导面前表现一下，赶紧过去扶这个老人过了马路。

从行为上说，扶老人过马路的行为是没有任何区别的，但从动机上说，前一个动机是发自内心的，是没有私心的；后一种则是完全出于私心。发心动念是完全不一样的。

所谓“义外”就是通过扶老人过马路这件事，来逆推你的动机是什么。从别人的角度看到这个行为，能肯定地判断出你的动机吗？显然是非常值得商榷的。

阳明先生接着说，“至善是心之本体，只是明明德到至精至一处便是。”心无体以感知万物为体，心之本体本身就是合道的。我们常讲赤子之心，赤子就是小孩刚生出来，身上还红彤彤的状态，他们的心这时候还没有被贪嗔好恶攀附，是一种非常纯净的状态，没有一丝一毫的人欲之私。

要明白，心性和思维是两回事，不能混为一谈，内心是修心性的部分，思维是有一定逻辑合理性的部分，心性会受到情绪的干扰和影响，比如失眠，按照思维来说，我们应该晚上 9 点上床睡觉，第二天早上 6 点起床，精神抖擞；事实却是躺在床上，心在不停地闹腾，翻来覆去睡不着。行为是由内心决定的，而不是思维来决定的，或者说思维会影响内心，但最后临门一脚是由内心决定的。阳明心学修的是心性。

《大学》中讲的“明德”，是说心之本体中盈满作为人这个物种，上天给的德行，也就是天理。“明明德”是洞悉天道，心体无贪嗔好恶攀附，心如明镜的状态。达到这个状态，处理人情事变，看世间万物，自然游刃有余。

把攀附在心体上的种种遮蔽拿开，才能明心见性。明心见性的“性”，就是本性具有的德行，也就是明德。说到明心，必然要讲观照，明心就是观照清楚自己的内心。比如说你今天很有情绪，不要从外部找原因，而要向内反观自己的内心，感知情绪是如何产生的：为什么会发怒？为什么会悲伤？为什么会心生怨气？

找到这种情绪的源头，通过不断观照，养成习惯，一旦情绪有波动的时候，就知道产生这种情绪的源头。观照久了，就能看清楚内心了。一旦情绪有涌动的苗头，马上就知道了。这就是明心，明心是很容易的一件事情，只要不断观照就能达到。但“见性”是非常难的一件事，要在“喜、怒、哀、惧、爱、恶、欲”七情的汹涌中，找到未发之前的本来面目，并在这种汹涌中找出一条安然能出的路。

没修心性之前，碰到个事情，马上就怒发冲冠了，最后被情绪主导了行为。待事情过去后，自己回头想的时候，又忍不住反问："这个事情是我干的吗？"修心性后，达到明心见性的水平，事情刚有端倪，心就会给出巨大的警醒，情绪涌动中，心依然可以找到一条安然可行的路。

关于"至精至一"，就是从"精"到"一"的过程，会在后面详细讲。

朱熹"尽夫天理之极而无一毫人欲之私"这句是对的，当心里存的全是天理的时候，自然而然就没有人欲之私了。一般人心里经常受到人欲之私的干扰，是没有办法做到天理充沛起来的。如同气球上有个破洞，无论怎么充气，都没办法吹得饱满。

这里有三个点要说一下。

第一，修心性是不是要修到六根清净，七情皆无？这显然是不对的，如果这种状态算是得道的话，石头砖头早就得道了，岂不荒谬？

第二，任何事情都能把七情六欲放在一边，做到完全理性地处理人情事变，算不算得道？这显然也不算。人如果完全理性了，就是无情了，也就脱离人性了。连人都不算了，还谈什么得道？所谓纯粹理性就是精于算计，任何事情都以广义的利益为标准。计算机是可以完全做到的。说计算机已经得道，岂不荒谬？

第三，圣人有没有犯错的时候？有没有发怒的时候？显然是有的，孔子说"颜回不迁怒不贰过"，从另一个角度看，就是说颜回也有犯错的时候，只是不会重复犯错；也有发怒的时候，只是不会迁怒于别人。

【003】
天下事理皆源于心

【原文】

爱问："至善只求诸心，恐于天下事理有不能尽。"

先生曰："心即理也。天下又有心外之事、心外之理乎?"

爱曰："如事父之孝，事君之忠，交友之信，治民之仁，其间有许多理在，恐亦不可不察。"

先生叹曰："此说之蔽久矣，岂一语所能悟；今姑就所问者言之。且如事父不成，去父上求个孝的理；事君不成，去君上求个忠的理；交友、治民不成，去友上、民上求个信与仁的理，都只在此心。心即理也，此心无私欲之蔽，即是天理，不须外面添一分。以此纯乎天理之心，发之事父便是孝，发之事君便是忠，发之交友、治民便是信与仁。只在此心去人欲、存天理上用功便是。"

爱曰："闻先生如此说，爱已觉有省悟处。但旧说缠于胸中，尚有未脱然者。如事父一事，其间温凊定省[①]之类，有许多节目，不亦须讲求否?"

先生曰："如何不讲求？只是有个头脑，只是就此心去人欲、存天理上讲求。就如讲求冬温，也只是要尽此心之孝，恐怕有一

---

① 《礼记·曲礼上》："凡为人子之礼，冬温而夏凊，昏定而晨省。"意思是作为子女，冬天要关心父母是否暖和，夏天要关心父母是否凉快，晚上要为父母铺好枕席，早上要向父母请安。表示侍奉父母无微不至。

毫人欲闲杂；讲求夏凊，也只是要尽此心之孝，恐怕有一毫人欲闲杂；只是讲求得此心。此心若无人欲，纯是天理，是个诚于孝亲的心，冬时自然思量父母的寒，便自要去求个温的道理，夏时自然思量父母的热，便自要去求个凊的道理。这都是那诚孝的心发出来的条件。却是须有这诚孝的心，然后有这条件发出来。譬之树木，这诚孝的心便是根，许多条件便是枝叶，须先有根，然后有枝叶，不是先寻了枝叶，然后去种根。《礼记》言：'孝子之有深爱者，必有和气，有和气者，必有愉色，有愉色者，必有婉容。'须是有个深爱做根，便自然如此。"

【老刘说】

心学是用心的学问，不是用脑、用思维分析，用逻辑推理的学问。很多人学心学喜欢用逻辑、用纯粹推理的方式，其实是把方向搞反了。学习很长时间，知识面很广，深度也足够，但心性方面还是原地踏步，真到考验心性的时候，是要交白卷的。

熊十力先生是"新儒家"公认的开宗立派人物，堪称"开宗大师"，《大英百科全书》称熊十力与冯友兰为"中国当代哲学之杰出人物"。然而"文化大革命"中其著作被冠以唯心主义、复古主义遭到批判而精神崩溃。熊先生学术水平毋庸置疑，但在心性修炼层面，是远没达到阳明先生"此心光明，亦复何言"的境界的。

上一节阳明先生讲到万事都要内求于心。对此，徐爱表示不完全认同。内求于心，就能把事情做好，这个也太玄了吧？

阳明先生说："心即理也。天下又有心外之事、心外之理乎？"这个"理"还是"天理"的意思。人的心之本体里，存在一个天理，仁、义、礼、智、信都是这个天理的对外表现形式。浅显一点儿说，当内心充满正气，去做一件自己认为正确的事情的时候，精气神自然充沛，也就是一身浩然正气；如果是做一件坏事，一件自己都认为不该做的事情的时候，比如偷东西什么的，自己的心是虚的，"贼人胆虚"讲的就是这个意思。

心里充满正气的时候，精气神是往上涨的，心里的正气越足，精气神就越充沛。正气和精气神是一种生生不息的正向循环。《周易·系辞下》曰："天地之大德曰生。"天道的根本是生生不息。心里充满正气，自然就能做出相对应的德的行为。

心中有"仁"，你做的事情，会让人觉得你是一个仁德之人；心中有"义"，你做出的事情，会让人觉得你这人很有道义；你本性就是一个诚实的人，别人看你做事，自然会觉得你是个诚实的人。

"天下又有心外之事、心外之理乎？"心就是理的存在，佛教讲万法唯心，八万四千法门皆可成佛。成佛成道，修的还是"心"，不是修思维、修逻辑。

徐爱表示还是不太明白。朱熹说，要在事物上求至善。比如事亲尽孝，有很多操作细节要学习。如果老父亲有高血压，就要知道平常饮食起居要注意什么，可能还需要买一本指南什么的。总之这件事情要做得非常好、非常圆满，没有一点儿瑕疵，就需要多请教别人，学习好的经验，总不能说心在老父亲身上，就算尽孝了吧？

阳明先生听了徐爱的话后，叹了口气说，这种说法已经存在很久了，但实际上是不对的，这是个主次关系的问题，二者之间不是非此即彼，非黑即白的关系。阳明先生举了个反例，如果你认为给老父亲尽孝这件事情没有做好，你是要扪心自问反思自己呢，还是要把原因归结到老父亲身上呢？显然应该是扪心自问。要想究竟什么地方没有尽心？是不是有私欲作祟？比如我太累了睡懒觉了，或者是嫌麻烦，或者是因为今天老父亲发无名火心里不舒服，所以有的事情就没做或者偷工减料了。

向内求，内求于心才是正道。如果只是按照手册指南来做，按照别人的看法来做，即使行为是一样的，也等于虚伪，不是正道。只有从内心出发，找出解决的办法，才是通往至善的正道。把心中良知放在首位，尽孝也好，做事也好，如呼吸一般自然的就把这个事情做好了。

关于"道德"，它在古汉语中的意思跟现在的我们的理解有所不同。万物运行的本然如此的规律为"道"；万物各得其所称为"德"。而不是局限于对个人品德判断意义上的"道德"。"道"和人心相契合的状态，就是人心在对应领域达到"至善"之时。

阳明先生讲"心即理"时，特别强调了一点，即"此心无私欲之蔽"。

私欲在这里指贪嗔好恶攀附心体。贪嗔好恶源于好货、好色、好名的毛病。贪嗔好恶发动的时候，心是被蒙蔽的，甚至自己都不知道自己在做什么。

比如有的人见财起意，谋财害命，被判决后拉出去枪毙了。这是典型的心被贪欲所蒙蔽的例子，结果付出了巨大的代价，自己的人生也被毁掉了。

徐爱听到这里，心里已经大概明白了，但以前的说法的影响还在，没有完全想通透。徐爱接着举例，说像孝敬老人这种事情，《礼记》里面有一些规范，比如“温清定省”，还是要照做吧？这里“温清定省”相当于《礼记》在对孝敬老人方面提出的比较详细的操作指南，详细列出了一二三四五等操作规范。

有关此处，老刘稍微展开一下。很多人读《传习录》原文，之所以搞不懂阳明先生真正要表达的意思，是因为自己的思维模式存在问题。现阶段的大部分人，接受的都是西式的教育模式，想问题容易非此即彼，非对即错；而我们是“《易经》民族”，三易之道是浸透在民族的血液中的。在对错黑白之间，是有个中间状态的。阳明先生反复强调“心即理”，心要放在老人身上，并不是说“温清定省”这些事情就不做了，这两件事不是非此即彼的，而是说要有先后顺序。

任何手册和指南，甚至制度流程等，都是基于过去的经验制定，并应用于现在，但未来是否也一定可用呢？显然是值得商榷的。

孝敬老人这件事，只要你将心放在老人身上，自然就会把一个“孝”字做出来。今天你出门感觉比较冷，你心在老人身上，马上就能想到老人是不是更容易冷，有没有保暖的衣服？去年的衣服会不会保暖效果不够好，要不要再买一件？这个“孝”字，自然就出来了。

随着时代进步，是要与时俱进的，比如现在夏天比较热，按照《礼记》的说法，给老人买扇子，晚上用扇子把床铺扇凉了就算尽孝了。现在还这么做，结果就是你累得满头大汗，别人却觉得你根本就没孝心。你应该给老人买一个空调装上，细心一点儿的，顺便多交点儿电费，避免老人家怕用电费，舍不得开空调。关于尽孝这件事，首先是有颗尽孝的心，这颗心要完全在老人身上。

阳明先生举了个例子，尽孝这件事就像一棵树，尽孝之心就像树的根，有了根才有后面孝行的生生不息。买空调也好，给老人扇扇子也罢，这些外在行为相当于树的枝干、叶子，如果没有尽孝之心，只是做出来给人看，就等于树没有根。树有根的时候，生机盎然；树没根的时候，就算打扮得再好看，也是蔫的、没精神的。

《礼记》中说，孝敬老人，要把心毫无保留地放在老人身上，只有这样才算是“孝”。有了尽孝之心，自然就能做到对老人说话和气，自然就有好脸色，自然就有和顺的仪容。自然而然，老人的心情也就会好得多。所有这一切都要心中有爱才能做好。

【004】此心的至善

【原文】

郑朝朔[①]问："至善亦须有从事物上求者。"

先生曰："至善只是此心纯乎天理之极便是，更于事物上怎生求？且试说几件看。"

朝朔曰："且如事亲，如何而为温凊之节，如何而为奉养之宜，须求个是当，方是至善；所以有学问思辨[②]之功。"

先生曰："若只是温凊之节，奉养之宜，可一日二日讲之而尽，用得甚学问思辨！惟于温凊时也只要此心纯乎天理之极，奉养时也只要此心纯乎天理之极，此则非有学问思辨之功，将不免于毫厘千里之谬；所以虽在圣人，犹加'精一'之训。若只是那些仪节求得是当，便谓至善，即如今扮戏子，扮得许多温凊奉养的仪节是当，亦可谓之至善矣。"爱于是日又有省。

【老刘说】

阳明先生做吏部主事的时候，郑朝朔为御史，算是同僚。听到阳明先生的学说，心里觉得不太服气，过来问他："我觉得'至善'这个事情仅仅向内求是不够的，还是要从事物上求，你讲得是不是太绝对了？"

---

① 郑朝朔：名一初，广东揭阳人，进士。王阳明任吏部主事时，王朝朔为御史。

② 《中庸》："博学之，审问之，慎思之，明辨之，笃行之。"

阳明先生回答说，“至善”只能是“心”在纯乎天理之极的时候，方能达到，和外物有什么关系？不妨举几个例子来听听。

郑朝朔说，就说孝养双亲吧，怎么做才符合“温清定省”的礼节？怎么做才算是奉养到好处？“温清定省”的具体步骤肯定是要按照《礼记》中的要求好好落实的。

“须求个是当”的“当”字，是适当、妥当的意思。如何做到妥当，达到“至善”，还是需要有学问思辨之功的。“学问思辨”即《中庸》所讲“博学之，审问之，慎思之，明辨之，笃行之”。学问思辨的功夫是完成“诚意”的方法、工具和步骤。“诚意”才是学问思辨功夫的核心。

说到“诚意”，在阳明心学中意思相近的一个词是“存心”，阳明先生认为“存心”是存养的意思，“存心”包含致良知的功夫，约等于“知行合一”的功夫。《大学》的“格致诚正”中，“诚意”是“至善”达成的关键步骤。举例来说，你要去北京，“诚意”的基础是要有具体的动作，比如搞明白去北京的交通方式，准备差旅费，选择交通工具等。这都是诚意在实处的具体体现，是自然而然、水到渠成的事情。如果你没有这些具体的准备程序和铺垫，凭什么说你的“决定去北京”是有诚意的呢？

阳明先生回答说，如果就是学点儿奉养双亲的知识和流程，参加个培训班几天就学完了，哪里还用得着做学问这么费劲呀？关于孝敬老人这件事，如果没有把心真正放在老人身上，动机不纯粹，是不可能做到尽善尽美的。这件事关键点不在这些能看到的行为，而在于“心”的真实状态。

举个例子，很多女同志有过做妈妈的经历，孩子出世之前，会买很多育儿方面的书，或者向有经验的人学习等，这是外求。光靠几本书和请教别人能把孩子真正养好吗？显然是有问题的，最重要的是要把心放在孩子身上。孩子总会有些情况是书本上没有的，那怎么办呢？只能见招拆招。孩子一有异动，就马上想办法，竭尽所能，这样才能把孩子养好。

知乎上有一个例子，很能说明这个问题，一位父亲写道：孩子四个月的时候发现体内有肿瘤，走的时候八个月。我收集了不少资料，比如美国国家综合癌症网络（NCCN）的指南、中国专家共识等，还有各种医学期刊上的病例。大部分患者都是中老年人，小孩子只发现了三例，分别是 4 岁、9 岁、13 岁。省肿瘤医院的一位医生曾对我说：“你真是个伟大的父亲，有些资料我用专业的数据库都没找到。”我说我不伟大，这只是本能。

按照手册，按照流程做事情，心却不在上面，典型是“小和尚念经有口无心”的得过且过。你在办公室值班，隔壁着火了，反正也不是你放的火，岗位职责里也没写这一条，那就无所谓了，该喝茶喝茶，该看报纸看报纸，这显然算不上心有良知。

如果本身动机不纯，所有行为都是为了某些目的，就跟戏子演戏没什么区别了。那还算得上“至善”吗？比如为了遗产而尽孝，就算做得再周到体贴也和“至善”没关系。

徐爱在旁边听阳明先生和郑朝朔对话，对阳明先生的学说又有了进一步的体悟。

【005】
知行合一初步

【原文】

爱因未会先生知行合一之训，与宗贤[①]、惟贤[②]往复辩论，未能决，以问于先生。

先生曰："试举看。"

爱曰："如今人尽有知得父当孝、兄当弟者，却不能孝，不能弟，便是知与行分明是两件。"

先生曰："此已被私欲隔断，不是知行的本体了。未有知而不行者；知而不行，只是未知。圣贤教人知行，正是要复那本体，不是著你只恁[③]的便罢。故《大学》指个真知行与人看，说'如好好色，如恶恶臭'[④]。见好色属知，好好色属行，只见那好色时已自好了，不是见了后又立个心去好；闻恶臭属知，恶恶臭属行，只闻那恶臭时已自恶了，不是闻了后别立个心去恶。如鼻塞人虽见恶臭在前，鼻中不曾闻得，便亦不甚恶，亦只是不曾知臭。就是称某人知孝、某人知弟，必是其人已曾行孝、行弟，方可称他知孝、知弟；不成只是晓得说些孝、弟的话，便可称为知孝、弟。又如知痛，必已自痛了方知痛；知寒，必已自寒了；知饥，必已自饥了。知行如何分得开？此便

① 宗贤：黄绾，字宗贤，号久庵，浙江黄岩人，官至礼部尚书，师从于王阳明。
② 惟贤：顾应祥，字惟贤，号箬溪，浙江长兴人，官至兵部侍郎，师从于王阳明。
③ 恁：如此。
④ 《大学》："所谓诚其意者：毋自欺也。如恶恶臭，如好好色。"

是知行的本体，不曾有私意隔断的。圣人教人必要是如此，方可谓之知；不然，只是不曾知。此却是何等紧切着实的工夫，如今苦苦定要说知行做两个，是甚么意？某要说做一个，是甚么意？若不知立言宗旨，只管说一个两个，亦有甚用！”

爱曰：“古人说知行做两个，亦是要人见个分晓，一行做知的功夫，一行做行的功夫，即功夫始有下落。”

先生曰：“此却失了古人宗旨也。某尝说知是行的主意，行是知的功夫；知是行之始，行是知之成。若会得时，只说一个知，已自有行在，只说一个行，已自有知在。古人所以既说一个知，又说一个行者，只为世间有一种人，懵懵懂懂的任意去做，全不解思惟省察，也只是个冥行妄作，所以必说个知，方才行得是；又有一种人，茫茫荡荡悬空去思索，全不肯着实躬行，也只是个揣摸影响，所以必说一个行，方才知得真。此是古人不得已补偏救弊的说话，若见得这个意时，即一言而足。今人却就将知行分作两件去做，以为必先知了，然后能行，我如今且去讲习讨论做知的工夫，待知得真了，方去做行的工夫；故遂终身不行，亦遂终身不知。此不是小病痛，其来已非一日矣。某今说个知行合一，正是对病的药，又不是某凿空杜撰，知行本体原是如此。今若知得宗旨时，即说两个亦不妨，亦只是一个；若不会宗旨，便说一个，亦济得甚事？只是闲说话。”

【老刘说】

关于阳明先生说的“知行合一”，徐爱还是没有完全弄清楚，就和黄绾、顾应祥两个同学讨论。但说来说去，三人还是始终没有把“知行合一”搞明白。于是一起去请教阳明先生。

阳明先生带学生还是很注意方式方法的，没有直接讲概念，而是反问几个学生：“你们哪个地方不理解，举个例子我听听。”

徐爱说：“比方说现在有这么个人，心里知道对父亲应该孝顺，对兄长应该敬爱，但事实上，却完全做不到。说起来头头是道，做起来完全不是那么回事，这不明摆着‘知’与‘行’是两件事吗？”

徐爱这里把“知”理解成了知识。好像知道对父亲尽孝的全套知识，就应该做到理论和实践相结合，就能够很好地落实下去。现在很多人也是这么理解的，其实这种理解是有问题的。心学“知行合一”的“知”，是指知觉，不是知识，这是两回事。

比如学开车，把驾驶手册完全背下来，背得滚瓜烂熟，无非是方向盘调整方向，踩刹车减速，踩油门加速，就这点儿事情，好像也没什么难的。但手册学好就能把车开好吗？显然不能。

“知行合一”的“行”，不仅仅是平常理解的看得见的行动，还包括行动前的起心动念。阳明先生说“此已被私欲隔断，不是知行的本体了”，这个“本体”指的是心之本体，也就是没有被贪嗔好恶攀附的心体。这里讲的“私欲隔断”，是指心体被贪嗔好恶攀附。

阳明先生接着说，“未有知而不行者；知而不行，只是未知”，其实根本没有知而不行的人，只要知觉到了，肯定就会有行，所谓知觉而没有行动，是因为根本就没有知觉到。注意不要有惯性思维，心学的“行”是从心的一涌动就开始算的，而不仅是指那些能看得到的行为动作，这点一定要特别注意。

举个例子，你的手不小心碰到了火，被烫到了，手很痛，是不是马上就把手收回来了？这个事情是不需要通过思维过程的。知觉到了，马上就会有动作。《大学》中的“如恶恶臭，如好好色”，说的就是这种知行关系。

心的一涌动就是“行”的第一步了，心理活动可以看作“行”的第二步，采取看得见的行动是“行”的第三步。知行之间是无缝连接的，一旦知觉到了，心里马上会有涌动，二者如同硬币的两面，完全不可分开。“恶恶臭”讲的是，你走在路上，路边有个粪坑，有股臭味飘过来了，你心里马上有厌恶的感觉涌动，不自觉就会捂着鼻子绕过去。如果你感冒鼻塞，闻不到味道，同样从这个坑旁边走过去，知觉不到臭味，心头就比较平静，就不会有厌恶的感觉涌动。

闻到臭味的同时，厌恶的感觉就来了，不可能是闻到臭味，再通过大脑好好思考一番“应该有个粪坑存在，我应该有厌恶的情绪”，然后心里才开始厌恶。

入世治世面对人情事变，从“知”到“行”的一涌动非常重要，导正知觉，也就是在导正“行”，所以是非常重要的事情。人和人之间相处是个交互的过程，有点儿像打扑克，你出一张牌，我根据你出的牌出一张牌，你再根据我出的牌出下一张牌。如果“知”没有导正，后面的“行”必然会偏离正道。

修好心性，无论境遇如何，都能保持平和自然的心态，无论工作还是生活，发生冲突的概率会小得多，也不可能有心智完全离线的情况发生。

知道“孝”，必然是已经做到了，如果做不到，说明还不是真的知道什么是“孝”。挨过饿才知道饿是啥感觉，挨过冻才知道冷是啥感觉。光听别人描述，没亲身体会过，是不可能做到“知”的。比如女性分娩，再怎么描述，男人也不可能完全知道阵痛的感觉。

“若不知立言宗旨，只管说一个两个，亦有甚用”这里有两层意思：

第一，觉知的方向正了，行的方向自然就正了。从“知”的开始到“行”的结束，如同高山滚雪球，初始的一撬动很重要，雪球是越滚越快的，中间想要再调整就会非常困难。开始如果偏了，滚到山底，就不知道偏多远了。刚开始的一涌动导正了，也就是觉知的方向正了，行的方向自然就正了。

第二，阳明心学是入世治世之学，立言宗旨是要清楚修心学的根本目的是什么，如果根本目的都不清楚，只会修得越多偏得越远。

思维和心完全是两回事，不能用思维逻辑的方式修心性。修心性的正途是在事上磨。身是通过贪嗔好恶来绑架心体，进而影响行为的，只有把这些私欲全部干掉，心才能恢复自由的天性，内心纯良，外放的行为自然也是纯良的。修心性的时候要注重反观觉照，也就是内观。触摸到心之本体，能够清楚感知气机流行才算摸到了心学的大门。不断地触摸心体，感受气机流行，在情绪的乱流中找出一条安全的路径，才是修心性的正确方式。

徐爱到这里，心里还是有些许疑问，问阳明先生：“我以前读书也不少，有一些古人著书中，是把‘知’和‘行’分开的，一方面做‘知’的功夫，另一方面做‘行’的功夫，这样功夫才有下落，这个怎么理解呢?”

徐爱这时候还是没有完全听懂阳明先生的意思，还是把“知”当作知识来理解，我们都知道，知识这东西是外来的，不是源自心体的。阳明心学讲的“知”是知觉的意思，不是知识的意思。徐爱有误解，问出这样的问题就不奇怪了。从知识的角度，理解徐爱的这个问题完全可以说得通，先学习知识，把知识学好，然后再做事，这条线很清晰。

阳明先生回答说：“你这么理解，就失去古人讲这话的本来意思了，我说过‘知是行的主意，行是知的功夫；知是行之始，行是知之成’。”

阳明先生的这句话，正是心学难的地方，很多人修心学修了很长时间，没有一点儿进境，也正是因为卡在了这个难点上。心学难的地方不是厘清逻辑线，而是体悟抽象的心，心是没有办法用逻辑来推的。“出入无时，莫知其乡”讲的就是心。

我们从小到大的习惯都是靠逻辑来思考，即先搞懂了再去做，基本都是这个套路。而学心学不能这么来，很多人修了很长时间之所以没进展，就是因为没转过这个弯。

“知是行的主意，行是知的功夫；知是行之始，行是知之成”，“主意”是源头的意思，“行”的根本在于“知”，“知”自然就是“行”的开始。把“知”具体落实出来是需要“行”的，“行”一气呵成的贯通，就是“知”的结果。

感知是有分别心的，分别心会影响到“行”的方向和结果，比如“恶恶臭”，感知到恶臭，心里的一涌动已经有厌恶了，下面的行动导向就是捂鼻子、绕着走等。所以只要说一个“知”就已经有“行”在了。说一个“行”字，自然就有一个“知”在了。

古人为什么又说了一个“知”一个“行”？是因为世间有这么两类人，一类人属于典型没脑子型，干之前从来不过脑子，只是“懵懵懂懂地任意去做”，自己也不知道自己在做什么，这叫“冥行妄作”，对这类人要反复强调“知”，他才有可能“行得是”。另一类人天天做白日梦，想得非常多，却从来不采取具体行动，也就是“行”。只是停留在第二个阶段，就止步不前了，这同样是没用的，对这类人要反复强调“行”，他才有可能把“行”做到“知之成”。

因为世间有这两类人存在，所以古人才说“知”“行”分离之类的话。实质上古人并没有偏离阳明先生讲的意思，说的还是“知行合一”。对第一类人强调“知”，对第二类人强调“行”，只是为了对症下药，补偏救弊，不是真的要把“知”和“行”分作两件事。

我们讨论“知”“行”功夫的时候，要知道“知”“行”是一起的。如果这点理解错了，要么终生不“知”，要么终生不“行”，对修心性来说，这不是小问题，而是一个非常严重的问题。很多修心性的人因为不懂这一点，花了很多工夫，却始终没有进境。

修心的根本就是从“知”开始导正。“某今说个知行合一，正是对病的药，又不是某凿空杜撰，知行本体原是如此”，心性运行的规律就是如此，有“行”必有“知”，有“知”必有“行”，这是个根本，如果这个根本宗旨都没搞清楚，所谓修心性就是空谈了，即使做再多的努力也是白费。

【006－1】
尽心知性和格物致知的关系（上）

【原文】

爱问："昨闻先生'止至善'之教，已觉功夫有用力处，但与朱子'格物'之训，思之终不能合。"

先生曰："'格物'是'止至善'之功。既知'至善'，即知'格物'矣。"

爱曰："昨以先生之教推之'格物'之说，似亦见得大略。但朱子之训，其于《书》之'精一'，《论语》之'博约'，《孟子》之'尽心知性'，皆有所证据，以是未能释然。"

先生曰："子夏[1]笃信圣人，曾子[2]反求诸己，笃信固亦是，然不如反求之切。今既不得于心，安可狃于旧闻，不求是当！就如朱子亦尊信程子，至其不得于心处，亦何尝苟从？'精一''博约''尽心'本自与吾说吻合，但未之思耳。朱子'格物'之训，未免牵合附会，非其本旨。精是一之功，博是约之功，曰仁既明知行合一之说，此可一言而喻。'尽心知性知天'是'生知安行'事，'存心养性事天'是'学知利行'事，'夭寿不贰，修身以俟'是'困知勉行'事。[3]朱子错训'格物'，只为倒看了此意，以'尽心知性'为'物格知

---

① 子夏：姓卜，名商，字子夏，孔子弟子。

② 曾子：名参，字子舆，孔子弟子，是儒家学派的重要代表人物。

③ 《中庸》："或生而知之，或学而知之，或困而知之，及其知之一也。或安而行之，或利而行之，或勉强而行之，及其成功一也。"

至'，要初学便去做'生知安行'事，如何做得!"

【老刘说】

徐爱接着问阳明先生："昨天您说的'知行合一'，我心里差不多已经能理解了。关于'止至善'，我也知道大概用功的方向了。但'格物'还是模模糊糊。以前主要学朱子的东西，朱子讲的'格物'和先生您讲的不太一样。你们俩都是大儒，我心里很忐忑徘徊，不知道该听谁的。先生您能不能再详细地说一说?"

朱熹《大学章句》："所谓致知在格物者，言欲致吾之知，在即物而穷其理也。盖人心之灵莫不有知，而天下之物莫不有理，惟于理有未穷，故其知有不尽也。是以《大学》始教，必使学者即凡天下之物，莫不因其已知之理而益穷之，以求至乎其极。至于用力之久，而一旦豁然贯通焉，则众物之表里精粗无不到，而吾心之全体大用无不明矣。此谓物格，此谓知之至也。"

朱熹将"格物"理解为在事事物物上探究道理。而阳明先生将"格"理解成"正"，"格物"即"正其不正以归于正"，与朱熹的说法大相径庭。

朱熹的核心意思是"穷理"等于"至善"。人心都是有"知"的，天下的事物都有"理"蕴含其中。对事物不断探求，不断琢磨，只要功夫到了，量变达到质变，突然一下子就豁然开朗了，"理"自然就全明白了。这个努力琢磨的过程，就是格物。

这个"理"也包含做人的"理"。"穷理"等于"至善"的意思是，技术做到特别精湛，人就一定能做到"至善"，这点是非常值得商榷的。一个"物(事)"的方向做得特别好的人，和他的心正不正是没有直接关系的。"穷理"并不等于"至善"，专家教授的心真的会比卖菜大妈的心更正吗? 把技术专精和心正画等号，这种讲法无疑是跟现实脱节的。

老百姓经常会讲一句话："你这么做事，太没天理了。"意思是说你这个事情干得忒不像话了，是没有良知的。儒家文化已经渗入生活的方方面面，百姓日用而不知。天天在用这些东西，但是让他说出个所以然来，他说不出来。

心学中"格物"的"格"，是"正其不正以归于正"，正的是心中的一团气，为什么叫心里一团气呢？比如我们经常说“我心里头堵得慌”，“听到你这话，我心里头很暖和”，“今天不用吃饭了，已经气饱了”等。心里就像被一团气充盈着。“气机流行”讲的就是这个意思。当然这是很笼统的说法，目的是让初学者容易理解。

《周易·系辞上》中讲到“精气为物”，人活着就是精气的运转流行。《庄子·知北游》中说“人之生，气之聚也；聚则为生，散则为死。”体内生生不息的气机流行，就是人的盎然生机所在。气散了，人也就死了。

“格物”就是把心归正了，不会产生负面效果，不让天性中的良知被遮蔽。心体充满良知的时候，就是至善的状态了。知道“至善”是什么，实际上就已经知道“格物”是什么了。

“格物”心法入门基本分四点。

第一，要了解心体是如何运行的，初学者很容易想当然地把心体的运行理解成逻辑和思维模式，这样就偏了。我们可以借用一个西方引过来的概念——“潜意识”来类比一下，我们知道潜意识是不可被思维有意识控制的，心体的运行亦然。这样说同样比较笼统，但可以帮助初学者了解心体是如何运行的。

第二，“至善”的功夫是自内向外的修行，自己的心体才是核心。最有资格评价自己的是自己的内心，而不是别人。

第三，“为学日益，为道日损”，意思是说学具体技术和知识的时候，要每天勤奋，日积月累，最后的水准会达到很专精的程度；而修身这个事情，不是让你看着谁有好的东西就去学，这样做无疑是“托金钵行乞”。自家心中就有一座金山，等着你去发掘，只是杂质比较多，需要每天去除杂质，做提纯功夫。即使每天进展很小，但随着日积月累，心中的金子会变得越来越纯粹，最后达到纯金的状态，这个状态就是良知盈满心体，就是至善。

第四，修行是要坚持“下学”才能“上达”的。修心性不是背几个口诀，找几本秘籍就行了，心性修炼没有捷径可走，只能一步一个脚印地做实修的功夫。触摸到心体之后，时时刻刻不间断地存养良知，应对入世治世的人情事变，某一天达到从量变到质变的突破，就是“上达”了。

徐爱接着问阳明先生：“您昨天讲‘格物’，我大概懂了，但是朱子在

‘格物’方面的表述，是与《尚书》中的‘精一’、《论语》中的‘博约’和《孟子》中的‘尽心知性’相互印证的。这部分朱子和您说的也不一样，我想来想去，还是没想明白。”

“精一”源自“十六字心传”：“人心惟危，道心惟微，惟精惟一，允执厥中。”《传习录》里会反复提到这十六个字，“精”字的意思是“熟、纯、精一”的意思是对事物的道理达到非常精细的程度。

“博约”出自《论语·雍也》，原文为，“子曰：‘君子博学于文，约之以礼，亦可以弗畔矣夫?’”“博学于文”，意思是广泛地吸收各种知识和道理；“约”是简化、约束的意思，“约之以礼”是把学到的道理简化到人和人相处的礼节行仪等，用礼节约束自己的行为。这个地方“礼”有“理”的意思，引申意思是学到这么多道理，所作所为应该符合天则秩序。

“尽心知性”出自《孟子·尽心上》：“孟子曰‘尽其心者’知其性也。知其性，则知天矣。存其心，养其性，所以事天也。夭寿不贰，修身以俟之，所以立命也。”

孟子按照人的天资悟性不同，把人分成三类。

第一类	尽心知性知天	生而知之
第二类	存心养性事天	学而知之
第三类	夭寿不贰修身以俟	困而知之

第一类人是“尽心知性知天”，这类人凤毛麟角，生而知之，悟性特别高，一点就透。

第二类人是“存心养性事天”，这类人对天理是雾里看花的状态，能看到天理是什么样子，但还达不到，要时时存养良知在心中，时时提醒自己。比如今天做一件事情，私欲在心头一涌动，马上就提醒自己这不对，立即导正方向。我们说“吾日三省吾身”指的就是这类人。反省自己的行为，学而知之，不断地学，不断地反思自己。

我们绝大部分人都属于第三类人。这类人天资不高，对天理究竟是什么，还看不清楚，但坚持做自己认为好的事情，比如心怀善良，那就坚持做自己认为是善良的事情。遇到苦难，勉力前行，同时做到不以穷通夭寿而改变初衷。“夭寿”指短寿和长寿，引申为无论碰到什么事情，都能做到坚守志向。“不贰”指立志坚定、不二心。“修身以俟”，是在修身砥砺品行时，做到只问耕耘，不问收获。“以俟”这里有待时的意思，坚持修身等待天命的到来。

朱熹显然对这部分理解是有问题的，把顺序搞反了，他把“尽心知性”等同于“格物”，这就等于让天资悟性很一般的人，马上达到洞悉天理的水准。无异于扔给三年级的小学生一本微积分考题，并且要求这个小学生能做出来。这种搞法无疑会让初学者无从下手，直接崩溃。

阳明先生回答徐爱说：“子夏笃信圣人，曾子反求诸己。”意思是说，在修心方面子夏只信奉圣人之学，曾子却“行有不得者皆反求诸己”。

子夏天资不高，人比较实在，但有自知之明，他知道自己悟性不高，对天理看不清楚，就跟定圣人，圣人做什么他就做什么，不懂的就问圣人，把他当成自己的偶像。曾子的悟性明显要高得多，所以曾子不完全听圣人的话，圣人说的事情，曾子听完之后就会去实践，实践之后，再根据内心得到的东西，反过来判断圣人的说法，认为可行的就吸收，认为不可行的就放一边。最终，子夏和曾子修身成就都很高。

阳明先生说这句话的意思是告诉徐爱，即使像子夏、曾子这样的人，也是要根据自己的天资悟性，来决定怎么去做的。

任何道理都要用实践检验一下再做判断，不能完全盲从。前面领路的人如果是对的，跟着走自然是阳光大道；但如果前面的人犯错误掉沟里边了，你也会跟着掉沟里去。“反求诸己”相当于我带着眼睛跟着走，带路的掉沟了，我及时止步。

人和人天资悟性是不一样的。要清楚自己是什么样的人，学东西的时候不能太过于教条。朱熹讲的，对天资悟性特别高的人而言，确实是对的，但对我们这种资质很一般的人，就值得商榷了。阳明先生在这里举了个反例，朱熹是“二程”（程颢、程颐）的三传弟子李侗的学生，但“二程”讲的东西，如果和朱熹的想法不一样的时候，朱熹也没有完全按照“二程”的说法去做。

阳明先生总结说：“‘精一’也好，‘博约’也好，‘尽心’也好，实际上和我说的是一样的。”

朱熹讲得有点儿牵强附会，以“尽心知性”为“格物知至”，要初学便去做“生知安行”事。相当于要求一个刚拿到驾照的新手，把车开到可以参加汽车拉力赛的程度，这显然是很离谱的。所以，按朱熹对“格物”下的定义，初学者就要“尽”此心去“格”外物，这不是太荒唐了吗？

【006－2】
尽心知性和格物致知的关系（下）

【原文】

爱问："'尽心知性'何以为'生知安行'?"

先生曰："性是心之体，天是性之原，尽心即是尽性。惟天下至诚，为能尽其性，知天地之化育。'存心'者，心有未尽也。'知天'，如'知州''知县'之'知'，是自己分上事，已与天为一。'事天'如子之事父，臣之事君，须是恭敬奉承，然后能无失，尚与天为二，此便是圣贤之别。至于'夭寿不贰'其心，乃是教学者一心为善，不可以穷通夭寿之故，便把为善的心变动了，只去修身以俟命，见得穷通夭寿有个命在，我亦不必以此动心。'事天'虽与天为二，已自见得个天在面前；'俟命'便是未曾见面，在此等候相似，此便是初学立心之始，有个困勉的意在。今却倒做了，所以使学者无下手处。"

爱曰："昨闻先生之教，亦影影见得功夫须是如此，今闻此说，益无可疑。爱昨晓思'格物'的'物'字，即是'事'字，皆从心上说。"

先生曰："然。身之主宰便是心，心之所发便是意，意之本体便是知，意之所在便是物。如意在于事亲，即事亲便是一物，意在于事君，即事君便是一物，意在于仁民、爱物，即仁民、爱物便是一物，意在于视、听、言、动，即视、听、言、动便是一物。所以某说无心外之理，无心外之物。《中庸》言‘不诚无物’，《大学》‘明明德’之功，只是个‘诚意’。‘诚意’之功，只是个‘格物’。”

【老刘说】

徐爱接着问阳明先生：“‘尽心知性’为什么是具备‘生知安行’天资悟性的人的事呢？”

阳明先生说：“性是心的本体，天是性的来源，尽心就是尽性。”这句比较难懂，“性”，这里指人的本性。《说文解字》：“性，人之阳气性善者也。”《广雅》：“性，质也。”《中庸》：“天命之谓性。”《荀子·正名》：“生之所以然者谓之性。”。“天是性之原”，即天理是人本性的来源，意思是说世间万物应该遵守特定的秩序才能各安其位，生生不息。作为人类也有自己该遵守的秩序规则，而上天已经把这种秩序规则放在人的心里。“尽心”就是按照心中的天理行动。心中充盈良知的时候，外放的行为就是“仁、义、礼、智、信”。

《中庸》中说过：“唯天下至诚，为能尽其性；能尽其性，则能尽人之性；能尽人之性，则能尽物之性；能尽物之性，则可以赞天地之化育。”

朱熹在《朱子语类》中说：“诚者何？不自欺、不妄之谓也。”

在《传习录》下篇，对“诚”字有比较详细的解释。阳明先生曾经对人说，只要能做到好好色、恶恶臭，就是圣人。这话听起来似乎很容易，但切身体验之后就知道这个功夫着实很难。一个念头涌起之后，很容易在不知不觉中将善念和恶念夹杂在一起，只要二者夹杂，就已经不是“诚”了。对善，能确确实实去喜好，就能做到无念不善；对恶，能确确实实去厌恶，就能做到无念及恶了。这就是圣人的境界了。所以圣人之学，只是一个“诚”字而已。

“尽心”，是把心全拿出来，毫无保留；“存心”，是有所保留。需要随时随地提醒自己，心还不纯粹，也就是还有未尽之处。两者之间的区别是纯度不同，一个没有杂质，一个有杂质。

“知天”就是知道自己的本分。比如你是总经理，你就应该知道总经理该管什么事，所处的行业现在是什么情况，市场具体是什么情况，下边几个部门总监都在干什么，整个公司内部和中下层是什么状态等。这些是你做总经理的本分，你必须得知道。如果你做不到，后果自然不会太乐观。"'知天'如知州知县之'知'，是自己分上事"，就是这个意思。

"事天"是面对天的态度，因为还做不到完全洞悉天理，心中应该有"天威难测"的敬畏之心，就像儿子对待父亲、臣子对待君王一样，态度要恭恭敬敬，把心全放其上，才能做到没有过失。这是修心性的必由之路。

圣人和贤人是有区别的。圣人是完全洞悉天理的，能做到所作所为完全和天理合拍；贤人还没有完全洞悉天理，对天理还是雾里看花的感觉，还多多少少有点儿不太合拍。

圣人就像水性特别好的人，下水之后，如鱼一般，想怎么游就怎么游，随心所欲。这就是孔子说的"七十而从心所欲，不逾矩"的状态。

贤人是水性一般的人，游泳池里游得挺好，但还没达到精湛的水平，下水的时候，有的时候操作不好，也是要呛水的。所以下水的时候，还是要小心翼翼的，随时保持警惕，提醒自己。这就是贤人和圣人的区别。

"夭寿不贰"，是说天资悟性的确比较平庸，还看不懂天理是什么，这样的人想进这个门，就要一心为善，去做自己认为对的事情。不管遇到什么境遇都要如此。"穷通夭寿"，"穷"指四处碰壁；"通"指左右逢源；"夭"是夭折的意思，即寿命很短；"寿"自然是指长寿。即是说不管自己的生命长短，不管境遇是顺还是逆，都要坚持为善这颗心，一直把"善"进行下去。坚持去做，日积月累，慢慢就达到一定的修行高度了。

举个例子，比如你毕业参加工作，限于你的阅历和认知水平，你对董事长、总经理在想什么，是完全不清楚的，甚至对企业为啥这么管理，为啥这么运作，也是只知其然而不知其所以然。这时最明智的做法就是踏踏实实地做好本职工作。随着认知不断提高，假以时日，自然就能搞懂上层的思维模式、行业规律等。

朱熹是把事情倒过来做了，等于是让一个刚毕业的新人，一进公司就要具备总经理的能力，这显然是勉为其难了。

"生而知之"的层面是已经洞悉天理；"学而知之"的层面是能看到天理，但看不清楚，处于雾里看花的状态；"困而行之"是处于完全看不到天理的状态。

我们大部分人，都是"困而行之"的状态。小学一年级时，天天学习1、

2、3、4、5、6，认识生字。但并不知道干吗要学这些，更不知道将来有什么用。但心里又知道学习这些是有用的，应该坚持下去。

隔了一天，徐爱又来找阳明先生："昨天您说的，我想清楚了，关于'格物'的'物'应该是指'事'，所以'格物'应该是从心上说的。"

阳明先生说："你说得很对，我们身体是由心主宰的，意念是心发出来的，意念知觉到的就是'物'。"

阳明心学中的"物"和我们平常理解的不同，我们从小就被灌输的"物"就是指物质，即"独立于意识而又能被意识所反映的客观存在"，阳明心学中的"物"显然远远大于这个范畴。它是指知觉的一个范畴，有点儿抽象，不是说看到的沙发、椅子这种具体的东西才是"物"。按照阳明先生的解释，我们展开一下：给老父亲尽孝，尽孝这件事情，就是一个"物"；好好复习考公务员，考公务员这件事情，就是一个"物"；在公司尽职尽责，这种尽职尽责，同样是一个"物"。

"意之所在便是'物'"，而没有进入我的"意"，便皆不能称之为"物"。这一句一定要记住，这是阳明心学最基本的概念。如果"物"的定义没有记牢，后面的内容只会越看越糊涂。

"心外无物""心外无理"，这个世界没有进入"我"的"意"的，对我而言是没有意义的，自然也就不在"我"修行的范畴。"格物"就是首先不自欺，然后把"事""正其不正以归于正"。

【007】
大人格君心

【原文】

先生又曰："'格物'如《孟子》'大人格君心'[①]之格，是去其心之不正，以全其本体之正。但意念所在，即要去其不正，以全其正，即无时无处不是存天理，即是穷理，'天理'即是'明德'，'穷理'即是'明明德'。"

【老刘说】

接上一节，继续说"格物"。关于"物"，上一节已经说得很清楚了，那么"格"究竟是什么意思呢？

"大人格君心"出自《孟子》，大意是"只有大人才能纠正君主心体上的过失"，"格"字是纠正的意思。

阳明心学中"格物"的"格"是把心体中不正的东西去掉，让心体中充满正的东西。"格"在这里是个动词，可以理解为纠正的意思。心一旦偏离"正"，意念就要不断地将其扶正，把心体上攀附的贪嗔好恶清除掉，将心中走偏的意识扭转到正道上来，让心体随时保持廓然大公的状态。"格物"是"将不正的扭转为正"，可以理解成将心中的杂质清除，让心体保持纯净，充满天理。心体充满天理，无一丝一毫杂质，这种纯粹的心体状态对外的表现就是"仁义礼智信"，坦坦荡荡的幸福感，一身浩然正气。将心中处于偏倚状态的私意纠正，所剩下的就是"存天理"，也就是"明明德"。

---

① 《孟子·离娄上》："唯大人为能格君心之非。君仁，莫不仁；君义，莫不义；君正，莫不正。一正君而国定矣。"

【008】
恢复内心的光明

【原文】

又曰："知是心之本体，心自然会知。见父自然知孝，见兄自然知弟，见孺子入井自然知恻隐[1]，此便是'良知'，不假外求。若'良知'之发，更无私意障碍，即所谓充其恻隐之心，而仁不可胜用矣。然在常人，不能无私意障碍，所以须用'致知''格物'之功。胜私复理，即心之'良知'更无障碍，得以充塞流行，便是致其知。知致则意诚。"

【老刘说】

"知是心之本体，心自然会知"，心之本体的功能是"知"，这个"知"的功能是"良知"的监察功能，也就是《孟子·告子上》上说的"是非之心，人皆有之"。"知行合一"的"知"指的是"知觉"，是人的心对外在和内在所具有的感知能力，这是人心与生俱来的能力，是本然如此。"知"的功能是阳明心学核心中的核心，其他的一切都是以人心具有这一功能为基础展开的。

这句"知是心之本体"的"知"，指的是"良知"。良知是我们从一出生开始就有的，见到父亲就知道孝敬，见到兄长就知道"悌"，"悌"是尊长、敬长的意思。"良知"在每个人的心中都是存在的，就算是一个坏人，看见刚

① 《孟子·公孙丑上》："今人乍见孺子将入于井，皆有怵惕恻隐之心。"

会爬的小孩，扒着井沿往井边爬的时候，也难免会心有不忍，跑过去把小孩抱开，以免掉井里边，“恻隐之心，人皆有之”。恻隐之心是良知的一部分，是良知的一种表现。

良知不是从外面得来的，是天生就有的，它始终存在，在没有被私欲遮蔽的时候，就会发挥出来。比如上面说的，怕孩子掉到井里，跑过去把他抱到一边，这就是良知没有被私欲遮蔽的状态。

一旦有私欲冒出来的时候，情况就不一样了。私欲会导致贪嗔好恶攀附心体，看见孩子往井边爬，马上跑过去了，跑到跟前一看，“哎，这孩子我认识，这不是我仇人家的孩子吗，我早就想把他扔到井里了，现在他自己往里爬，我管什么管啊，高兴还来不及呢！”

往井边跑，就说明是有恻隐之心的。当恻隐之心被心中的仇恨（私欲）等念头遮蔽，这时候就不管孩子会不会掉井里了。如果心没有被贪嗔好恶遮蔽，只凭自己良知做事的时候，不管这个孩子的父母家庭跟你有什么恩怨，都会放到一边，先把孩子弄到一边再说。

“充其恻隐之心，而仁不可胜用矣。”这个“仁”字，不光是指“仁”，还包含“义、礼、智、信”中的任意一个，或者全部。“不可胜用”是取之不尽用之不竭的意思。当我们的心体充满良知的时候，“仁、义、礼、智、信”这些光明正向的好东西，是取之不尽用之不竭的，整个人也是充满一股浩然正气的。良知和精气神是互为推动的，符合《周易》“天地之大德曰生”的“生生不息”。

对人类个体来说，七情六欲、喜怒哀乐是一直存在的，我们要警惕的是不要被“贪嗔好恶”攀附心体，遮蔽良知，让情绪主导行为。

想要心存良知，始终按照良知去行事，就必须做“格物”“致知”功夫，不断克除私欲，使得良知充盈心体。

遇到一件事情的时候，我们要扪心自问，是不是有“贪嗔好恶”作怪。久而久之，就会形成一个条件反射式的习惯，再遇到事情的时候，直接略过“贪嗔好恶”，从恻隐之心出发，从心有良知出发，从而有效防止心被私欲遮蔽。只有这样，才能达到“知致则意诚”。

【009】
博文约礼和惟精惟一

【原文】

爱问："先生以'博文'为'约礼'功夫，深思之，未能得，略请开示。"

先生曰："'礼'字即是'理'字①。'理'之发见可见者谓之'文'，'文'之隐微不可见者谓之'理'，只是一物，'约礼'只是要此心纯是一个天理。要此心纯是天理，须就'理'之发见处用功：如发见于事亲时，就在事亲上学存此天理；发见于事君时，就在事君上学存此天理；发见于处富贵贫贱时，就在处富贵贫贱上学存此天理；发见于处患难夷狄时，就在处患难夷狄上学存此天理。至于作止、语默，无处不然，随他发见处，即就那上面学个存天理。这便是'博学之于文'，便是'约礼'的功夫。'博文'即是'惟精'，'约礼'即是'惟一'。"

【老刘说】

徐爱问阳明先生："您说'博文'是'约礼'的功夫，我想了很久，一直没有想清楚，还是请先生讲一讲。"

"博文""约礼"这两个词，语出《论语·雍也》，前面已讲过，即"君

① "礼"字即是"理"字：此为声训，声训为汉语训诂学术语，又称音训。是指通过语音分析词义，用声音相同或相近的字来解释词义，推求词义的来源，以说明其命名的缘由。如"义就是宜""政就是正"之类。

子博学于文，约之以礼”，“博学”跟现在意思差不多，可以理解为广博地学习。“文”在这里不是“文章”“文字”“文化”的意思，《说文解字》里说：“文，错画也，象交文。”意思是说“文”字的本义是指“物体表面交错的花纹”，在这里可以理解为世间万事万物的外在具体表现形式。“文”大家可以想象成水纹，能看得到，能呈现出来的意思。我们经常讲“中华文化”，其中的“文”可以理解为以中华为特征呈现出来的东西。

“约”是由繁入简、简化的意思，连起来就是广博地学习各种现象，然后把学到的东西化繁为简，聚焦到“礼”（理）上。“约礼”就是要此心纯是天理。天理不是孤零零地存在的，必须落实到具体事物中去，也就是必须有个载体。心里有什么，呈现出来的自然就是什么。心有“仁”的时候表现出来自然就是“仁”，别人通过你的表现和做的事情，会认为你是个有仁德的人。

“礼”这个字，就是天理的“理”。天理在心里，看不见摸不着，我们按照天理做事情，别人看到的部分，就是我们心里东西对外的表现。

“文”和“理”（礼）其实是一个东西，表现出来能被看得见的是“文”，内在的看不见的是“理”。一个在外的，一个在内的，仅此而已。

“要此心纯是天理，须就‘理’之发见处用功”，就是从事情的根本上用功。看清所处的境遇，接受现实，在现实的基础上做到心存天理，以天理为根本应对人情事变，也就是“君子素其位而行”。阳明先生举例，尽孝就从尽孝上找到天理——以孝敬老人为根本去围绕老人展开；给人打工就从尽心尽力上找天理——以做好本职工作为基础展开。这里多说一句，为单位分忧和拍马屁的区别就在于，前者是干好本职工作的同时为领导分忧；后者是本职工作干得一塌糊涂，天天琢磨领导在想什么。

所处境遇，无论贫贱富贵，无论身处何方，都能从天理的根本上着手，养一身浩然正气，不失去做人之根本。无论处于什么状态境遇，首先要扪心自问，是否时时刻刻存有良知在腔子里。

比如教育孩子，督促孩子好好学习，天天向上，是为了孩子将来的人生过得更好，还是为了自己的面子。前者是心存良知，后者是私欲作祟。

比如上班工作，领导交代一件工作的时候，发心动念究竟是尽职尽责还是为了让领导满意？是忠于职守还是忠于领导？这其中同样是有分别的。

“至于作止、语默，无处不然，随他发见处，即就那上面学个存天理。这便是‘博学之于文’，便是‘约礼’的功夫。”这句是阳明心学的精华所在。

“博文”相当于“惟精惟一”中的“惟精”，即时时处处修炼自我，不断精进本身的技能；“约礼”是天理的对内修炼，把学到的东西融入心性的修炼，不断让天理落实在心中，让心体上攀附的贪嗔好恶越来越少，也就是“惟一”的功夫。

【010】
人心和道心

【原文】

爱问："'道心'常为一身之主，而'人心'每听命；以先生'精一'之训推之，此语似有弊。"

先生曰："然。心一也，未杂于人谓之'道心'，杂以人伪谓之'人心'。'人心'之得其正者即'道心'，'道心'之失其正者即'人心'，初非有二心也。程子谓'人心即人欲，道心即天理'。语若分析，而意实得之。今曰道心为主，而人心听命，是二心也。'天理''人欲'不并立，安有'天理'为主，'人欲'又从而听命者。"

【老刘说】

"人心"和"道心"语出"十六字心传"。朱熹《朱子语类》："但以道心为主，而人心每听命焉耳……人心如卒徒，道心如将。"道心如同指挥士兵的将军一般，人心听命于道心。

朱熹的说法，人身上有两颗心，一颗道心，一颗人心，道心占主导地位，人心处于从属地位。阳明先生认为，心只有一颗，人心和道心只是一颗心的两种状态，一种是没有私欲的道心状态，一种是有私欲的人心状态。心在同一个时刻，只能是存在一种状态，不可能两种状态共存。

心只有一颗，只是状态不同而已。举个例子，老刘当年考英语六级的时候，有个体会，听听力的时候，一定不能走神，只有把外面的所有声音和影响全放在一边，整个世界里只剩下耳机里声音的时候，才能听清楚。中间一旦走神，没听清楚关键的单词或者没听清肯定/否定，这题基本就没分了。

当人特别入神的时候，别人和你说话你是听不见的。集中精力做一件事的时候，对这件事之外的事情是听而不闻、视而不见的。一心不可二用说的也是这个意思。

"'人心'之得其正者即'道心'，'道心'之失其正者即'人心'"，心没有两个，只是心的不同状态切换而已。心体上没有贪嗔好恶攀附的状态，就是道心；有贪嗔好恶攀附的状态，就是人心。

私欲指好命、好色、好货等，贪嗔好恶是私欲延伸出来的部分，如同章鱼的触角，是在私欲上生长出来的。

朱熹的学术继承于二程，程颐的说法是"人心即人欲，道心即天理"，这句出自《二程遗书》："'人心'，私欲也；'道心'，正心也。"意思是说心有人欲掺杂其中的时候是人心；心体里完全是天理的时候就是道心。程颐的讲法和阳明先生的讲法是相同的。

心里只能存在一种状态，当心里面充满天理的时候，自然就没有人欲；充满人欲的时候，天理自然就不完整了。

比如说你和父母相处，心态平和的时候，父母爱你，你也爱父母，恨不得掏心掏肺地对父母好。某一天，突然因为某件事和父母发生冲突了，非常愤怒，心头的恨意直冲脑门，甚至心里会想："我要断绝亲情关系，以后再也不管他们的事情了。"这是你在气头上，这个状态就是人欲的状态。

过一段时间，你消了气之后，也即是天理又回归心体的时候，还会有那么大的恨意吗？父母有事你真能不管吗？

天理和人欲是不能同时存在的，只是心的不同状态而已。

人在做坏事的时候，总是偷偷摸摸的，不敢光明正大地做，原因在于人做坏事的时候，心虽然偏离了正道，但良知具有的监察功能依旧起作用，心里依然可以判断出自己的行为是不对的，所以对自己的行为才要掩饰。人做好事的时候，即便没有任何实际利益，也会觉得很舒服，心情很愉快，原因在于心的觉知功能在起作用，对这种符合天理的行动予以认同。

朱熹说的"'道心'常为一身之主，而'人心'每听命"中的"道心"，其实是指心的觉知功能。朱熹和阳明先生的认识差别正是"知行分离"和"知行合一"的差别。从朱熹的角度，这种内在的是非判断就可以看作

“主”，下面就没有了，就等于说，知道归知道，行动归行动，知行是分离的。

而阳明先生认为，觉知功能的是非判断只是一个“意之动”，动了之后，心体还是要保持切中天理的状态，才是天理是否能做主的关键，才是是否知行合一的关键。

【011－1】

虚文之害和明道的返璞归真

【原文】

爱问文中子[①]、韩退之[②]。

先生曰："退之，文人之雄耳；文中子，贤儒也。后人徒以文词之故，推尊退之，其实退之去文中子远甚。"

爱问："何以有拟经之失？"

先生曰："拟经恐未可尽非。且说后世儒者著述之意与拟经如何？"

爱曰："世儒著述，近名之意不无，然期以明道；拟经纯若为名。"

先生曰："著述以明道，亦何所效法？"

曰："孔子删述《六经》[③] 以明道也。"

先生曰："然则拟经独非效法孔子乎？"

爱曰："著述即于道有所发明；拟经似徒拟其迹，恐于道无补。"

---

① 文中子：王通，字仲淹，隋朝末年人，死后门下弟子私谥为"文中子"。王通曾于隋朝初年，以国子博士待诏云龙门，向隋文帝奏《兴衰要论》七篇，"言六代之得失"，颇为隋文帝所称道。王通后来弃官归乡，在家乡的白牛溪聚徒讲学，潜心钻研孔子的《六经》，模仿孔子，作《王氏六经》，或称《续六经》。传说魏徵、房玄龄等名臣皆出自其门下。

② 韩退之：韩愈，字退之，被后人誉为唐宋八大家之首。作为唐代古文运动的倡导者深远影响后世，苏轼称赞他"文起八代之衰"，后人冠之以"文章巨公"和"百代文宗"。

③ 孔子删述《六经》：孔子晚年叙《书》，传《礼》，删《诗》，正《乐》，序《易》《象》《系辞》《说卦》《文言》，作《春秋》。故有孔子删述订正《六经》之说。

先生曰："子以明道者，使其反朴还淳而见诸行事之实乎？抑将美其言辞而徒以譊譊于世也？天下之大乱，由虚文胜而实行衰也。使道明于天下，则《六经》不必述；删述《六经》，孔子不得已也。自伏羲画卦，至于文王、周公，[①] 其间言《易》，如《连山》[②]《归藏》[③]之属，纷纷籍籍不知其几，《易》道大乱。孔子以天下好文之风日盛，知其说之将无纪极，于是取文王、周公之说而赞之，以为惟此为得其宗。于是纷纷之说尽废，而天下之言《易》者始一。《书》《诗》《礼》《乐》《春秋》皆然。《书》自《典》《谟》[④] 以后，《诗》自《二南》[⑤] 以降，如《九丘》《八索》[⑥]，一切淫哇逸荡之词，盖不知其几千百篇。礼、乐之名物度数，至是亦不可胜穷。孔子皆删削而述正之，然后其说始废。如《书》《诗》《礼》《乐》中，孔子何尝加一语。今之《礼记》诸说，皆后儒附会而成，已非孔子之旧。至于《春秋》，虽称孔子作之，其实皆鲁史旧文；所谓'笔'者，笔其旧，所谓'削'者，削其繁，是有减无增。孔子述《六经》，惧繁文之乱天下，惟简之而不得，使天下务去其文以求其实，非以文教之也。《春秋》以后，繁文益盛，天下益乱。始皇焚书[⑦]得罪，是出于私意，又不合焚《六经》；若当时志在明道，其诸反经叛理之说，悉取而焚之，亦正暗合删述之意。自秦、汉以降，文又日盛，若欲尽去之，断不能去；只宜取法孔子录其近是者而表章之，则其诸怪悖之说，亦宜渐渐自废。不知文中子当时拟经之意如何，某切深有取于其事，以为圣人复起，不能易也。天下所以不治，只因文盛实衰，人出己见，新奇相高，以眩俗取誉，徒以乱天下之聪明，涂天下之耳目，使天下靡

---

① 传说伏羲画八卦；周文王演八卦为六十四卦，并作卦辞；周公旦作爻辞。

② 《连山》：为《周易》前的古易，以艮卦开始，艮象征山，如山之连绵，故名。

③ 《归藏》：为《周易》前的古易，以纯坤为首卦，坤象征地，"万物莫不归而藏其中"，故名。

④ 《典》《谟》：指《尚书》中的《尧典》《舜典》《大禹谟》《皋陶谟》等篇。

⑤ 《二南》：指《诗经》中的《周南》《召南》等篇。

⑥ 《九丘》《八索》：相传为古书名。

⑦ 始皇焚书：指公元前212年，由李斯提议，秦始皇下令焚书一事。

然，争务修饰文词以求知于世，而不复知有敦本尚实，反朴还淳之行，是皆著述者有以启之。”

【老刘说】

徐爱问阳明先生对王通和韩愈的看法。

阳明先生评价韩愈是文人之雄，意思是说在历代文人中，从文辞的角度来说，韩愈的确算是一个牛人，名气很大；王通相比而言，名气就要差很多了，算是贤儒。对大多数普通人来说，更容易记住和自己生活比较贴近的人。以前文人主要娱乐活动是吟诗作赋，总能用到唐宋八大家的东西，知道韩愈的人自然就多了。而经学相对来说，比较曲高和寡，知名度自然不如诗词歌赋。后世人比较容易记住名气大的，所以会把韩愈往前推。但从修身的水准来说，王通还是比韩愈高一大截的。

徐爱接着说，王通这个人的水准是比较高，可是他干过一件不太地道的事情，当年王通潜心钻研孔子的《六经》，模仿孔子作《王氏六经》。完全模仿孔圣人，搞个山寨版的《六经》，这不纯粹是沽名钓誉吗？

阳明先生说，不能一棍子把人打死，著书立说之事后世很多儒者都搞过，这中间有什么不同呢？逮住一件事，就把整个人都否定了，是不是太过武断了？

徐爱对阳明先生的说法不大服气，著书立说的人，不能说他们没有想出名的想法，但本意还是弘扬儒道，正本清源。而王通的搞法，纯粹是为了出名。

阳明先生接着说，那儒者要想弘扬儒道，该效仿谁呢？

徐爱回答，弘扬儒道的核心目的是明道，当然是效仿孔圣人删述《六经》的立意做法了。著书立说应该对道有所发明，不能纯粹模仿，王通的搞法，连外包装都非常类似，怎么看都是沽名钓誉。这里的“发明”不是指发明创造，而是指把它发扬光大，让别人更明白的意思。

就像出门买方便面，本来是买康师傅的，回来一看，居然是“康帅傅”，心里肯定很不爽。徐爱要表达的是这个意思。

阳明先生回答徐爱：“子以明道者，使其反朴还淳而见诸行事之实乎？抑将美其言辞而徒以诡诡于世也？天下之大乱，由虚文胜而实行衰也。”“诡诡”

的意思是说很喧嚣、很吵闹的样子。比如大家在看电影，旁边有人弄个破盆子，丁零当啷在敲，大家都转头看他敲盆子，电影就看不下去了，大概就这个意思。

这段的核心是“虚文胜而实行衰”，是说虚的东西太多，实际的东西太少，喧宾夺主。

举个例子，月饼大家都知道，如果做月饼的“虚文太胜”，结果就是大家很少关注月饼本身，而是争先恐后在外包装上狠下功夫。为了标新立异，吸引眼球，你用塑料袋装月饼，我用精美印刷的纸盒子；你换木盒子，我换镶金盒子。靠包装卖钱，没准儿真拿一个檀木盒子镶金镶钻装上月饼卖给顾客，一盒月饼一万多。比到最后，大家不是比月饼好吃不好吃，而是比谁包装更华丽，更能吸引眼球。而实质上月饼是食物，是用来吃的，不是用来看的。大家都做表面文章的结果，就是实的东西没多大变化，提升的全是虚的东西。

任何一套东西，有人想标新立异时，讲的时候就会想办法加点儿自己的私货。这私货是什么？就是自己不便于明说的某种目的，一个人加一点儿，加的人多了，最后本原的东西反而被淹没掉了。这种搞法，对初学者伤害很大，因为初学者往往是没有能力去分辨真假的。

倒了一杯啤酒，2/3 全是泡沫，想喝到酒，就得先把泡沫解决了。对初学者而言，虚文太多，就意味着要做很多无用功，消耗很多时间和精力。对此老刘深恶痛绝，刚开始入儒学门的时候，市面上的书良莠不齐，看得人眼花缭乱，根本分不清真货假货，写的人半懂不懂胡说八道的，包藏祸心夹带私货的，剪刀加糨糊贴出个不知所云的，林林总总，实在是害人不浅，老刘不得不一路用实践检验，磕磕碰碰，弯路着实走了很多。著书立说也好，开坛讲经也罢，心中要有一条最基本的底线，“己所不欲，勿施于人”。一句话很可能会影响别人一辈子，不得不慎。著书讲课应当有战战兢兢如临深渊如履薄冰的感觉才对。老刘写这本书，目的就是让初学者少走冤枉路。

当年孔子删述《六经》，也是不得已而为之。从伏羲画卦，到文王、周公解卦，《易经》出来了。《易经》是万经之首，随着《易经》面世，仿照和解释《易经》的书也冒出来了，如《连山》《归藏》等，越来越多，公说公有理，婆说婆有理。我们的俗语说的“八卦”，就是指这个意思。一个事情，你说你的我说我的，本来“八卦”应该是很庄重的一个词，结果成了“到处搬弄是非、饶舌”的代名词。

混淆视听的东西太多，最后已经扯不清楚，差不多等于一杯啤酒全是泡沫，想喝到底下的酒，千难万难。到孔子的时候，他一看这样下去肯定不行，为了恢复《易经》的本来面目，也就是正本清源、去掉泡沫，把多余的全部删掉了，只留下文王、周公认可的部分，就相当于这杯啤酒，泡沫完全倒出去了，剩下的都是啤酒，想喝马上就能喝得到，不用再在泡沫上浪费时间精力了。

“知其说之将无纪极”，这个“纪极”的意思是法度准则，这句说的是为了吸引公众的眼球，做事会不断挑战底线，甚至越来越没底线，谁更能哗众取宠，更能惊世骇俗，谁就先出名。老百姓对常规普通的东西是没多大兴趣的，往往标新立异的东西更能吸引他们的眼球。比如“黄鳝门”“快手未成年宝妈”等，完全是没底线的。

“《书》《诗》《礼》《乐》《春秋》皆然”，《书》指的是《尚书》，《诗》指的是《诗经》，《礼》指的是《礼经》，《乐》指的是《乐经》。

《尚书》从《典》《谟》之后，《诗经》从《周南》《昭南》之后，后面人又加入了像《九丘》《八索》这些东西，离经叛道、放荡不羁的东西越来越多，变得越来越没底线。

孔子为了正本清源，就把其中他认为标新立异、不能引导正道、不能明道的东西，全部删掉了。

从人性角度来说，一般人不太喜欢正正经经的学问，因为太中规中矩了，太板了。大家都喜欢比较光怪陆离的事情。所以现在搞新闻、搞媒体的往往通过选择性不说的方式来吸引眼球。不说瞎话，但会有选择性地说，比如这支笔，有五个优点，有五个缺点。如果我发现这个人喜欢这支笔，和他聊天的时候，只说优点，缺点的事情不说或者少说。反过来和不喜欢这支笔的人就说缺点，不说或者少说优点。这是一般人常见的处世套路，不说假话，但有选择性地不说。

《庄子》说：“吾生也有涯，而知也无涯。以有涯随无涯，殆已。”人的一生时间和精力都是有限的，孔子删述《六经》，对我们这些学习的人来说，绝对是一件很有功德的事情。孔子这么做的目的是返璞归真，让一切变得简洁明了，正本清源。从孔子的角度来说，就是让初学者看到更多真相，把文过饰非、画蛇添足的东西去掉，把里边实实在在的东西拿出来，还给大家一个本来面目。相当于给天下所有月饼厂下一道命令，只能用纸盒包装月饼，统一样式，不许偏离月饼是食物这一基本原则，不忘初心，回归本源。

秦始皇焚书这件事，秦始皇不是出于明道于天下的目的，而是出于统治天下的私欲，凡是和我治理天下唱反调的都要干掉。这种搞法给“道”的传播设置了很多障碍，极大地阻碍了“道”的传播。

同样是“删除”书籍，孔子和秦始皇的初心是完全不同的，虽然二人的行为差不多，但性质却完全不同。入世治世做事情最主要的是从天理出发，避免有私欲作祟。如果秦始皇焚书这件事情，是从弘道天下出发，焚书也是一件功德无量的事情。

“不知文中子当时拟经之意如何，某切深有取于其事，以为圣人复起，不能易也”，这句是阳明先生对王通的总结：不知道王通当时拟经究竟是什么情形。“其事”的意思是怀着批驳邪说的想法去做这件事情。从这个角度来说，阳明先生是比较赞同和支持王通的。

“争务修饰文词以求知于世”，关于著书立说，太多标新立异，哗众取宠，追求华丽的辞藻，这些东西如同膨胀的泡沫，最后反而把真相掩盖了。

一个有一百家店的市场，有九十九家都在卖山寨货，只有你一家卖真货。你对这个市场顾客的影响有多大呢？对于第一次逛到这个市场的平常人，他只有百分之一的可能看到卖真货的店。

【011－2】孔门家法

【原文】

爱曰："著述亦有不可缺者，如《春秋》一经，若无《左传》[①]，恐亦难晓。"

先生曰："《春秋》必待《传》而后明，是歇后谜语矣，圣人何苦为此艰深隐晦之词。《左传》多是鲁史旧文，若《春秋》须此而后明，孔子何必削之？"

爱曰："伊川亦云：'《传》是案，《经》是断。'如书'弑某君''伐某国'，若不明其事，恐亦难断。"

先生曰："伊川此言恐亦是相沿世儒之说，未得圣人作经之意。如书'弑君'，即弑君便是罪，何必更问其弑君之详？征伐当自天子出[②]，书'伐国'，即伐国便是罪，何必更问其伐国之详？圣人述《六经》，只是要正人心，只是要存天理、去人欲，于存天理、去人欲之事则尝言之。或因人请问，各随分量而说，亦不肯多道，恐人专求之言语，故曰'予欲无言'，若是一切纵人欲、灭天理的事，又安肯详以示人？是长乱导奸也。故孟子云：'仲尼之门，无道桓、文之事者，是以后世无传焉。'此便是孔门家法。世儒只讲得一个伯者的学问，所以要知得许多阴谋诡计，纯是一片功利的心，与圣人作经的意

① 《左传》：《春秋左氏传》，相传为春秋末年鲁国史官左丘明独立撰写的史书。

② 《论语·季氏》："孔子曰：'天下有道，则礼乐征伐自天子出。'"

思正相反，如何思量得通!”因叹曰：“此非达天德者未易与言此也!”又曰：“孔子云‘吾犹及史之阙文也’。孟子云‘尽信《书》不如无《书》，吾于《武成》[①]，取二三策而已’。孔子删《书》，于唐、虞、夏四五百年间不过数篇，岂更无一事，而所述止此，圣人之意可知矣。圣人只是要删去繁文，后儒却只要添上。”

【老刘说】

徐爱接着和阳明先生讨论《春秋》，说到《春秋》就要提一提“春秋笔法”。所谓“春秋笔法”，也叫“春秋书法”或“微言大义”，是孔子创造的一种文章写法，即在文章的记叙之中表现出作者的思想倾向。经学家认为《春秋》每用一字，必寓褒贬，即“《春秋》之称，微而显，志而晦，婉而成章，尽而不污，惩恶而劝善，非圣人谁能修之?”（《春秋》的记述，用词缜密而意思显明，记载史实而含蓄深远，婉转而顺理成章，穷尽而无所歪曲，警诫邪恶而褒奖善良。如果不是圣人谁能够编写?）

文字简约，含义隐晦。例如《孟子·梁惠王下》：“闻诛一夫纣矣，未闻弑君也。”“杀”指无罪而杀；“弑”指以下犯上，子杀父，臣杀君；“诛”则指有罪、有理而杀。这是春秋笔法中比较知名的动词。现在也有类似的用法，比如新闻报道中常有这样的语句，“两国进行了坦诚的交流”，或者“两国进行了深入的交流”。在这里，“坦诚”的真正意思是，双方在会谈中都直言不讳，并对某些问题发生过激烈的争吵，都在向对方施加压力，都在维护自己国家的利益；“深入”的真正意思是，双方的分歧很大，交锋激烈，而且是各说各话，两国都在坚持自己的立场，双方的观点根本没有交集。

《春秋》写很多事情，都是一笔带过，不会写得特别详细，特别是关于“弑君”“伐国”这类事情。究竟为什么“弑君”呢?《春秋》上没说，重大事件《左传》记述比较详细一些，可以参照《左传》读《春秋》。徐爱对此不免有些疑问：为什么孔子写《春秋》的时候，不完完全全地把史实都写出来呢?

阳明先生觉得他这个疑问稍微有点儿低级，“《春秋》必待《传》而后

① 《武成》：《尚书·周书》中的篇名，记载了周武王伐纣的事件经过。

明”，读孔圣人写的《春秋》居然还需要拿本《左传》辅助着看，这不是开玩笑吗？如果孔圣人这种低级错误都犯的话，他还做什么圣人？孔圣人这么做，肯定有这么做的道理，必然有深意的。你不能理解，是认知高度不够。

徐爱听到这里，心里不大服气，说“伊川亦云：‘《传》是案，《经》是断’”。“伊川”是程颐的别号，程颐字正叔，宅于河南嵩县东北耙耧山下，地处伊川，故称。“案”大概类似于小茶几，是可以靠着的，这里的意思是辅助、倚靠。“断”是决断、判断。程颐的意思是，《春秋》得依靠《左传》的辅助支持作用才可以做决断。《春秋》里说“弑君”，我得参考《左传》说的细节，才知道《春秋》的裁判是否妥当。

阳明先生说：“程颐这么说，是因为他没搞清楚圣人作经的真正意图。只是按照前人的说法人云亦云了。”

“若是一切纵人欲、灭天理的事，又安肯详以示人，是长乱导奸也”。凡是会引诱人干坏事的事情，把里边的细节都拿出去跟人说，不是教导人为善，而是教唆别人犯罪。从圣人的角度来说，有些细节是不能讲的。这其中的道理很简单，“弑君”“伐国”这种事情本身就是不对的，如果再把细节说清楚了，很容易被别有用心的人模仿。这才是圣人本意，并不是孔子对细节不清楚，这是两回事。

比如发生了一个抢银行或者杀人的案子，警方发布案情通告时，是不会把所有细节都说出来的。如果把这细节全摆出来了，对平常人来讲，无非是增加点儿茶余饭后的谈资，而对心有恶念也想抢银行甚至杀人的人来说，等于在告诉他作案的时候要注意什么，细节应该怎么设计，如何避免前一个犯罪分子的遗漏等。

圣人作经的时候，也是如此，“弑君”本身就是不对的，定性就可以了，再去详述细节，就过了。

另外，“魔鬼存在于细节”，过于强调细节的时候，我们就会迷失其中，而失去大方向。细节越明确，视野就会越小的。

这就是圣人写《春秋》的时候，忽略细节的原因。

“故孟子云：‘仲尼之门，无道桓、文之事者，是以后世无传焉。’”“桓、文”指的是齐桓公和晋文公，他们成就霸业时用了很多见不得人的手段，做过很多不该做的事情。这些事情的细节是不能详细说出来的，否则会教坏后世之人。后世的很多儒者往往认知水平没这么高，心里都是一片纯粹功利的心，讲来讲去讲的所谓智慧无非是伯者的学问，“伯者”就是霸者的意思，霸术里面太多阴谋诡计，和圣人作经的本意刚好相反。

所以孔子说好多东西是没办法写的，也不能写，这些事情实在过于肮脏，写出来会教坏别人的。“孟子云：‘尽信《书》不如无《书》，吾于《武成》取二三策而已。’”《武成》记载的是武王伐纣的事情。征伐用兵，肯定会用到一些见不得光的手段策略，孟子写这方面东西的时候，也只是用其中能见得光的二三事而已。

阳明先生感叹说，孔子删述《尚书》，把唐、虞、夏四五百年间的事情，删减到只有几篇。不是说这么多年什么事情都没发生过，圣人真正的目的是把对明道没有用的东西都去掉了。

后世儒者为了显示自己所谓的“挖坟”能力，又把很多东西加上去了。画蛇添足的事情总会有人去做，这是人性的弱点，是没有办法的事情。

从这个角度来讲，佛教总讲现在是末法时代，原因是当年释迦牟尼很清楚人性的弱点，随着佛法的流行传播，后世会不断往里添东西，不断画蛇添足，现在的佛经总和，字数以亿计，穷一生的精力，也很难能看完所有佛经。佛法的本来面目，也就因此被淹没，越是后来人，越难分辨，越易迷失，迷失和被误导的人多了，那自然就是末法时代了。不是释迦牟尼能预测后世，而是释迦牟尼有足够的智慧，对人性太清楚了。

人类进入文明社会以来，就陷入了这样一个怪圈：“虚文”的东西越来越多，一次次将“实”的东西遮盖。信息爆炸时代，新闻信息飞速增加，娱乐信息急剧攀升，广告信息铺天盖地，科技信息飞速递增，个人接受信息量严重“超载”。我们每天的时间只有 24 小时，一秒也不会增多，我们每天不得不用有限的精力和时间在追逐着无限的欲望和渴求，疲于奔命的结果就是失去自己。

阳明心学是否反对人类文化，希望人类回到茹毛饮血的原始时代？显然不是。心学的“致良知”和“知行合一”，是要人们心行一致，不要哗众取宠，不要华而不实，不要舍本逐末，而要与时俱进，活在当下。反对“虚文”，不是反对一切的“文”。警察抓“坏人”，而不是抓“人”，“虚文”和“文”的区别就和“坏人”和“人”的区别一样。

【011－3】
治理天下的大原则

【原文】

爱曰："圣人作经，只是要去人欲、存天理，如五伯[①]以下事，圣人不欲详以示人，则诚然矣。至如尧、舜以前事，如何略不少见?"

先生曰："羲、黄[②]之世，其事阔疏，传之者鲜矣。此亦可以想见其时全是淳庞朴素、略无文采的气象，此便是太古之治，非后世可及。"

爱曰："如《三坟》[③] 之类，亦有传者，孔子何以删之?"

先生曰："纵有传者，亦于世变渐非所宜。风气益开，文采日胜，至于周末，虽欲变以夏、商之俗，已不可挽，况唐、虞乎！又况羲、黄之世乎！然其治不同，其道则一。孔子于尧、舜则祖述之，于文、武则宪章之。文、武之法，即是尧、舜之道，但因时致治，其设施政令，已自不同，即夏、商事业施之于周，已有不合。故'周公思兼三王[④]，其有不合，仰而思之，夜以继日'。况太古之治，岂复能行。斯固圣人之所可略也。"又曰："专事无为，不能如三王之因时致治，而必欲行以太古之俗，即是佛、老的学术。因时致治，不能如三王之

---

① 五伯：春秋五霸。

② 羲、黄：伏羲与黄帝。

③《三坟》：三皇之书，"伏牺、神农、黄帝之书，谓之《三坟》，言大道也"（《尚书·序》）；"坟"有大的意思。包括《权坟》《牧坟》《成坟》，每坟九篇，共二十七篇。

④ 三王：指夏禹、商汤、周武王。

一本于道，而以功利之心行之，即是伯者以下事业。后世儒者，许多讲来讲去，只是讲得个伯术。”

【老刘说】

徐爱说，孔圣人删述《六经》，目的是彰显天理，淡化人的私欲，尽量让社会顺应天道，引出人性中光明的一面，避免人性中黑暗的一面显现出来。春秋五霸时代，阴谋诡计一大堆，有太多见不得人的龌龊和不堪，所以《春秋》中一笔带过，以免引人向恶。可是尧、舜以前的时候，民风很淳朴，为什么也不说呢？

阳明先生说，圣人略过，有两个原因，一则伏羲与黄帝那个时代，太久远了，大家口口相传，传的内容不走样是不可能的，真相不可考据的事情，是没办法写出来的，而且，流传下来的内容本身也不多；二则太古之治的实际情况跟现在完全不一样，上古的时候，民风朴实无华，很多操作是妥当的。但现在情况不一样，没多大参考性，说多了也没多大意义，圣人就不说了。

徐爱继续刨根问底，《三坟》是伏羲、神农、黄帝写的书，这几个人也是圣人，为啥也删了呢？

阳明先生说，整个情况已经变了，把这些再传下去，对后世的影响，不一定是正向的，甚至会误导一些人，所以孔子把这些也删掉了。阳明先生强调“然其治不同，其道则一”，治理的方式方法可以是不同的，要因时治政，也就是与时俱进，不能照搬照抄，历史不会重演，照搬照抄就是刻舟求剑般的蠢了。

治国之道的大原则有两点。一是爱民如子，把民众当成亲人看待，就是前面第1节讲的“亲民”，爱民如子，这个“亲”字是一定要有一颗“心”在里面。二是大公无私，不能掺杂私心，这样才能天道公权通行天下。

关于应变，我们要知道一个真理：没有最好的办法，只有最合适的办法。“道”是永远不变的，“术”是根据实际情况变的。就像《马克思主义政治经济学原理》所讲生产关系必须适应生产力的发展，无论是超前还是滞后，都会出大问题的。比如用现在治理国家的办法去治理春秋时代的一个诸侯国，是肯定治理不了的；反过来，用封建社会的方式来治理现在的国家，也是要出大麻烦的。

当年周公旦治国，碰到具体事情的时候，会考虑假设三王（夏禹、商汤、周武王）碰到这样的事情会怎么办。白天想不通，晚上接着想，晚上突然想通了，就不睡觉了，爬起来等天亮马上去实施。

“无为而治”的意思是居上位者的核心工作是导正人心，其他太具体的事情，居上位者是不会事无巨细事必躬亲的。三王之时，采取无为而治，国家能自然而然地好好运行，是因为三王导正人心的水平很高。

如果居上位者没有这么高的水准，还非要去搞无为而治，就是东施效颦，结果只会祸害老百姓，还不如干脆上山避世修行，免得为祸人间。

如果没有三王导正人心的水平，就尽量做好“天下为公”，以“道”为本。而以功利之心去治理国家，就是霸道了。

阳明先生接着说，治国之道，后世儒者水平高度不够，讲来讲去，讲的都是霸道这一套。

治国是分层次的，最高层次是王道，就是三王时代的无为而治，不用具体去管，人民的心正了，国家自然是和谐的大同社会。次一等的是霸道，关于霸道讲得太多，这里就不说了。如果连霸道都搞不来，就只能靠坑蒙拐骗这些歪门邪道来治理国家了，上梁不正下梁歪，这样来治理国家自然是非常糟糕的。

深谙阳明心学的稻盛和夫就是用以道驭术的方式管理京瓷公司的。比如采用阿米巴经营模式，简单地说就是临时跨部门抽人组成一个项目组，项目完成之后项目组解散，项目组实施运行过程中独立核算。在稻盛和夫的企业里，阿米巴经营模式运行得非常好，阿米巴小组人员尽职尽责把事情做好，他的企业自然也运作得很好。

很多企业家曾到稻盛和夫企业学过阿米巴经营模式，但回去之后往往运行得一塌糊涂，根本原因在哪里呢？

个人认为，稻盛和夫的企业之所以能把阿米巴经营模式运行得很好，是因为有两个核心要素，别人没办法照搬照抄。第一，稻盛和夫本人的水平非常高，有足够高的人格魅力，大家对他都很服气，都是仰视的，他说话的权威性自然无可替代，引领人心的功能就显得无可匹敌。第二，企业文化做得特别好，大家的价值观基本相同，在这个大团体里，大家都认可“德”是高于“利”的，评价任何事情，首先是用“德”这把尺子。跨部门项目工作的时候，必然有人吃亏有人占便宜，但大家都把“德”放在前面，都是先把事情做好，再考虑个人得失，工作是没道理做不好的。

【012】

《春秋》列入《六经》的依据（上）

【原文】

又曰：“唐、虞以上之治，后世不可复也，略之可也。三代以下之治，后世不可法也，削之可也。惟三代之治可行。然而世之论三代者，不明其本而徒事其末，则亦不可复矣”。

【老刘说】

先看下时间轴：

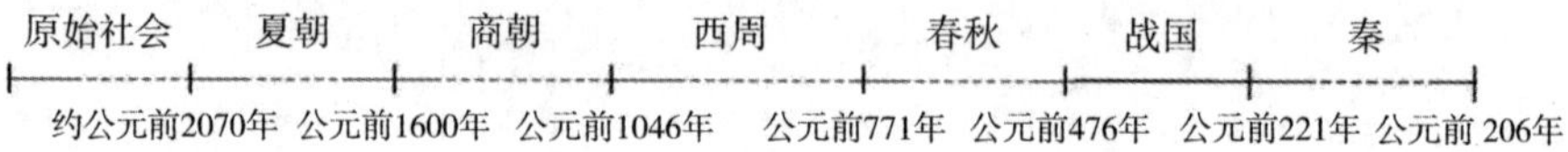

唐虞是唐尧与虞舜的并称，亦指尧与舜的时代，古人以为太平盛世。那个时代至少在公元前 2070 年以前，时间太过久远，已经没办法考证了，更别说恢复了，所以圣人写的时候就直接略过不提。

西周之后就是春秋战国了，诸侯林立的割据时代，崇尚丛林法则，诸侯割据，争权夺势，为生存而战，各种阴谋诡计，各种肮脏龌龊的事情实在太多，如果写得太清楚了，不知道会教唆出多少坏人，所以也就删除不写了。

不过，夏、商、周出了很多贤王，治世方法是可以借鉴的。奈何现在世上议论夏、商、周的人，认知高度是远远不够的，不明其根本，不明白治世最核心的是匡正人心，只知道一些细枝末节的事情，完全摸不到夏、商、周三代治理天下的根本。对以道驭术，只看到个“术”，却不知道“道”究竟是什么。所以，夏、商、周时治理天下的方法也没办法恢复了。

【013】《春秋》列入《六经》的依据（中）

【原文】

爱曰："先儒论《六经》，以《春秋》为史。史专记事，恐与《五经》[①] 事体终或稍异。"

先生曰："以事言谓之史，以道言谓之经。事即道，道即事。《春秋》亦经，《五经》亦史。《易》是包牺氏[②]之史，《书》是尧、舜以下史，《礼》《乐》是三代史。其事同，其道同，安有所谓异!"

【老刘说】

先儒这里指二程和朱熹。《六经》是《诗经》《尚书》《礼经》《易经》《乐经》《春秋》的合称，是指经过孔子整理而传授的六部先秦古籍。

徐爱问，《六经》中，《春秋》明显是写史的，怎么把《春秋》归到经这个范畴了？

按照严格的定义，中国古籍一般划分为经、史、子、集四部，经和史是两个不同的门类，是有着清晰的划分界限的。

阳明先生回答，以"事"为主的叫作"史"，以"道"为主的叫作

---

① 《五经》:《诗经》《尚书》《易经》《礼经》《春秋》。《六经》原包括《乐经》,《乐经》早佚，宋儒以《周礼》代之，以足《六经》。

② 包牺氏：指伏羲，三皇之首，创造历法、教民渔猎、驯养家畜、烹饪食物、婚嫁仪式、始造书契、发明陶埙、琴瑟乐器、任命官员等；创立了中华民族的统一图腾"龙"，龙的传人即由此而来。伏羲后来被中国神话描绘为"人首龙身"，被奉为中华文明的人文始祖。

“经”。也就是说行诸文字的东西，如果是为了说清楚事情的来龙去脉，就是“史”；如果是为了借事情讲清楚道理，那就是“经”。从这个角度来说，“经”和“史”是分不开的，要讲道理，就必须借助具体的事，才能把道理说清楚，一味空谈，是空中楼阁，听的人是摸不着边的。

从这个角度来说，《春秋》是经，不算是史。举个例子，单位领导找你痛说革命家史，如果纯粹是讲故事侃大山，这就算是“史”；如果要借这个事情激励激励你，或者想给你讲清楚一些道理，重点是给你做思想工作，这就算是“经”了。

阳明先生接着说，如果说事情就算“史”的话，《易经》就是伏羲时代的史，《尚书》就是尧舜时代的史，《礼经》《乐经》就是夏、商、周三代的史了。按照这个逻辑，《五经》都算是史。

阳明先生之所以将经和史混在一起，根本出发点是“知行合一”，阳明心学中，是很“憎恶”空谈抽象理论的作风的。夸夸其谈，纸上谈兵对入世是没任何实际意义的。要想掌握抽象的“道”，就必须真正的入世，参加具体的社会实践活动，应对人情事变，通过与现实世界的贴身肉搏来感悟到底什么是真正的道。这就是“下学而上达”的功夫。

【014】

《春秋》列入《六经》的依据（下）

【原文】

又曰：“《五经》亦只是史。史以明善恶，示训戒；善可为训者，时存其迹以示法；恶可为戒者，存其戒而削其事以杜奸。”

爱曰：“存其迹以示法，亦是存天理之本然？削其事以杜奸，亦是遏人欲于将萌否？”

先生曰：“圣人作经，固无非是此意；然又不必泥著文句。”

爱又问：“恶可为戒者，存其戒而削其事以杜奸，何独于《诗》而不删郑、卫[①]？先儒谓恶者可以惩创人之逸志[②]，然否？”

先生曰：“《诗》非孔门之旧本矣。孔子云：‘放郑声，郑声淫。’又曰：‘恶郑声之乱雅乐也。’‘郑、卫之音，亡国之音也’[③]，此是孔门家法。孔子所定三百篇，皆所谓雅乐，皆可奏之郊庙，奏之乡党，皆所以宣畅和平，涵泳德性，移风易俗，安得有此！是长淫导奸矣！此必秦火之后，世儒附会，以足三百篇之数。盖淫泆之词，世俗多所喜传，如今闾巷皆然。恶者可以惩创人之逸志，是求其说而不得，从而为之辞。”

---

① 郑、卫：《诗经》中的《郑风》和《卫风》。

② 语出朱熹《四书章句集注·论语章句》，意思是，坏的东西可以作为对人纵欲放荡之志的惩戒。

③ 《乐记》：“郑卫之音，乱世之音也。比于慢亦。桑间濮上之音，亡国之音也。”

【老刘说】

《五经》的作用是为了“明善恶，示训诫”。孔圣人删述《六经》时，好的东西会尽量把细节说得比较清楚，不好的事情，只是写个梗概，警戒一下后人。

为啥不好的事情不能也把细节说清楚呢？举个例子，比如企业管理，作为领导者要知道对好的事情和模范员工，可以反复讲细节，榜样的力量才能影响和教化其他员工。对一个模范员工，是可以深挖细节的，只要是彰显好的方面，都可以展现出来。甚至可以表扬他在家里对父母很孝敬，对家庭很爱护，很有责任心等，真善美的影响会因此扩大到更多。

相反，对于坏人坏事，只要把教训和危害说清楚就行了。说多了细节，反而容易把其他员工带坏。治世里的本意是惩前毖后，治病救人，不能本末倒置。

徐爱这个时候完全听明白了，做了一个总结：能存天理的事情，我们就把细节写出来，目的是彰显天理；偏离天理的事情，要尽量说危害，注重事情引以为戒的一面，而不能过分讲细节，把教化变成教唆别人做坏事。

比如以前某个香港警匪片里有个这样的情节，刚从警校毕业进入警队的男主角，发现同事利用手中的权力，故意找一些人的麻烦收取保护费。男主角非常惊讶：“居然还可以这样操作?!”之后就走上了不归路。这就是知道太多细节被带坏的例子。如果男主角一直都不清楚其中细节，人生应该就是另一个样子。

徐爱接着问，《诗经》里面的有些篇章，比如《郑风》和《卫风》，里面较多淫逸之诗，显然不是什么好东西，为什么没有被删除呢？朱熹先生说不删除的原因是，这些东西可以作为反面典型，让大家引以为戒，是这样吗？

阳明先生回答，我们现在看到的《诗经》已经不是孔子所删定的旧本了。孔子对郑、卫之音一直是非常厌恶的，说过“郑卫之音，亡国之音也”这样的话。而且孔子删定的《诗经》，里面的篇章，都是可以拿出来在祭祀天地和祖先时演奏，用来渲染和谐、陶冶德性的，怎么可能保留郑、卫之音呢？

以此推断，肯定是秦朝焚书之后，《诗经》篇数不够三百篇了，后边的人为了凑够三百篇，加进去的。所以《郑风》《卫风》纯粹是凑数的。关于朱熹先生说的反面典型的事情，是没办法自圆其说的。

阳明先生感慨说，所谓靡靡之音的淫逸小调，反而常常充斥街头巷尾，绝大多数老百姓都很喜欢这些东西，这是人性，没办法的事情。千百年过去了，人性还是一样，各种滥俗的娱乐节目、明星花边新闻等，无不被很多人津津乐道，甚至推崇追随。

人心自古如此，醉者自醉，醒者自醒。内求于心，把人生当作一次没有彩排的正式演出，认认真真扮演好自己的角色，做好这次体验之旅，在最后结束时候的回望，才会问心无愧，“吾心光明，亦复何求”。

徐爱跋

【原文】

爱因旧说汩没[1]，始闻先生之教，实是骇愕不定，无入头处；其后闻之既久，渐知反身实践，然后始信先生之学为孔门嫡传，舍是皆傍蹊小径、断港绝河矣。如说“‘格物’是‘诚意’的工夫，‘明善’是‘诚身’的工夫，‘穷理’是‘尽性’的工夫，‘道问学’是‘尊德性’的工夫，‘博文’是‘约礼’的工夫，‘惟精’是‘惟一’的工夫”：诸如此类，始皆落落难合；其后思之既久，不觉手舞足蹈。

右曰仁所录。

【老刘说】

徐爱说：“我曾经沉溺在程朱旧学中无法自拔，刚闻听先生的教诲时，实在是惊诧愕然，觉得无从下手。之后经过在入世治世中反复躬身践行，再对照先秦儒家典籍反复体会，才真正相信先生您的学说的确是孔门嫡传。其他解读儒家先圣的学说都不如您的解读真切。如果您的学说是能直达的高速公路，其他解读的学说要么是傍蹊小径，要么是绕来绕去没办法到达终点的断头路。

“您认为‘格物’是‘诚意’的功夫，‘明善’是‘诚身’的功夫，‘穷理’是‘尽性’的功夫，‘道问学’是‘尊德性’的功夫，‘博文’是‘约礼’的功夫，‘惟精’是‘惟一’的功夫，等等，我刚开始接触的时候，心里是不认可的，它们跟我之前的观念格格不入。但是按照您所教授的方法长时间反思和实践，经常会有醍醐灌顶、豁然开朗的喜悦，让人禁不住手舞足蹈。”

这个跋算是徐爱对自己学习阳明心学经历的一个小结。与他前面写的序遥相呼应。

---

① 汩没：沉溺、沉沦。

【015】
主一之功

【原文】

陆澄[①]问："主一之功，如读书则一心在读书上，接客则一心在接客上，可以为主一乎？"

先生曰："好色则一心在好色上，好货则一心在好货上，可以为主一乎？是所谓逐物，非主一也。主一是专主一个天理。"

【老刘说】

陆澄想当然地认为"主一之功"就是做一件事情的时候，集中精力，专心于此。比如接待客人的时候，就一心接待客人，其他的都不想；读书的时候就专心读书，两耳不闻窗外事，只专注于字里行间。

阳明先生说，这不是儒家修身的"主一之功"。如果按照这个逻辑，那好色的时候，就专心于好色，一定要达到目的；贪财的时候，就一心琢磨贪财，一定要获利到手，难道也是"主一之功"？这种搞法岂不是连最基本的是非标准都没有了吗？

这种搞法其实已经偏离"主一之功"，是在"逐物"了。做人的根本是心中存天理。先保证方向正确，再聚焦于事情本身，方向不正确，再努力也

---

① 陆澄：字原静，又字清伯，浙江吴兴人。心学门人，王阳明弟子。正德十二年（1517）进士，授刑部主事。嘉靖时，因为其主张不合大礼，被罢归，于是后悔前议之非，上疏自讼，帝恶其反复，遂斥不用。当时有议阳明心学者，陆澄欲上疏抗辩，阳明闻而止之。徐爱英年早逝后，阳明先生把弘扬心学的愿望寄托在了陆澄身上。陆澄对阳明心学理解得很深刻，阳明先生曾经叹曰："曰仁殁，吾道益孤，致望原静者不浅。"

是错的，甚至是完全负向的。战术上的胜利永远无法挽回战略上的错误，甚至战术越完美，越会放大战略上的错误。

天理是心有良知，外放出来的就是“仁义礼智信”。“主”是会意字，“主”是“柱”的本字。古代“主”“柱”通用，对古时候的房屋而言，如果中间承重的柱子倒了，房子就会倒塌。“主一”的“主”，也是这个意思。“一”可以理解成“天理”，心有天理，外行“仁义礼智信”。不能把“一”理解成具体的一件事情。

究竟什么是真正的“主一之功”呢？就是做任何事情的时候，都把天理放在首要位置，先把调子定了，再去专注具体的事情，这才是“主一之功”。

【016】
真正的立志

【原文】

问立志。

先生曰："只念念要存天理，即是立志。能不忘乎此，久则自然心中凝聚，犹道家所谓'结圣胎'① 也。此天理之念常存，驯至于美大圣神②，亦只从此一念存养扩充去耳。"

【老刘说】

陆澄问先生关于"立志"。现代人说到立志，一般是比较具体的，比如要当科学家、警察、大老板，要拥有多少财富等。这些志向，从阳明心学的角度来说，本质上可以归为"意必、意固、意我"。

《论语·子罕》"子绝四：毋意，毋必，毋固，毋我。"后人总结为"意必固我"。

"毋意"的意思是做事不能凭空猜测主观臆断，一切要以事实为依据。

"毋必"的意思是做事不能过于绝对。

"毋固"的意思是不能拘泥固执，要兼听则明。

---

① 结圣胎：道教金丹的别名。内丹家以母体结胎比喻凝聚精、气、神三者所炼成之丹，故名。唐朝吕岩《七言》之六："药返便为真道士，丹还本是圣胎仙。"北宋魏泰《东轩笔录》："吾养圣胎已成，患无术以出之。"

② 《孟子·尽心下》："可欲之谓善，有诸己之谓信，充实之谓美，充实而有光辉之谓大，大而化之之谓圣，圣而不可知之之谓神。"

“毋我”的意思是不要自以为是。

阳明先生说，真正的立志是“只念念要存天理”，七个字足矣。

“立志”，立的是天理。天理不是主观的“我见”，而是“君子素其位而行，不愿乎其外。素富贵，行乎富贵；素贫贱，行乎贫贱；素夷狄，行乎夷狄；素患难，行乎患难。君子无入而不自得焉”。处富贵，就存富贵时的那个天理；处贫贱，就存贫贱时的那个天理；处夷狄，就存夷狄时的那个天理；处患难，就存患难时的那个天理。时时处处心中都有一个准则，心存天理，做人坦坦荡荡，养一身浩然正气，才叫立志。

现代人所立的这些具体的目标，看似行动有方向，清晰明了，实则很难避免在其中迷失自我。在其之前，加上阳明先生所说的“立志”，才可以让这些目标和天理相吻合，不至于在行进中迷失自己。

只要念念不忘把天理长存于心间，最后就像道家“结圣胎”一样，天理自然会在心中凝聚。时刻不忘在心中存养天理，逐渐就会到达“美大圣神”的境界。“驯”在这里的意思是“从一个状态平稳进化到另一个不同的状态”。

“美大圣神”说的是一个进阶的阶段成果，有点儿像现在读书的经历，高中毕业就拿个高中毕业证，大学毕业就拿个学士学位，继续向上，就是硕士学位、博士学位。

先生这话的意思是说，只要我们一直发“天理”存在心里，我们逐渐就可以达到“美大圣神”的程度。

孟子说的“善、信、美、大、圣、神”，是儒家自我完善过程中呈现出的六个境界。

第一境界“可欲之谓善”：人源于天地，应当拥“善”的本性。人在自我完善和成长的过程中都有向善的“可能”和“愿望”。只要心中存有一丝善念，便是“可欲”。

第二境界“有诸己之谓信”：孟子说“万物皆备于我矣，反身而诚，乐莫大焉”，对每一个人来说，善是与生俱来的，但需要我们后天加以验证，验证的途径和手段就是反思与实践。“求真”就是求证“善”的过程，也是行善的过程（注：善是指合道而行，滥好人不是善）。

第三境界“充实之谓美”：人在“求真”或者行善的过程中毫无懈怠、

毫无缺欠，是真心实意的，没有半点虚假，使善与真趋于统一，这就是“美”的境界。

第四境界是“充实而有光辉之谓大”：这里的“大”是大人之“大”，《周易·文言》曰：“夫大人者，可以与天地合其德，与日月合其明，与四时合其序，与鬼神合其吉凶。”大人的德性因充盈而向外流露，这就是“充实而有光辉”。阳明先生说大人“视天下犹一家，中国犹一人焉”，也就是儒家的“一体之仁，民胞物与”的道理。

第五境界是“大而化之之谓圣”：圣人可以化民成俗、点石成金，通过“立德、立言、立功”，影响着一个民族的未来和发展，甚至整个人类的福祉。

第六境界是“圣而不可知之之谓神”：神的境界，便是道家所谓“无为而治”的境界，也即孔子的“天何言哉”的无言之教，不知不觉中一切都水到渠成了。

达到这一切，就是靠心中念念存天理，就是“下学而上达”的功夫。

【017】
妄念丛生的修行方法

【原文】

“日间工夫觉纷扰，则静坐；觉懒看书，则且看书，是亦因病而药。”

【老刘说】

感到妄念丛生，心里混乱的时候，就尝试静坐，让混乱的心绪慢慢平静下来；知道应该看书却又有偷懒的念头时，就强迫自己去看书，这也是对症下药。修心的办法，就是如此。

人的情绪虽然能主导人的行动，但人的行动同样能引导人的情绪，彼此之间，是相互影响的。

越是看似平常，看似老生常谈的言语，往往越是至理，所谓“真水无香”。陆澄郑重其事地把这两句看似平淡无奇的话记录下来，就是因为这是绝大多数人都易犯的通病。

【018】朋友相处之道

【原文】

“处朋友，务相下则得益，相上则损。”

【老刘说】

待人接物忌傲。尤其是年轻人，常常爱争强好胜，喜欢处处高人一等，很容易引起别人的不适从而远离。朋友之道是互相切磋砥砺，非要分个高下，就违了交友之本意。

和朋友相处的时候，也包括我们处理其他人际关系的时候，要相对向下一点儿，谦恭一点儿，把别人往上抬一抬，这样大家相处自然会比较舒服。之前写的舜的“与人为善”也是这个意思。

有的人家里有钱，和朋友在一起，今天秀一下 8000 块的手机，明天秀一下 10 万块的包，朋友真的会喜欢他吗？相反，如果一个人有钱却很低调，从来不做那些让人很不舒服的事，大家会不喜欢他吗？

所有人都喜欢和温润如玉的谦谦君子相处，没人喜欢经常给自己添堵的人相处和共事，这是刻在人性里的。

说个小技巧，如果你的见识能力特别优秀，让别人很有压力，这个时候不妨暴露一点儿自己的短板，比如很路盲、不会打理日常生活等，这样别人心里会平衡一点儿，更容易相处。

【019】
好为人师的危害

【原文】

孟源有自是好名之病，先生屡责之。一日，警责方已，一友自陈日来工夫请正。源从傍[①]曰：“此方是寻著源旧时家当。”

先生曰：“尔病又发！”源色变，议拟欲有所辩。

先生曰：“尔病又发！”因喻之曰“此是汝一生大病根！譬如方丈地内，种此一大树，雨露之滋，土脉之力，只滋养得这个大根；四傍纵要种些嘉谷，上面被此树叶遮覆，下面被此树根盘结，如何生长得成？须用伐去此树，纤根勿留，方可种植嘉种。不然，任汝耕耘培壅，只是滋养得此根。”

【老刘说】

阳明先生有个弟子叫孟源，有贪图虚名、好为人师的毛病，阳明先生经常敲打他。

有一天，阳明先生刚刚批评完孟源喜欢显摆的臭毛病，阳明先生的一个朋友，在修习心性方面有些困惑，这时候恰好过来向他请教，希望予以点拨指正。结果阳明先生还没开口，孟源好为人师的毛病又发作了，很不识趣地在旁边插话：“你这个问题，刚好是我经历过的。”这话有两个意思，一是说

① 傍：通“旁”，旁边。

你这个毛病是我以前经历过的，既然我都已经经历过了，我的水平自然是比你高的；二是说我来教导你就可以了，根本就用不着先生出马。

阳明先生当头棒喝："你这好名的毛病又犯了！"孟源这种人，很好面子，当着外人的面被训斥，心里肯定非常不爽，于是打算给自己圆圆场。结果阳明先生没给他这个面子，直指要害。

人的心体就像一块一丈见方的土地，修心性就是在这块土地上种下一粒种子（良知），阳光雨露，捉虫、除草、施肥，精心培育，慢慢这颗种子就会成才。好名（好为人师）的毛病，就像这块地上，长了棵成不了材的大树，所有的阳光、雨露、肥料都被这棵大树抢走了，种下的这颗种子，又怎么可能健康成长呢？

只有把这棵树挖出去，一点儿根都不留，种下的种子才可能健康长起来。

这段是《传习录》中非常有名的教学案例。教育引导之法，因人而异，有的人适合春风化雨、润物无声，有的人则适合快刀斩乱麻、当头棒喝。

好名、好色、好货是常人的病根，往往因循成习，去除甚难。这也正是心学修炼的难点所在。

【020】
贯通学问的根本（上）

【原文】

问："后世著述之多，恐亦有乱正学。"

先生曰："人心天理浑然，圣贤笔之书，如写真传神，不过示人以形状大略，使之因此而讨求其真耳；其精神意气，言笑动止，固有所不能传也。后世著述，是又将圣人所画摹仿誊写，而妄自分析加增以逞其技，其失真愈远矣。"

【老刘说】

前面讲过孔圣人删述《六经》，就是因为后世杂音太多，会遮蔽真声。有人问阳明先生："后世的人著述太多，会不会把儒学的根本淹没掉呢?"

深入一想，让人的确会有此担忧。阳明先生说，人心和天理是浑然一体的，良知不过是天理落在心之本体上，这个根本是不会改变的。后世人再怎么写，也不会改变这个根本。

阳明先生举了个例子，圣贤将天理写到书上，就像高手画画一样，传达出来的是画的神韵，笔墨不过是神韵的载体，给看的人一个大略形象，让看的人借此触摸到神韵而已。神韵本身是很难传达出来的。

书画这个东西，如何分辨高下呢？一幅字，你在静息观看的时候，能感觉到一种情绪扑面而来，也即作者在创作时的那种情绪，才算有神。这也是为什么复印出来的字画不值钱的根本原因。复印出来的细节再好，也是行尸走肉，空有躯壳，没有神在其中。真正的字画高手，都是心性高手，能融精气神于笔墨之间，真正做到形神兼备。

圣贤著书本意是为了传道，但文字和语言承载的信息量非常有限，“用意十分，下笔三分”，不可能把所有意思都通过文字表达出来。再加上后世的很多人，喜欢将圣人的东西模仿一遍，再添进去一些自己的私货，以显示自己的能耐，这就使得天理的真实面目更加模糊了。后人企图通过几本典籍，来掌握圣人之道，更是难上加难。那么该如何洞悉“道”呢?

答案是向内求，求之于自己的本心，这也是圣道的根本原点所在。任何文字语言的载体，都是有局限性的。能把《四书》《五经》倒背如流，只能说明你记忆力很强，但再强也强不过电脑，如果这样就算得道，电脑早就得道了，岂不荒谬?

将学的东西返之于身心，应用于入世、治世的人情事变，只有这样，这些东西才真正是你的。随时保持独立的内心和坦坦荡荡的幸福感，才算真正地掌握了“道”!

【021】
贯通学问的根本（中）

【原文】

问："圣人应变不穷，莫亦是预先讲求否？"

先生曰："如何讲求得许多？圣人之心如明镜，只是一个明，则随感而应，无物不照，未有已往之形尚在，未照之形先具者。若后世所讲，却是如此，是以与圣人之学大背。周公制礼作乐以文天下，皆圣人所能为，尧、舜何不尽为之而待于周公？孔子删述《六经》以诏万世，亦圣人所能为，周公何不先为之而有待于孔子？是知圣人遇此时，方有此事。只怕镜不明，不怕物来不能照。讲求事变，亦是照时事，然学者却须先有个明的工夫。学者惟患此心之未能明，不患事变之不能尽。"

曰："然则所谓'冲漠无朕，而万象森然已具'者，其言何如？"

曰："是说本自好，只不善看，亦便有病痛。"

【老刘说】

圣人似乎什么都知道，什么情况都能应对，对圣人而言，似乎什么都不是问题。那么圣人是不是读了特别特别多的书，准备了非常非常多的答案，只要有人问，就总能找到对应的答案呢？

显然这是不可能的，孔子有三千门徒，如果每个人都问问题，孔子靠准备小抄，根本是应付不过来的。对人类来说，这个世界的知识多得不可胜数，就算穷毕生之精力，又能打多少小抄呢？“吾生也有涯，而知也无涯。以有涯随无涯，殆已。”靠记住答案来应对世间的千变万化，显然是个不可能完成的事情。

事实上，圣人靠的是智慧，也就是应变的能力。圣人的心就像一面镜子，干干净净，没有一丝一毫的灰尘和污垢在上面，任何东西从其前面过，都可以照得清清楚楚明明白白。圣人只是到该出手的时候才出手，顺应时势。周公能做礼乐，周公之前的圣人能不能做礼乐呢？显然也是能做的，只是时机不到，所以没做。孔子删述《六经》也是同样的道理，之前的圣人也同样具备删述《六经》的水平，没做是因为火候不到。

圣人往往是碰到事情才解决事情，时机没到的时候，圣人是不会出手的。就像穿衣镜一样，你只有走过去，它才能照出你的样子；你没走过去的时候，它里面是空的。智慧是应变的，随便外物怎么变化，都有应对的办法；知识是应静的，只是应对具体的事的具体办法。

真正的智慧，是靠内求，靠格物来的。先收束心猿意马，触摸到心体，观照心体，不断格物致知，智慧自然会显现出来。

观照心体，要注意两种偏失，一种是“已往之行尚在”，即事情已经过去了，情绪还缠绕于心。比如下午和人吵了一架，晚上气得睡不着，气愤的情绪在心里不断发酵。虽然这种情绪也发自天性，但如果一直让这种情绪影响当下的心境，心体就“不正”了。另一种是“未照之形先具”，事情还没发生，心已经先跑过去了。比如明天有个多年不见的朋友要来，激动得晚上睡不着，做事情魂不守舍的。虽然这也是发自本然的天理，但扰乱了现在的心境，影响到对现在事情的应对，就同样是“不正”了。

修习心性，不怕事物万般变化，就怕心不明，只要心镜足够光明，但凡照到，就会有应对的办法。

“冲漠无朕，而万象森然已具”，出自《河南程氏遗书》，原文是：“冲漠无朕，万象森然已具，未应不是先，已应不是后。如百尺之木，自根本至枝叶，皆是一贯，不可道上面一段事，无形无兆，却待人旋安排引入来，教入涂辙。既是涂辙，却只是一个涂辙”。

“冲”，古为异体字“沖”，《说文解字》中说：“沖，涌摇也。”“漠”指夕阳下落接山地并最终完全隐没的过程。“朕”是“征兆”的意思。“冲漠无朕”指的是形而上的部分，“万象森然”指的是形而下的部分，后者是前者的载体。也就是说“理”是先于“物”存在的，未出现时不能说先前没有，已出现时不能说是后面才来。如同一棵大树，树根、树枝、树叶是一体的，不能割裂来看。

道法自然，人心清静，如水自然沉静，宇宙万有自然映现，所以才有万物皆备于一心。这就是心即理。

圣人可以在天地之间气息充满，但还没有表现出具体征兆的时候，已经把准备工作全都做好了。只要迹象出来，圣人就都有应对的办法。

“知己知彼，百战不殆”，不是说打一百次仗，都不会输，而是说无论对方有多少种进攻的办法，我都有办法应对，永远不会输。

陆澄把“冲漠无朕，而万象森然已具”理解成圣人已经做好一切准备（打好一堆小抄），无论有什么事情发生，都能在小抄里找到相应的答案。

阳明先生说：“陆澄，你也忒小家子气了，不是二程的书写得不对，而是你把意思理解反了。”

【022】

贯通学问的根本（下）

【原文】

“义理无定在，无穷尽，吾与子言，不可以少有所得，而遂谓止此也，再言之十年、二十年、五十年，未有止也。”他日又曰：“圣如尧、舜，然尧、舜之上善无尽；恶如桀、纣，然桀、纣之下恶无尽。使桀、纣未死，恶宁止此乎？使善有尽时，文王何以‘望道而未之见’①？”

【老刘说】

“义理”这里指的是“道”。中国文化中，“道”在不同的语境中，具有不同的含义。总的来说，有三重意思：

至道：道生无，无生有，有生万物。“道”指的是万物的根源，推动和造化万物，养万物、化万物。即道“独立而不改，周行而不殆”。

天道：天地万物表现出来的自然常理，也就是宇宙法则，自然规律。

人道：人所立的道，是人类社会秩序维持的保证。

这里的“道”是“人道”的意思。入世践行的人情事变，就是南怀瑾先生说的“学问”二字。

南怀瑾先生说：学问不是文学，文章好是这个人的文学好；知识渊博，是这个人博古通今，读书多、知识丰富；至于学问，哪怕不认识一个字，也可能有学问——做人好，做事对，绝对的好，绝对的对，这就是学问。

---

① 《孟子·离娄下》：“文王视民如伤，望道而未之见。”

有一个名叫公明宣的人在曾子门下学习，却三年不读书。曾子说：“你在我家里学习，三年不读书，那学什么?”公明宣说：“我看见老师在家里，只要有长辈在，连牛马也没有训斥过，我很想学习您对待长辈的态度，可惜还没有学好。我看见老师接待宾客，始终谨慎谦虚，从来没有松懈过，我很想学习您对待朋友的态度，可惜还没有学好。我看见老师身为朝廷重臣，对下属要求很严格，但从不伤害他们的自尊心，我很想学习您对待下属的态度，可惜都还没有学好。”曾子离开座位，向公明宣道歉说：“我还不如你会学习呢!”

做学问的目的，归根结底是为了做人做事。学问在哪里？在书本上，在别人的头脑里，在生活琐事之中，要靠学与问得来。但读书多少跟是否掌握做人做事的本领不成正比。

阳明先生说：“‘道’是没有穷尽的，永远处于变化之中，就算我在这里，不停地和你讲，讲十年、二十年、五十年，也是讲不完的。因为它的变化是无限的。”

过了几天，阳明先生又说，像尧、舜这样的人，已经可以做圣人的榜样了，但他们还在继续追求如何做到更善，“善”是没有尽头的，所以周文王说“望道而未之见”，意思是我一直追着“道”往前走，但是我始终无法看清楚“道”的尽头究竟是什么样子的。同样，“恶”也是没有尽头的，如果夏桀、商纣没死，很难说他们是否会干出更恶的事情来。

《大学》里的“止于至善”的“止”，也有数学中极限的意思，无限趋近。在盖棺定论之前，是不能下结论的。

【023】遇事便不同的原因

【原文】

问："静时亦觉意思好，才遇事便不同，如何？"

先生曰："是徒知静养，而不用克己工夫也。如此，临事便要倾倒。人须在事上磨，方立得住，方能静亦定，动亦定。"

【老刘说】

陆澄问阳明先生，平常修心性的时候，个人感觉还蛮好，觉得一切都没问题。可是一旦遇到事，心性却很容易被影响，做出来的事情往往会偏离本心，这个情况怎么办呢？

初学心学的人，静坐息心是入门的功法，这个阶段通过，就达到了"意思好"的境界，也就是陆澄问这个话时其所达到的境界。接下来所会遇到的难题便是"遇事便不同"。

这也是我们经常会碰到的：平常很理智的，心智始终保持在线，一遇到事，却瞬间血往上涌，贪嗔好恶攀附心体，主导了行为，心智直接离线。等情绪平稳下来，心智重新上线，回头看看自己做出的那些事情，第一个想法就是："这是我干的？"

阳明先生说，这个问题的根本原因是平常只注意静修，只在安静时用功，以为安静的时候的功夫就是全部，这是严重不对的。克己功夫明显不够。

打个比方，静处修身相当于在游泳馆里练游泳，大家都知道，游泳池是理想状态。在游泳池里游得非常好，并不代表实际应用的时候，就一定管用。

某天，到江边一下水，发现水情和游泳池完全不是一回事，这个时候，就不知道怎么游了。只有经常到江河湖泊游游，以后再碰到类似情况，心里就有底了。这个“事上磨”说的就是经常出来游一下的意思，游多了，自然就不怵了。

修习心性，入世治世应对人情事变，也是同样的道理，观照好心体的气机实相，多做历练，多做“克己”功夫，在应事接物时随时随地观照心体的气机实相，避免贪嗔好恶攀附心体，这既是心学的修炼方法，也是修炼所要达到的目的。这就是“事上磨”。

功夫到了，自然就会“静亦定，动亦定”了。

【024】

上达的功夫在脚下

【原文】

问上达[①]工夫。

先生曰："后儒教人，才涉精微，便谓上达未当学，且说下学；是分下学、上达为二也。夫目可得见，耳可得闻，口可得言，心可得思者，皆下学也；目不可得见，耳不可得闻，口不可得言，心不可得思者，上达也。如木之栽培灌溉，是下学也；至于日夜之所息，条达畅茂，乃是上达，人安能预其力哉！故凡可用功、可告语者皆下学，上达只在下学里。凡圣人所说，虽极精微，俱是下学。学者只从下学里用功，自然上达去，不必别寻个上达的工夫。"

【老刘说】

陆澄问什么是"上达"功夫。

阳明先生说，"下学"和"上达"要先搞清楚含义，有些后儒自己就是半桶水，教人时，但凡涉及精微的事情，就说是"上达"功夫，实际还差得远呢。"由此及彼谓之达"，欲要"达"，起点是"此"，而"此"就是"下学"。

《周易·系辞上》中说："形而上者谓之道，形而下者谓之器。""上达"就是道，"下学"就是器。凡是能看得见、摸得着、听得到、说得出、心里能

---

① 《论语·宪问》："子曰：不怨天，不尤人；下学而上达。知我者其天乎！"

琢磨（逻辑思维可以触达得到）的，都是“下学”；看不见、摸不着、听不到、说不清楚的，才是“上达”的范畴。

阳明先生举了个例子，种一棵树，如何松土，如何灌溉，如何修剪，这些都是“下学”。这棵树内部生命力量的生生不息，日夜生长，枝繁叶茂，这些摸不着、看不见的生命运转，就是“上达”。

如何达到“上达”呢？没有捷径可走，只能通过“下学”入手。孔子说“不怨天，不尤人；下学而上达。知我者其天乎”，意思是说，我不去埋怨天，也不去找各种客观理由，我只是踏踏实实地做好具体的事情，在平凡和踏实中逐渐领悟到“道”的真谛。如何到达“道”是没办法说清楚或者写明白的，只有上天才真正了解。

“上达”的真正捷径就是“不怨天，不尤人”，踏踏实实做好最基础的事情。

两军对阵的时候，真正的高手，往往可以通过对方细微的迹象，马上判断出时机是否到了，该怎么出兵，什么时候该出什么兵种。如果一定要问依据是什么，本人也说不清楚的。姑且称之为“直觉”吧，这个“直觉”就是在无数次尸山血海搏杀的“下学”中养成的“上达”。

世界上没有脱离了具体“下学”的“上达”。在“下学”中用功，理会“上达”，其主旨是“知行合一”的理念。这个世界上坐而论道、空谈理论的人太多，只有在笃行的“下学”中，才能自然体会到“上达”。

【025】

惟精惟一的真相

【原文】

问："'惟精''惟一'是如何用功?"

先生曰："'惟一'是'惟精'主意，'惟精'是'惟一'功夫；非'惟精'之外，复有'惟一'也。精字从米，姑以米譬之：要得此米纯然洁白，便是'惟一'意；然非加舂簸筛拣'惟精'之功，则不能纯然洁白也。舂簸筛拣是'惟精'之功，然亦不过要此米到纯然洁白而已。博学、审问、慎思、明辨、笃行者，皆所以为'惟精'而求'惟一'也。他如'博文'者，即'约礼'之功，'格物''致知'者，即'诚意'之功，'道问学'即'尊德性'之功，'明善'即'诚身'之功，无二说也。"

【老刘说】

陆澄问阳明先生，"惟精""惟一"应该怎么做功夫？

"惟精惟一"源于"十六字心传"。"惟精惟一"就是如何做到"允执厥中"的功夫。

阳明先生说："'惟一'是'惟精'主意，'惟精'是'惟一'功夫，非'惟精'之外复有'惟一'也。"

"主意"指核心，"功夫"指落实的办法。"惟精"和"惟一"的关系，"惟一"是灵魂，是主脑，"惟精"是为"惟一"服务的。从这个角度说，"惟精"和"惟一"说的是一个东西，这个东西就是"良知"。

“惟精”和“惟一”的关系究竟是怎么一回事呢？阳明先生举了个例子，“精”字是“米”字旁加个“青”，就拿“米”来做个比喻：从超市买回来的米，是干干净净，没有一点儿杂质的，可以直接用来煮饭。米是从稻子加工来的，而稻子是不能直接煮饭的。如果我们把“米”的状态定义成“惟一”的话，从稻子变成米的过程就是“惟精”。

水稻从田里收割回来，先要脱粒，把稻草和稻谷分离，再把稻谷脱壳。古代使用石臼或是石碾来脱壳，然后通过筛、簸将谷壳（俗称米糠）与大米分离。现在主要用碾米机，将谷壳与大米自动分离，同时配套使用抛光机、筛选机等。通过这些工序，米才能吃。

现在有用电子垃圾炼金的行业，基本工序是这样的：先收购电子垃圾中的电脑主板、CPU、内存这类含金的部件，拿回来粉碎成颗粒状，浸泡，待黄金微粒溶解出来后，进行过滤提纯，然后放活性炭吸附黄金微粒，最后把活性炭一烧，剩下的就是黄金了。就这样，电子垃圾就变成金灿灿的黄金了。

平常人的心是不纯粹的，里面混杂了太多私欲，修炼心性就是把这些私欲一点点地剔除出去，这个过程，就是“惟精”的功夫。最后做到心廓然大公，没有一毫杂质，就是“惟一”的状态了。

“博学之、审问之、慎思之、明辨之、笃行之”都是在为最后的“惟一”做功夫。拿炼金这个事情打比方，“博学之”好比是大面积收集电子垃圾，什么主板、CPU、内存等，收了一大堆回来；“审问之”好比是把塑料壳之类的无法炼金的东西，先分拣出去，就是一个分辨筛选的过程；“慎思之”好比是把原料粉碎溶解的过程，进一步把黄金分离出来；“明辨之”好比把吸附了黄金的活性炭收集起来烘干；“笃行之”好比最后烧活性炭提炼纯金的步骤。从这个角度说，“博文”是“约礼”的功夫，“格物致知”是“诚意”的功夫，“道问学”就是“尊德性”的功夫，“明善”就是“诚身”的功夫。

很多人在学习心学初期，总会把心学和禅学混为一谈，这是值得商榷的。儒学的重心在入世治世，佛学的重心在个人心性的修炼，侧重点是不同的。佛学是没有治世的，这点是和儒学之间非常关键的区别。真正的心学修行，重心在于入世践行，“惟精”的目的是“惟一”，“惟一”的目的是入世治世，最后是“笃行之”。

【026】知行合一

【原文】

“知者行之始，行者知之成。圣学只一个功夫，知、行不可分作两事。”

【老刘说】

“知”在这里是知觉的意思，“知觉”的范畴很大，平常说的知识、知道、五感六识等只是“知觉”的一部分。“行”，分三个阶段，第一个阶段是内心知觉到的“一涌动”；第二个阶段是起心动念形成想法；第三个阶段是外放的行为。拿开车打比方，钥匙插到钥匙孔的一瞬间，就是“行”的开始；转动钥匙启动发动机怠速，是第二个阶段；挂挡，车开始动，是第三个阶段的行动。

“知者行之始”：有知觉的瞬间，心必然有一涌动，这一涌动，就是“行”的开始。

“行者知之成”：有外放的行动了，说明“知”已经贯穿而出了。

“知”“行”是一个硬币的两面，是不可分割的。圣学是一以贯之的，“知”“行”向来是一条线走下来的，是一回事。强行分成两段，就偏离了圣学本意。

【027】
孔门言志（上）

【原文】

“漆雕开[①]曰：‘吾斯之未能信。’[②] 夫子说之。子路[③]使子羔[④]为费宰[⑤]。子曰：‘贼夫人之子。’[⑥] 曾点[⑦]言志，夫子许之。圣人之意可见矣。”

【老刘说】

“吾斯之未能信”“子路使子羔为费宰”“曾点言志”这三个典故都出自《论语》。

第一个典故：“吾斯之未能信”。

儒学是济世经邦的显学，内容不是空谈学问，《大学》提出儒学的最终目的是修身、齐家、治国、平天下，这是儒学积极用世的体现。漆雕开在孔子的弟子中水平比较高，孔子认为他学有所成，就建议他出师当官。漆雕开回答说“吾斯之未能信”，意思是我对做官还没有足够的信心，孔子听了很

① 漆雕开：孔子学生，姓漆雕，名开，字子开。

② 《论语・公冶长》：“子使漆雕开仕。对曰：‘吾斯之未能信。’子说。”“说”通“悦”，高兴的意思。

③ 子路：仲由，字子路，又字季路，鲁国人，孔子学生。

④ 子羔：高柴，字子羔，卫国人，孔子学生。

⑤ 费宰：费，春秋鲁国邑名。费宰即费这个地方的行政长官。

⑥ 《论语・先进》：“子路使子羔为费宰。子曰：‘贼夫人之子。’子路曰：‘有民人焉，有社稷焉。何必读书，然后为学？’子曰：‘是故恶夫佞者。’”

⑦ 曾点：名点，字皙，曾参之父，孔子学生。

高兴。

为啥孔子这么高兴呢？一则，以孔圣人的判断，漆雕开去做官，是完全能够胜任的，但漆雕开很谦虚，心有敬畏，这种品格没谁不喜欢。二则，漆雕开不愿意现在出去做官，是不满足于做一个普通的官吏，希望自己能做出更大的事业。说白了，他有更高的追求，弟子有更高的追求，做老师的怎么可能不高兴呢？

第二个典故："子路使子羔为费宰"。

子路让子羔去做费邑的长官，孔子对这件事情很不满，所以说了句"贼夫人之子"，意思是你这简直就是坑害别人的孩子。简单来说是孔子觉得子羔不适合这个职位。子羔这个人学问也很高，但做人太直，不太懂得变通。费宰是地方最高行政长官，相当于县令，当时是乱世，各路神仙都得罪不起，得罪谁都可能要倒霉。

子路为此和孔子争辩说："有民人焉，有社稷焉。何必读书，然后为学?"，意思是："您认为子羔不适合当费邑的长官，但学问不都是从实际中学来的吗？让子羔先干起来，边实践边学习不也是行得通的吗?"

孔子非常清楚自己的弟子究竟能干什么不能干什么，用人要量才委任，不能揠苗助长。子路说这个理由的时候，孔子觉得他是强词夺理，更加生气，批评的同时对之进行教育："是故恶夫佞者。"意思是"我厌恶那些强词夺理的人"。

第三个典故："曾点言志"。

子路、曾点、冉有、公西华这几个学生陪孔子聊天。

孔子对他们说："你们总抱怨没人了解，怀才不遇。如果现在有人了解你们，你们打算做些什么事情呢?"

子路不假思索地回答说："一个拥有千乘兵车的中等国家，夹在大国之间，外有侵凌，内有饥荒。如果让我治理这个国家，三年时间，可以使国人对外有保卫国家的勇气，对内行事有规则。"

孔子对他示以微笑，又转身问冉有："冉有，你呢?"

冉有说："一个方圆六七十里或者五六十里的国家，如果让我去治理，三年时间，可以使老百姓富足起来。至于礼乐教化，我的能力稍有欠缺，需要由贤人君子协助推行。"

孔子这时候问公西华："你呢?"

公西华回答说："我的能力很有限，但愿意认真学习。我在礼乐方面还能做点儿事情，诸侯会盟及朝见天子的时候，我愿意穿着礼服，戴着礼帽，做司仪的工作。"

孔子又问曾点："曾点，你呢?"

曾点正在弹瑟，听到孔子的问话后，瑟声渐渐稀疏下来，铿的一声停住了。他放下瑟，直起身来回答说："我的志向和他们三人不一样：在春暖花开的季节，和几个朋友，带上童仆去春游，到沂水边，喝喝酒唱唱歌。"

孔子长叹一声说："我赞同曾点的想法呀!"

儒家主张"君子不器"，《周易》中说："形而上者谓之道，形而下者谓之器。"器者，形而下者也，意指一切具体的东西，人可以通过学习掌握它、获得它，但比"器"更高的是"道"，"道"仅仅靠学习是无法触及的，只有靠悟性的引导，才有得见真容。"道"无往而不在，是一种远比"器"更为高端的追求。

子路、冉有、公西华三人皆以治国平天下为志向，但唯独曾点在谈到志向时说：暮春时节，脱去了臃肿繁重的冬装，换上了轻便舒适的春服，到处流水潺潺，桃红李白，这时，带上若干好友和天真的孩童，到河里洗洗澡，在舞雩台上吹吹风，迎着漫天的晚霞唱着歌儿回家。曾点既没有不切实际的治国追求，也没有功利意味浓厚的现实诉求，只是任心遨游天地之间，不为物系，不为名迁，不求利禄，只求自得，享受当下，在天地大美与人间的温情中求得身的安适，心的自由。在审美的愉悦中达到对现实的超越，达到君子不器。

"曾点言志"中任天而动、追求心物和谐的人生意趣，正是阳明心学的重要内容。

【028】
未发而中

【原文】

问："宁静存心时，可为'未发之中'[①]否？"

先生曰："今人存心，只定得气，当其宁静时，亦只是气宁静，不可以为'未发之中'。"

曰："未便是中，莫亦是求中功夫？"

曰："只要去人欲、存天理，方是功夫。静时念念去人欲、存天理，动时念念去人欲、存天理，不管宁静不宁静。若靠那宁静，不惟渐有喜静厌动之弊，中间许多病痛，只是潜伏在，终不能绝去，遇事依旧滋长。以循理为主，何尝不宁静；以宁静为主，未必能循理。"

【老刘说】

陆澄问，心完全处于宁静的状态的时候，就算是"未发之中"吗？

"未发之中"出自《中庸》，"喜怒哀乐未发，谓之中"，是说情绪还没发动的时候，这个状态就是"中"；"发而皆中节，谓之和"，是说发出来刚好能达到中节的效果，就是"和"。这么说比较抽象，不太容易懂，举个例子说明一下。心如果是一个神箭手，引弓待射，精神饱满，毫无懈怠，随时等待靶子出现的状态，等同于"中"；靶子一出现，一箭中的，并且是正中靶心，就等同于"和"。

---

① 《中庸》："喜怒哀乐之未发，谓之中；发而皆中节，谓之和。"

很多人想当然地觉得修心性就是让心完全静下来，七情六欲不起。这显然是有问题的，能达到这种状态的，大概也只有植物人了。而且如果对啥都没情绪反应，还谈什么入世治世？

朋友结婚，大家都高高兴兴的，你一张扑克脸，啥表情没有；别人家里老人去世了，你面无表情，这样根本没法和大家相处。

入乡随俗，喜怒哀乐表现恰当，别人结婚办喜事的时候，去了也要开开心心的，至少要有点儿笑的模样。当然，这个事情也不能做得太过，搞得比新郎新娘还拉风，就是成心给别人添堵了。“发而皆中节，谓之和”，这个“和”也有和谐的意思。

阳明先生说，只是让自己的气定住，在完全没有干扰的理想状态下，做到气宁静，不能算是“未发之中”。

陆澄接着问，宁静的时候能做到“中”，不也是“中”的功夫吗？

阳明先生回答说，这么想，是把事情搞反了，修身的第一要事是“去人欲、存天理”，只有在这一观念已经深入骨髓之后，才能无论宁静还是喧嚣，都能做到“中”的功夫。如果只是沉迷于宁静时候的理想状态，真正遇到事情时，就完全不顶用了。

阳明先生说的“中”，指静的时候是这种状态，动的时候也是这种状态，不管外边如何，心体里始终保持天理存在，良知做主，才是“未发之中”。如果过于贪图宁静时候的状态，容易把人修成枯禅的状态，也就是佛家说的“堕入顽空，起断灭见”。

“小隐于野大隐于市”讲的就是这个意思，天资或者修为水准不够的时候，可以到外面没有干扰的地方修行。真正有水准的高人，在城市喧嚣中，在纷繁芜杂的各种事情中，依旧可以保持本心精进。无论外边怎么变化，都能保持天理落在心体上，没有任何贪嗔好恶的攀附。

内心的气动是随着天理合道而行的。去参加别人的婚礼，人家都高兴喜悦，这时候，你自己内心喜悦的气也是动的，这种喜悦外放出来就是和大家一样的喜气洋洋；别人办丧事，这时候，你自己心里悲伤的气也是动的，就是孔子的“哭则不歌”的状态。这不是靠演出来的，而是天理自然流行的结果。

关于中庸，简单说一下，很多人望文生义，以为“中”就是中间，“中庸”就是明哲保身，自私自利的处世方法。这显然是不对的。

程颐说：“不偏之谓中，不易之谓庸。”朱熹说：“中者，不偏不倚，无过不及之名。”

这两句话，后世真正能理解的人是非常有限的，大部分人对中庸的理解，都是凡事求于两者之间，既不偏左，也不偏右。这种理解就偏道太远了。

这样理解就意味着所谓“中道”，或者说所谓中庸之道，就只有一个点。离开这一点，无论是过一点儿，还是不及一点儿，都是错误的。这是一种非常严重的误解。

之所以要反对过与不及，是因为无论是过还是不及，从本质上说都是偏激。如果凡事都要求个既不偏左也不偏右的一个中间点，岂不也是一种偏激？

孟子说：“执中无权，犹执一也。所恶执一者，为其贼道也，举一而废百也。”就是在明确地批判和反对这种理解的。

那么，该怎么理解“中”呢？既不使自己的行为落在过的一侧，比如十分激进；也不让自己的行为出现在不及的范畴之内，在这两点之间的任何一个位置，都可以称之为“无过无不及”。至于具体选择其中的哪一点，是由个人按照自身不同的天性自行决定的。在左右之间，做出不偏不颇，合情合理的选择，做妥当的应对，就是符合中庸之道的。记住，中庸之道是真正“天人合一”意义上的理想境界，是一条赋予了人们最大限度自由的道路。

【029】
孔门言志（下）

【原文】

问："'孔门言志，由、求任政事，公西赤[1]任礼乐，多少实用！及曾皙说来，却似耍的事，圣人却许他，是意何如?"

曰："三子是有意必，有意必便偏著一边，能此未必能彼；曾点这意思却无意必，便是'素其位而行，不愿乎其外，素夷狄行乎夷狄，素患难行乎患难，无入而不自得矣'[2]。三子所谓'汝器也'，曾点便有'不器'意。然三子之才各卓然成章，非若世之空言无实者，故夫子亦皆许之。"

【老刘说】

对于"曾点言志"这个典故，陆澄的脑子里充满了问号：前三个弟子说的无论怎么样，其理想还有些实际的用处，曾点的话，完全是闹着玩的感觉，孔圣人为何偏偏对他青睐有加呢?

阳明先生说，前三个人讲的都有"意必"，"意必"出自《论语・子罕》："子绝四：毋意，毋必，毋固，毋我。"阳明先生的意思是他们三个都在"道"上攀附了主观意识。顺"道"而行，就是在什么环境和什么位置就做那个环境和那个位置上该做的事情，一切言行都顺应本应如此的"理"。

一旦有自己主观意识的攀附，就会有想当然的成分掺杂在里面，做的事

① 公西赤：春秋末鲁国人，字子华，孔子学生。

② 语出《中庸》。

情就不会完全符合“道”。

一般每个企业都会做一个三到五年的战略规划，HR（人力资源顾问）按照战略规划做人力资源策略。理论上讲，企业应该是按照这个大框架走的，但实际情况完全不是这么回事。企业都是市场导向性的，而不是老板想当然地想怎样就怎样。外部环境一变，企业也必须跟着变，不变就是死路一条。这才是客观事实。

阳明心学是注重智慧的，就是要懂得应变，顺道而行；不懂应变，就会始终徘徊在“器”的水平。

孔子对前三个人的评价是“汝器也”，对曾点的评价是“不器”。显然在孔子的眼里，曾点的修为是高于其他三个人的。

后来的事实也证明了曾点“不器”。曾点的名气不是很大，但他的儿子曾子名气是非常大的。

曾子（公元前505—公元前435），名参（shēn），字子舆，春秋末年鲁国人。是中国著名的思想家，孔子的晚期弟子之一，与其父曾点同师孔子，是儒家学派的重要代表人物。

参与编制了《论语》，著写了《大学》《孝经》《曾子十篇》等作品。曾子在儒学发展史上占有重要的地位，被后世尊奉为“宗圣”，是配享孔庙的四配之一。

圣人真正想要的不是当多大官，赚多少钱，而是拥有真正顺道而行的智慧，做到“从心所欲，不逾矩”。曾点没有说自己具体要做什么，但是他那种悠然自得的“不器”态度，随时随地能遵循天理的悠游无碍，才是孔子赞许的真正原因。

【030】
学问如何进步

【原文】

问："知识不长进，如何？"

先生曰："为学须有本原，须从本原上用力，渐渐盈科而进①。仙家说婴儿②，亦善譬。婴儿在母腹时，只是纯气，有何知识；出胎后，方始能啼，既而后能笑，又既而后能识认其父母兄弟，又既而后能立、能行、能持、能负，卒乃天下之事无不可能；皆是精气日足，则筋力日强，聪明日开，不是出胎日便讲求推寻得来。故须有个本原。圣人到'位天地、育万物'③也只从'喜怒哀乐未发之中'上养来。后儒不明格物之说，见圣人无不知、无不能，便欲于初下手时讲求得尽，岂有此理？"

又曰："立志用功如种树然，方其根芽，犹未有干，及其有干，尚未有枝，枝而后叶，叶而后花实。初种根时，只管栽培灌溉，勿作枝想，勿作叶想，勿作花想，勿作实想——悬想何益？但不忘栽培之功，怕没有枝叶花实？"

【老刘说】

这一节的主旨是说为学要"循序渐进"，不可以急于事功，要有"只问耕

① 盈科而进：语出《孟子·离娄下》："源泉混混，不舍昼夜，盈科而后进，放乎四海。"盈，满；科，通"窠"，坎，坑。

② 《老子》十章："专气致柔，能如婴儿乎？"又见《老子》二十章："沌沌兮，如婴儿之未孩。"

③ 《中庸》："致中和，天地位焉，万物育焉。"

耘，莫问收获”的达观心态。追求速成，往往会“欲速则不达”。

陆澄问：“我按照您的指导，努力了很久，却没有明确的进步，该怎么办呢?”

阳明先生说，为学这个事情，没有什么捷径可走，只要在本原上用力，自然就可以“盈科而进”了。

“盈科而进”的“科”指坑，“盈”指水漫过来的样子，“盈科而进”就是水漫过来，把坑灌满，前一坑满了下一个坑才开始进水，以此类推，水漫过来把每一个坑都按顺序填满，就是循序渐进的意思。

“为学须有本原”，“本原”指修身的根本，找到根本，在根本上用力，才能有进展，比如踢足球，把球踢进对方球门才算赢，如果不知道，就算控球能力超凡，体力绝伦，最后也一样是做无用功。

阳明先生拿人的生命历程举例，最初的生命体是从细胞开始，是无知觉的，慢慢开始长大，四五个月成形之前，就是一团血肉。五个月的时候，开始有些感知，孕妇能感觉到胎动。婴儿出生后，视觉开始逐渐形成；满月之后，表情变得越来越丰富；半岁到一岁时就开始认人了，父亲、母亲和常见的人逐渐能分辨出来了；十五六个月的时候，能走稳了；三岁上幼儿园，六岁上小学，慢慢地，天下的事就知道了。筋骨日强，聪明日开，这个时候显然和刚出生的时候完全不一样。没有谁是刚出娘胎就什么都能做的。

圣人达到“天地各安其位，万物生长繁盛”的境界，也是从“喜怒哀乐未发之中”上逐渐存养出来的。争是人德之性，不争是天德之性，也就是常说的“天道求无，人道求有”，圣人几于道，正是从这个本原上生发出来。“几于”是“近于，几乎”的意思。

后世的儒者搞不懂格物的真相，见圣人无所不知、无所不能，刚着手就恨不得要把一切都琢磨得清晰明了，这怎么可能呢?

立志用功就像种树一样，种子种下去，慢慢发芽，破土而出，长叶，长枝，寒来暑往，逐渐长大，最终开花结果。

刚把种子种下去的时候，只要好好照顾就行了，该浇水的时候浇水，该施肥的时候施肥。这个时候不要去想枝、叶、花、果的事情，还早着呢。按照自然规律，慢慢来，最后枝、叶、花、果都是水到渠成的事情，根本不用担心。揠苗助长的搞法反而会适得其反。

修身的时候，过于浮躁是非常忌讳的事情。从基础上用功，不要脱离本原。端正态度，活在当下，该播种时候就播种，该浇灌的时候就浇灌，不执于收获，顺理而行，终归有一天，下学而上达，一切会豁然开朗，大不一样。

【031】

心体明即是道明

【原文】

问："看书不能明，如何？"

先生曰："此只是在文义上穿求，故不明。如此，又不如为旧时学问。他到[①]看得多，解得去。只是他为学虽极解得明晓，亦终身无得；须于心体上用功。凡明不得、行不去，须反在自心上体当，即可通。盖《四书》《五经》不过说这心体，这心体即所谓道，心体明即是道明，更无二。此是为学头脑处。"

【老刘说】

陆澄问阳明先生，看书看不懂怎么办？字都认识，但排在一起就不知道在说什么了。这是个很有代表性的问题。比如佛教的《般若波罗蜜多心经》，很多人都能够做到倒背如流，但真正能搞明白里面究竟说了什么的人凤毛麟角。

阳明先生说，这是因为看书的方法有问题，一直琢磨字词的意思，从文字修辞的角度去看书，是没办法洞悉圣贤在书中真正想要表达的意思的。要明白文字和语言能承载的信息是非常有限的，修圣学的根本在于向内求，在心体上用功。程朱在为学方面，从文理上虽然可以讲解得极明晓，却终身无所得。根本原因在于程朱将知行分作两段，在书上解得特别完美，却往往不

① 到：南本作"倒"。

能在入世践行中真正落到实处。

阳明先生认为，凡是读书不明之处，当反求诸己，向内求，在自己心体上体认，只有这样，才能真的把圣贤书和自己的生命有机地结合起来。能经得起实修检验的学问，才是真学问。不能因为说的人名气大，就盲信。要在自己入世治世的实修中检验，行得通的就信；反复应用还是行不通的，就要打个问号，先放下了。

有人用断章取义的语录要求你盲听盲信，灌输你非黑即白、非对即错的思维观念，把你引向非此即彼的偏激逻辑，百害而无一益。

“心体明即是道明”，这句是阳明心学的核心之处。这个“道”指的是天理，天理就是在天道的规则里，人心该如何应对。修圣学就是要从人道达到天道，所以《四书》《五经》讲的都是天道和人道的事情。洞悉天理落在心之本体上的真相，就是超凡入圣之阶了。

《易经》六十四卦三百八十四爻，每一卦每一爻讲的都是“心”的状态。当对“心”的运行非常清楚的时候，看每一卦每一爻，都可以很通透。易理通，术数很容易通；只懂术数，不通易理，术数水平要想真正提高，绝不可能。

“此是为学头脑处”指出修圣学的根本关键点在心体明，心体明了，一通百通，豁然开朗。《四书》《五经》佛经道经都不在话下。

【032】

心外无理，心外无事

【原文】

“虚灵不昧，众理具而万事出。心外无理，心外无事。”

【老刘说】

“虚灵不昧”这句出自朱熹《大学章句》：“明德者，人之所得乎天，而虚灵不昧，以具众理而应万事者也。”“虚灵”，虚者，空；灵者，聪明；虚灵者，宁静恬淡而智慧之意。虚灵原指宇宙世界最初的一种朦胧、混沌与原始的状态。反映在人的身上，指人的返璞与归真。“昧”是昏暗的意思，类似于傍晚天将黑未黑的时候，东西看不大清楚的状态。人的本真是通透明了的，没有贪嗔好恶的攀附，心镜是干干净净的。用镜子来比喻本心是从老子开始的，他说：“涤除玄鉴，能无疵乎！”此“玄览”就是本心，“鉴”即镜子。

镜子的特点：第一，正常的镜子，只要不是哈哈镜或者有变形，都能如实而不歪曲地映照外物；第二，物来则照，物去不留，空无一物；第三，镜子不着一物，表明镜子所反映者乃是不真实的色相，所谓色即是空也。

“众理”即天理落在心之本体上，良知无遮蔽地呈现出来，万事万物就自然呈现出真相。世界看得清清楚楚、明明白白，入世治世还有什么难呢？

这个世界，不和心发生关系的，是无法知觉得到的，对自己其实是毫无意义的，自然是“心外无理，心外无事”。

【033】
心即性，心即理

【原文】

或问："晦庵[1]先生曰：'人之所以为学者，心与理而已。'[2] 此语如何？"

曰："心即性，性即理，下一'与'字，恐未免为二。此在学者善观之。"

【老刘说】

有人问阳明先生，朱熹说："人之所以为学者，心与理而已。"这句话正确吗？先生回答说，心即性，性即理，本来就是一个东西，加个"与"字，就割裂成两个了。显现是不对的。

"心""性""理"本质上是一个东西，只是叫法不同而已。譬如一个结了婚的男人，从他夫人的角度看，他是丈夫；从他儿子的角度看，他是爸爸；领导面前，他是小张或者小王；而在下属面前，他又成了张总或者王总。称呼是不一样，但指的都是同一个人。"心""性""理"亦是如此。

那么在阳明心学中，心和物的关系究竟是什么样的呢？

南镇观花（岩中花树）的典故中，阳明先生认为，人未看花时花与人同归于寂，这个寂不在知和识的未发生，而在意义的未彰显；人在看花时，人和花的存在意义同时显现，花与人离开了对方都没有意义。

---

① 晦庵：朱熹，号晦庵。

② 语出朱熹《大学或问》。《大学或问》为朱熹诠释《大学》的著作，与《大学章句》互为表里。

所以阳明先生说："我的灵明，便是天地、鬼神的主宰。天没有我的灵明，谁去仰他高？地没有我的灵明，谁去俯他深？鬼神没有我的灵明，谁去辩他吉、凶、灾、祥？天地、鬼神、万物，离却我的灵明，便没有天地、鬼神、万物了；我的灵明，离却天地、鬼神、万物，亦没有我的灵明。"（《传习录》下篇315节）

在阳明心学中，心是更加重要的存在，物是被心的主动作为逼出其存在的，物的性质甚至其作为现象的显现，都是心给予的。心是永不安分，活泼泼的，心在这种活泼泼的不息中实现自己，同时实现自己的证明者：物。

阳明心学中是以"心"作为中心来打通的，"性"和"理"的名称都是人定的，当人用自己的心来描述和定义外在的"理"时，本身必然不可避免地参与其中。从这个意义上说，世界上根本不存在什么完全独立于心的"客观"。天地万物，只要是在人的认知范畴内，所有"客观"都是人定义的，不是山中猴子大象，或者外星人定义的。从这个角度来说，所有"客观"都是离不开"主观"的。

"理"在心学中，是心与外面事物之脉络相通处，这样一来，"心"就是"理"，"理"就是"性"，就可以一以贯之了。既然"心""性""理"是一个东西，而"知"的主体又脱离不了"心"，"行"的发端也脱离不了"心"，"知"和"行"自然就是合一的。

【034】
善和不善

【原文】

或曰:"人皆有是心,心即理,何以有为善,有为不善?"

先生曰:"恶人之心,失其本体。"

【老刘说】

有人问阳明先生,既然每个人心里头都有良知,为什么人做事却有善和不善的分别呢?阳明先生说,心体没有挂碍,没有被贪嗔好恶攀附的时候,是本性纯良的状态,所行自然是善;心体已经被好名、好色、好货引出来的贪嗔好恶所攀附,看不到心之本体的样子,所作所为自然已经离善远矣。

不善之心就是失去本体之心,这里说的"善",是指不偏不倚、非左非右的理之本然。所说的"恶",是指偏离天理的状态,不正即谓恶。

心体被贪嗔好恶所攀附,良知被遮蔽,心之本体也就无法显露出来,如同乌云遮住阳光,太阳无法普照大地一样,做出的事情自然会偏离天理,就是不善了。

【035】
精一的功夫就是上达

【原文】

问："'析之有以极其精而不乱，然后合之有以尽其大而无余。'此言如何?"

先生曰："恐亦未尽。此理岂容分析！又何须凑合得！圣人说'精一'，自是尽。"

【老刘说】

"析之有以极其精而不乱，然后合之有以尽其大而无余"出自朱熹的《大学或问》，原文是："必析之有以极其精而不乱，然后合之有以尽其大而无余。"

朱熹的意思是，面对世间万物，应该从个体入手，如同剥洋葱一样，一层层深入，天理自然就会显现出来，随后将其整合在一起，就能洞悉到天理的全貌。朱熹在《朱子语类》说"圣人言语皆枝枝相对，叶叶相当"；后人必仔细穷究，方"字字有着落"，而可见其整齐排列。

阳明先生说，这样讲是不大妥当的，天理怎么可以条分缕析，又怎么能够加以综合呢?

朱熹和阳明先生在这里的分歧该如何理解呢?

如果说天理是一棵树，那么每个个体就是一片叶子或者树枝，朱熹的办法是做拼图，把能收集到的每一片叶子、树枝等都收集过来，并尽可能了解它们的细节，然后拼出一棵树的模样。很显然，用树叶、树枝等构成的拼图，更多反映出的不过是拼接者对各部分的认知，如同玩拼图游戏，一个图案拼错，整个拼图的样貌可能就会距离原图很远。

一株植物，想通过把它拆解到分子层面的办法，来研究它生生不息的原理，很难说结果如何。中医讲经络，如果用解剖的办法来标出经络，结果很可能是无所收获。

阳明先生的做法是先找到树根，通过树根推导出树的本来模样。也就是向内求，既然万象不离于心，就从心这个原点开始还原天理的原貌。

要上达天理，只需要像孔子那样做“精一”的功夫即可，做到“精一”，自然尽得天理，自然上达。

【036】
存养即是省察

【原文】

“省察是有事时存养，存养是无事时省察。”

【老刘说】

省察，即通过反省检查以发现和找出自己思想和行为中的不良倾向、坏的念头、毛病和习惯；所谓“克治”，就是克服和整治，去掉所发现的那些不良倾向，坏的念头、毛病和习惯。

存养，指保存本心，培养心性。

在阳明先生看来，“省察”和“存养”在本质上是一回事。“省察”是在有事的时候的“存养”，曾子说“吾日三省吾身”，这“三省”指的是在日常的待事接物中，时时自我反省，惩前毖后；“存养”是无事的时候的“省察”，心中无事时，清除心中的私心杂念，心体时时保持明镜般透亮，廓然大公。

无论是“省察”还是“存养”，都是从内心发出，保持天理落在心之本体上，保持良知充盈的状态，二者是没有差别的。时时保持心体不被贪嗔好恶攀附，保持中和之道，保持与外面的世界是一个非常和谐的状态。

“省察”和“存养”基础是同一的，即便应用的条件各异，但是功夫是一致的。

【037】
人情事变的功夫

【原文】

澄尝问象山[①]在人情事变上做工夫之说[②]。

先生曰："除了人情事变，则无事矣。喜、怒、哀、乐，非人情乎？自视、听、言、动以至富贵、贫贱、患难、死生，皆事变也。事变亦只在人情里，其要只在'致中和'，'致中和'只在'谨独'。"

【老刘说】

象山先生说，对人而言，除了人情事变之外，还有其他事吗？没有了。要修心性，须在人情事变上做功夫，这才是真谛。

有人会说，像海啸、地震等，根本就不是人造成的，又和"人情"有什么关系？

究其根本，还是有关系的，这个根本就是"心即理"，即"以人心为中心"这个立脚点。

当人提到海啸、地震的时候，默认的情况下人心已经参与其中。亲身经历过的人会感到惊恐、悲伤等，间接听闻过的人，心中自然有各种涌动，可

---

① 象山：陆九渊（1139—1193），字子静，抚州金溪（今属江西）人，陆王心学的代表人物。因书斋名"存"，世称存斋先生。又因讲学于象山书院，被称为"象山先生"，学者常称其为"陆象山"。为宋明两代"心学"的开山之祖，与朱熹齐名。主"心即理"说，言"宇宙便是吾心，吾心即是宇宙"，"学苟知本，《六经》皆我注脚"。对后世影响极大。著有《象山先生全集》。

② 《象山语录》："复斋家兄一日见问云：'吾弟今在何处做工夫？'某答云：'在人情、事势、物理上做些工夫。'"

能会感到同情、害怕、好奇等，无论是哪一种，都是心在起作用。

同理推知，世间事事物物不外乎“人情”，阳明先生化繁为简，将人在世界上所接触到的一切事物归结为“人情事变”，而且最终都要落在“致良知”上。

我们入世，碰到的所有问题，本质上都是心的问题。无论是和别人相处，和自己相处，还是和天地自然相处，所有视听言动，所有喜怒哀乐，无论是时间变化，环境变化，还是人的变化，都是需要心来应对的。

应对的核心无非就是“致中和”而已，只要心体廓然大公，无贪嗔好恶攀附，自然能坦坦荡荡，怡然自乐。

万事万物在人心映射是无所谓善恶的，心体中“良知”一显现，善恶方出。在这个上面做功夫，“正其不正以归于正”，就是“致中和”，就是将因为贪嗔好恶攀附而扭曲的心体，扶正为“中理、圆通、适宜”，使之合道而行。

“谨独”在这里和“慎独”意思是一样的，即在独处时谨慎不苟。

【038】
四端的真相

【原文】

澄问："仁、义、礼、智之名，因已发而有？"

曰："然。"

他日，澄曰："恻隐、羞恶、辞让、是非，是性之表德邪？"

曰："仁、义、礼、智也，是表德。性一而已，自其形体也，谓之天；主宰也，谓之帝；流行也，谓之命；赋于人也，谓之性；主于身也，谓之心。心之发也，遇父便谓之孝，遇君便谓之忠，自此以往，名至于无穷，只一性而已。犹人一而已，对父谓之子，对子谓之父，自此以往，至于无穷，只一人而已。人只要在性上用功，看得一性字分明，即万理灿然。"

【老刘说】

陆澄问阳明先生，内心充满良知，对外表现出来的行为举止，因方向和范畴不同，可以被定义成仁、义、礼、智，是这样子吗？

阳明先生说，是这样子的。

过了几天，陆澄又问阳明先生：恻隐之心，对外的表现就是"仁"；羞恶之心，对外的表现就是"义"；辞让之心，对外的表现就是"礼"；是非之心，对外的表现就是"智"。这些都是心性的表德，可以这么理解吗？

陆澄这里说的是孟子的"四端"，原文是："恻隐之心，仁之端也；羞恶之心，义之端也；辞让之心，礼之端也；是非之心，智之端也。"

《孟子·告子上》中说："乃若其情，则可以为善矣，乃所谓善也。若夫为不善，非才之罪也。恻隐之心，人皆有之；羞恶之心，人皆有之；恭敬之心，人皆有之；是非之心，人皆有之。恻隐之心，仁也；羞恶之心，义也；恭敬之心，礼也；是非之心，智也。仁义礼智，非由外铄我也，我固有之也，弗思耳矣。故曰：'求则得之，舍则失之。'或相倍蓰而无算者，不能尽其才者也。"

阳明先生说，天性这个东西太过抽象，是没有办法明确去定义的，有了明确的定义，就不是天性本身了。天理落在心之本体上，表现出来的就是天性（良知），天性里包含多个范畴，恻隐之心这一部分对外的投射，就是我们说的"仁"（恻，悲伤；隐，伤痛；恻隐，见到遭受灾祸或不幸的人产生同情之心）；羞恶之心对外的投射，就是我们说的"义"（羞：耻己之不善也；恶：憎人之不善也）；辞让之心对外的投射，就是"礼"（辞让：谦逊推让）；是非之心对外的投射，就是"智"（是非：辨别是非，也指是非的标准）。

在33节，阳明先生以"心"作为中心，把"心""性""理"打通为"一"，这里也类似，打通的基础以"理"为中心。

"理"，从形体上称为"天"，即某种不依赖于意识的客观存在；从主宰的角度称为"帝"，即君临天下、主宰秩序的意思；从流动于天地万物之中的角度称为"命"；从人的角度，称为"性"；从主宰人的所有行为的角度称为"心"。

从"理"的角度整合这些概念，虽然看着有点儿乱，但不难理解。比如前面提到过的，某人既是他妻子的老公，也是他孩子的爸爸，还是某些人的叔叔。和他发生联系的人，对他的称呼是不同的，但他就是他，是一个人，而不是一堆人。

天理完全落在心之本体上，就是良知。良知完全发动起来，遇到孝亲的事情自然而然就会孝敬；遇到尽忠职守的事情自然而然就会尽心。只要在这个根本点上下功夫，把"性"字认识清楚了，"万理皆通"只是水到渠成的事情。注意这里"忠君"的"忠"是儒学中讲的"忠恕之道"的"忠"，即"忠，敬也，尽心曰忠"。

《易经》术数中讲的命运，究竟该如何理解呢？

"命"相当于一辆汽车出厂的时候，是宝马，或是奥拓；"运"就是这辆车遇到的路。开着宝马上高速路，轻踩油门就能达到每小时一百多公里的速度，自然非常舒服，这是好命好运；但如果是碰到了“地无三尺平”的石头路，一样也跑不起来，稍微快一点儿还会剐伤底盘，这是好命坏运。

路往往不是我们能左右的，人一辈子不可能一直走高速路，也不太可能一直走的都是烂泥路。懂得如何应对路况很重要。

环境、出生地、时代、国运、原生态家庭等，都会影响“命”。但要清楚，人和人之间最重要的差别是认知，认知角度和高度不同，“命”的轨迹也会不同。汽车的出厂状态，不是我们能左右的，但是我们可以通过保养、优化、改装等办法，让车的性能提高。对“命”来说，只要你不断地改进性能（修炼心性），就会有效提高认知。看世界的角度不同了，得到的东西也会不同，应对的方式方法也会随之不同，事情的结果自然也会随之改变，最终你的“命”真的会被改变。

【039】
论为学功夫

【原文】

一日，论为学工夫。

先生曰："教人为学，不可执一偏。初学时心猿意马，拴缚不定，其所思虑，多是'人欲'一边，故且教之静坐息思虑。久之，俟其心意稍定，只悬空静守，如槁木死灰亦无用，须教他省察克治。省察克治之功则无时而可闲，如去盗贼，须有个扫除廓清之意。无事时，将好色好货好名等私，逐一追究搜寻出来，定要拔去病根，永不复起，方始为快；常如猫之捕鼠，一眼看着，一耳听着，才有一念萌动，即与克去，斩钉截铁，不可姑容，与他方便，不可窝藏，不可放他出路，方是真实用功，方能扫除廓清。到得无私可克，自有端拱时在。虽曰'何思何虑'①，非初学时事。初学必须思，省察克治即是思诚，只思一个天理，到得天理纯全，便是'何思何虑'矣。"

【老刘说】

这一部分是讲修习心性的方法和次序。

内修心性大致要做两项功夫，第一项是收束心猿意马，触摸心体；第二项是省察克治，良知主宰于心，也就是事上磨。二者不可偏废，只静坐收束心猿意马，不入世践行省察克治，难免会沦入枯禅；不触摸心体，就不知天

① 《周易·系辞下》："天下何思何虑？天下同归而殊途，一致而百虑。"

理落在何处，只用逻辑和控制做事上磨的功夫，无异于水中捞月，终是一场空欢喜。

常人的心如荒原放马，一瞬间萌发多少个念头，什么时候萌发，指向什么地方，是完全无法控制的。

妄念如海浪，心体如水下礁石，波涛汹涌时，自然无法看到礁石在何处。只有等浪先平静下来，才能看到礁石的情况。

心学的入门功夫就是“静坐息心”，让私心杂念逐渐平复下来，使得心体显露。

入静的方式很多，南怀瑾先生在这个方面做过一些讲座，感兴趣的朋友可以自己在网上搜着看一下，这里就不一一赘述了。心学的入静功夫，要求不是很高，初始的时候，只要可以收束心猿意马，让心体显现出来就可以。“静坐”求的是本体的“知”要明。

入静的关键在一个“静”字，“静”的状态就是阳明先生前面讲的心如镜，物来能照。在湖面平静如镜的情况下，蓝天白云以及湖边万条垂柳，在水面都清晰可见，无一毫扭曲。一旦有石子投进湖中，产生涟漪，湖中的影像就会扭曲变形。收束心猿意马的求静，正是求此心如平镜湖水，求物来能照的功用。

一夜饱睡，清早起来什么想法都没有，神清气爽的感觉，就是个人入静的体会，大家可以作为参考。

“只悬空静守，如槁木死灰亦无用。”入静不是枯木死灰，人如果搞得和死木头差不多了，就基本废了，更谈不上入世治世了。入静功夫可以一直做，但要注意不能沦入枯禅。打坐的目的不是彻底除掉七情六欲。阳明心学并不主张完全禁欲，而是主张把欲望克制在合理的范围内，避免被欲望牵着走。是人役物，不可物役人。比如玩游戏，是人玩游戏，不是被游戏玩，这是最根本的不同。

“久之”二字，有两层意思，一是说“静坐息虑”功夫是阳明心学入门必经之路，无可回避，必须重视；二是说“静坐”功夫漫长艰辛，要有足够的心理准备。心的宁静，只是心学征程中迈出的第一步，后面的路上还会遇到更多艰辛。

“省察克治”是把本然的“知”变为个人主体的“知”。“省察”就是之前讲的内观觉照，不管是动是静，都要不间断地观照内心，触摸心体，感受七情发动和气机流行。具体的方法，后面会详细说。

“克治”是指克制私欲，一旦有私欲涌起，马上就能提起正念，让私欲之气归到中正之气。这个中正之气就是之前我们讲的“未发而中”的“中”。

“无时而可闲”，意思是时时刻刻、分分秒秒都不可间断，好比剿匪，必须有斩草除根、不留后患的决心。无事的时候，将好色、好货、好名等私欲的根源统统搜寻出来，连根拔起，使它永不复发。就像看守粮囤的猫，眼睛盯着，耳朵听着，一旦有老鼠的动静，马上就把它灭掉，只有这样，才能保证粮囤里没有老鼠的存在。一旦有暂且留个方便的想法，就会“千里之堤，溃于蚁穴”。稍有一念私欲萌动，就要马上克制，斩钉截铁，不姑息包容，不窝藏，不姑息养奸，这才是真实地用功。

“端拱”是指垂衣而治天下的意思。对于我们的整个意识世界，心就是这个君王。

“何思何虑”出自《周易·系辞下》，意思是说作为人类，所思所虑都不可能超出天理的范围。但作为初学者，是不可能做到所有思虑处处吻合天理的，所以说“何思何虑”不是初学时的事情。

“思诚”的意思是心念所思都是善，《孟子·离娄上》：“诚者，天之道也。思诚者，人之道也。”修心学要想到“上达”的境界，就必须坚守一个“诚”字。

初学者只要老老实实“省察克治”，只思一个天理，“思”的过程，本身就是“省察克治”，也就是“天理纯全”了。这个时候，自然就会切中天理。

关于修心性，绝不是朝夕之功。我们都知道，开车的动作很简单，无非转转方向盘，脚底下踩踩油门，把车开走，非常容易。但真的把车开好，需要长期不断地练习，不断应对各种情况，最后才能达到驾驶技术娴熟的程度。修心学也是如此。

【040】
怕鬼的根本原因是什么

【原文】

澄问："有人夜怕鬼者，奈何？"

先生曰："只是平日不能'集义'[①] 而心有所慊，故怕。若素行合于神明，何怕之有！"

子莘[②]曰："正直之鬼不须怕；恐邪鬼不管人善恶，故未免怕。"

先生曰："岂有邪鬼能迷正人乎！只此一怕，即是心邪，故有迷之者，非鬼迷也，心自迷耳；如人好色，即是色鬼迷；好货，即是货鬼迷；怒所不当怒，是怒鬼迷；惧所不当惧，是惧鬼迷也。"

【老刘说】

陆澄问阳明先生，有人晚上怕鬼怎么办？

阳明先生回答说，鬼有什么好怕的，怕鬼主要是因为心虚，心不虚怕什么鬼呀？

"集义"，"义"者，"宜"也，合适，适宜称之为义。朱熹说："集义，犹言积善，盖欲事事皆合于义也。""集义"就是事事都合适，适宜。做不到，就会导致"心有所慊"。"慊"在这里是不足的意思，心里感到不足自然就是心虚了。做不到"集义"，也即平日的言行举动等，还是有不够妥当的地方。

---

① 集义：语出《孟子·公孙丑上》，即积善，让所作所为合于义。

② 子莘：马明衡，字子莘，福建莆田人，官至御史，王阳明学生。

举个例子，你借了某人一笔钱，一时手头紧还不上，即便人家不催债，碰到时心里也会觉得虚。等把钱还了，心里有底了，再碰到这个人，心里也是踏实的。

阳明先生接着说，如果平常的行为暗合于神明，自然就没有怕的意思了。“神明”这里不是指具体的哪位神仙，而是指“正气”。心有正气，胸怀坦荡，还有什么怕的呢？自然是“虽千万人，吾往矣”。

阳明先生的一个弟子马明衡，后来做了御史，他这个时候说：“先生，你说得很有道理。遇到比较正直、做事有原则的鬼，自然不用害怕，但是如果碰到做事没原则，不按套路出牌的邪鬼，心里还是会怕的。”

阳明先生说，邪鬼岂能迷正人？害怕还是因为心虚，心里有不干净的东西。只要心有邪念，鬼就会从这些邪念跑进来。好色、好货、好名等私欲，有什么就会吸引什么邪鬼。好色的人自然会被色鬼迷；贪财的人自然会被财鬼迷；容易发怒的人自然会被怒鬼迷；害怕不应该害怕的事情，自然会被鬼吓唬。

清朝的袁枚写了一本书，叫《子不语》，“子不语”这个名字源于《论语·述而》：“子不语怪、力、乱、神”。《子不语》讲的都是神神鬼鬼的事情。

其中讲到鬼的三板斧，首先是蛊惑，蛊惑不灵就鬼打墙，还是不行就变成可怖的样子吓唬人。如果这几个办法都没作用，基本就没辙了。只要心中有一腔浩然正气，鬼怪无隙可乘，自然不会怕任何怪力乱神的事情。

我自己在修心性的时候有这样一个体会：心有恐惧的时候，会刻意想把害怕这种感觉压下去，但因为过于关注，害怕的感觉反而往往会被放大，越害怕越会被恐惧控制，越会大脑短路、心智离线。

相反，有些人怕到一定程度之后，往往会想，豁出去了，顶多就是死了，怕也解决不了问题。这样放下了，不去关注心中的恐惧，反而就不被恐惧所影响了。

人失眠的时候，越是对自己说要睡觉要睡觉，盯着这件事情反复琢磨，就越是睡不着。放下了，不琢磨了，反而很快就睡着了。

儒家认为，人的天命由两部分组成，一部分是人力之可及，另一部分是人力之不可及。修身的核心是在人力可及的这个部分。对于人力不可及之处，儒家的态度一直是积极面对，以待天命。马明衡说到的鬼，包含在人力不可及的范畴。碰到无妄之灾，内心良知充盈，积极面对，就是为儒者的基本用世态度。

【041】
动静是什么

【原文】

“定者，心之本体，天理也。动静，所遇之时也。”

【老刘说】

定乃是心的本体，心无体以感知万物为体，其中的合道而行，就是天理所在。动和静，只是心体在不同境遇下的表现。

可以把心之本体理解成是一艘大船，停在海面上。风浪不大的时候，我们从高空往下看，看到海面是平静的。但是随着高度往下降，就会发现，海面也是在动的，它动的时候船也跟着动。海面就是我们的情绪，情绪始终是动着的，只是幅度大小的问题，完全不动，人就成植物人了。

我们要保证的是船相对于海面是静止的。船出现摇摆，只是因为风或者其他因素在影响海浪。风浪中的船如果乱动，很容易翻。同理，遇到事情时心不乱，心智始终稳定，就不会人慌失智，船是不会翻的。

“定”的是本体，就是“天理”，就像门轴的中心点是不动的，无论门如何开合，都要围绕着门轴转动。心定在天理上，无论情绪怎么动，气机如何流动，人都不会偏离良知根本。

【042】《大学》和《中庸》的关系

【原文】

澄问《学》《庸》同异。

先生曰:“子思括《大学》一书之义为《中庸》首章。”

【老刘说】

陆澄问阳明先生《大学》和《中庸》之间是什么关系。

阳明先生说,子思实际上是把《大学》中核心精华的东西,概括为了《中庸》的第一章。孔伋,字子思,孔子的嫡孙、孔子之子孔鲤的儿子。受教于孔子的高足曾参,孔子的思想学说由曾参传子思,子思的门人再传孟子。后人把子思、孟子并称为思孟学派,因而子思上承曾参,下启孟子,在孔孟“道统”的传承中有重要地位。北宋徽宗年间,子思被追封为“沂水侯”,后人尊他为“述圣”,受儒教祭祀。

《大学》讲三纲八目,前面说过,八目就是格物、致知、诚意、正心、修身、齐家、治国、平天下。《中庸》的第一章讲的就是格物致知,因为格物致知是齐家、治国、平天下的基础,没了基础,其他一切都是空谈。即“天命之谓性,率性之谓道,修道之谓教。道也者,不可须臾离也,可离非道也,是故君子戒慎乎其所不睹,恐惧乎其所不闻。莫见乎隐,莫显乎微,故君子慎其独也”。

【043】
孔子正名

【原文】

问:“孔子正名，先儒说上告天子，下告方伯，废辄立郢，此意如何?”

先生曰:“恐难如此。岂有一人致敬尽礼，待我而为政，我就先去废他，岂人情天理！孔子既肯与辄为政，必已是他能倾心委国而听。圣人盛德至诚，必已感化卫辄，使知无父之不可以为人，必将痛哭奔走，往迎其父。父子之爱，本于天性，辄能悔痛真切如此，蒯聩岂不感动底豫。蒯聩既还，辄乃致国请戮。聩已见化于子，又有夫子至诚调和其间，当亦决不肯受，仍以命辄。群臣百姓又必欲得辄为君，辄乃自暴其罪恶，请于天子，告于方伯诸侯，而必欲致国于父。聩与群臣百姓亦皆表辄悔悟仁孝之美，请于天子，告于方伯诸侯，必欲得辄而为之君。于是集命于辄，使之复君卫国。辄不得已，乃如后世上皇故事，率群臣百姓尊聩为太公，备物致养，而始退复其位焉。则君君、臣臣、父父、子子，名正言顺，一举而可为政于天下矣。孔子正名，或是如此。”

【老刘说】

本节第一段牵扯两个典故，一个是“孔子正名”，另一个是“废辄立郢”。

“孔子正名”:

子路曰："卫君待子而为政，子将奚先？"子曰："必也正名乎！"子路曰："有是哉，子之迂也！奚其正？"子曰："野哉，由也！君子于其所不知，盖阙如也。名不正，则言不顺；言不顺，则事不成；事不成，则礼乐不兴；礼乐不兴，则刑罚不中；刑罚不中，则民无所措手足。故君子名之必可言也，言之必可行也。君子于其言，无所苟而已矣！"（《论语·子路》）

子路问孔子："老师，卫国君主如果请您去治理国家，您打算怎么做呢？"孔子回答说："假定有这个事，第一件事是正名。"子路说："有是哉？"这是非常怀疑的口气，意思是说，正名有这样重要吗？因为正名是一个非常抽象的东西，所以子路不相信。并且说："老师，人家说你是个迂夫子，你真是迂啊！名正不正有什么关系呢？"

"正名"是指确定思想的观念，即在思想上区分得清清楚楚。孔子的意思是，如果要谈为政，先要把文化思想导正，这是非常重要的。

子路认为文化思想是空洞的东西，何必管它？孔子骂他说："你这个家伙，简直就是个野人呀！对一件事情不了解，不要乱下断语。不要不知其然偏偏论其所以然，承认自己有不懂的地方，才是君子的风度与修养。"

下面再说一下"废辄立郢"。

据《左传》记载，卫灵公的夫人南子性淫，与宋国的公子朝私通，卫太子蒯聩以之为羞，愤而蓄谋杀死南子，结果事败，出奔于宋，既而投奔晋国，卫灵公尽诛其党。

哀公二年，卫灵公过世。卫灵公死后，在继承人问题上曾有过一段曲折。蒯聩出逃后，卫灵公曾打算立另一个儿子郢为继承人。但郢以不能担此大任为由予以拒绝。卫灵公死后，南子又宣卫灵公生前之意，试图立郢为国君。然郢仍然拒绝，否认卫灵公有此遗嘱，并且提出太子蒯聩之子辄还在。最终，卫国立卫太子蒯聩之子、卫灵公之孙辄为君主，是为卫出公。

与此同时，流亡国外的蒯聩亦得知卫灵公丧讯，在晋国的帮助下试图回国继位，然遭到了卫国的抵制，被迫居住于卫国的戚。自此，蒯聩居于戚，与卫出公辄对峙，父子相持十余年。直到哀公十五年，蒯聩在自己的姐姐及其用人浑良夫的帮助下，挟持了当时专政卫国的外甥孔悝，发动政变，赶走了卫出公。孔悝拥立蒯聩为君，是为卫庄公。

陆澄问，如果按照朱熹的说法，上面奏报了周天子，下面告诉了地方官，废除辄，拥立郢，是否就符合孔子讲的正名呢？

朱熹在《朱子语录》中说：“‘必也正名乎！’孔子若仕卫，必先正其君臣父子之名。如蒯聩不当立，辄亦不当立，当去辄而别立君以拒蒯聩。”“若就卫论之，辄，子也，蒯聩是父。今也，以兵拒父，是以父为贼，多少不顺！其何以为国，何以临民？事既不成，则颠沛乖乱，礼乐如何会兴，刑罚如何会中？”“若使夫子为政，则必上告天子，下告方伯，拔郢而立之，斯为得正。”

朱熹首先肯定孔子之正名必先正君臣父子之名，进而明确指出蒯聩与辄父子相争，破坏了父子关系，因而均不得立为国君，并且推断“圣人必不肯北面无父之人”。最后指出国君应另立郢。朱熹的基本观点是蒯聩与辄均有违背父子伦常的事实，均属于“无父之人”，而无父之人不可以立为国君。

阳明先生回答陆澄说，这样恐怕不行，首先，孔子受到卫出公的礼遇，为“公养之仕”（《孟子·万章下》：“于卫孝公，公养之仕也。”），亦即“一人致敬尽礼”。假设孔子为政先废除他，人家厚待于你，你却先废了人家，这样是不符合人情的。

并且当时卫出公治国并无什么大的过错，孔子在鲁哀公六年，自陈入卫，到鲁哀公十一年归鲁，大概待了五年，孔子是“危邦不入，乱邦不居”（《论语·泰伯》），据此可见卫出公治理国家还是国泰民安的，算是一个好国君，废除国君显然有违天理。

孔子既然答应了辅佐辄，必定是辄对孔子言听计从。孔圣人通过自己的至诚大德感化辄，让辄知道无父无以为人的道理，要把父子之情放在前面。毕竟这个君位，本来应该是蒯聩的，现在父子之间兵戎相见，从天理上讲是不太合适的。

而且自己做君主，父亲流落他乡，国人会怎么看？这样对于治理国家和教化百姓都会造成负面影响。应该把父子人伦放在首位，用发自内心的真诚态度，把蒯聩接回来，向他请罪，如果能够真切悔悟，蒯聩哪能不被感动呢？

孔子居中调解，让蒯聩知道，儿子坐这个位置，也不是出于本心，而是身不由己。如果他把位置让出来，做父亲的直接坐上去了，显然也是不太地道的，父夺子位，传出去也是一件很丢人的事。

要彼此都谦让一些，把人的天性发挥出来，整个过程中彰显出来的仁孝之美，就天下尽知了。再上一封代表民意的书信给周天子，同时抄送一份给各地的地方官，让辄重新成为卫国的国君。

最后，辄用后世尊立“太上皇”的方法安置了父亲蒯聩。至此，“则君君、臣臣、父父、子子，名正言顺，一举而可为政于天下矣!”这就是孔子说的正名分。

“君君、臣臣、父父、子子”说的意思是，当君主的要有当君主的样子，当臣子的要有当臣子的样子；做父亲的要有做父亲的样子，做儿子的要有做儿子的样子。只有这样，社会关系才能理顺。把人和人之间的天性最大限度地发挥出来，放在最前面，每个人心存天理的时候，国家自然就理顺了。

总结一下，孔子这么做是为了协调君臣父子关系，实现正名的目的。卫国在卫出公的治理下已经基本稳定，因此群臣百姓“必欲得辄而为之君”。辄从父子亲情角度来考虑，则必不肯，而是希望致国于父；蒯聩则与群臣百姓深表辄的仁孝与悔悟，希望辄复君卫国。在此情形下，辄不得已遵父命仍为国君，但子不敢臣父，所以尊父为太公，备物致养。至此，君臣父子之名各得其正。这就是最好的解决方案

世间的道义必须有个参照标杆，如果没有，就没办法知道做的事情是否符合道义，或者偏离了道义多远。就像在物理学中，如果没有参照物，就确定不了物体的速度和方向。它们是一样的道理。

人类文明的发展，是需要秩序的，秩序会依据时代潮流的不同而不同。而秩序的建立，则离不开这样一系列的参照标杆。

“名不正，则言不顺。”在天理上说不过去的事，就是不合理的事，一定不会成功的。“事不成，则礼乐不兴。”社会文化导向，也就是主流价值观，是社会大众最基本的参照标准，这个标准可以多元化，但不可以混乱无序，否则大众会无所适从。

其重点归根结底还是对文化思想的引领和导正。人类的全部历史本身就是一部思想发展史。如果到了“民无所措手足”的状况，民众无所适从，不

晓得走哪条路好，问题就大了。

我们真正的传统文化中对于思想文化和言语行为的原则，就是讲究实践的。中国政治哲学最高的原则是："不谈虚无高深的理论，要平实可行。"

【044】
心学入世“中和”的度

【原文】

澄在鸿胪寺[①]仓居[②]，忽家信至，言儿病危，澄心甚忧闷，不能堪。

先生曰：“此时正宜用功，若此时放过，闲时讲学何用？人正要在此等时磨炼。父之爱子，自是至情，然天理亦自有个中和处，过即是私意。人于此处多认做天理当忧，则一向忧苦，不知已是‘有所忧患不得其正’[③]。大抵七情所感，多只是过，少不及者。才过，便非心之本体，必须调停适中始得。就如父母之丧，人子岂不欲一哭便死，方快于心；然却曰‘毁不灭性’[④]，非圣人强制之也，天理本体自有分限，不可过也。人但要识得心体，自然增减分毫不得。”

【老刘说】

陆澄在鸿胪寺上班，家里捎信说儿子病危。父子连心，陆澄心里特别担忧，特别难受。按常理作为老师至少要安慰一下，让做学生的心里稍微宽慰一些。阳明先生反而对陆澄说：“这个时候正是你用功的时候。”

“用功”这里是指收束心猿意马，感知当下心体的气机流行。平常时候讲

---

① 鸿胪寺：掌管赞导相礼的衙门。

② 仓居：暂时居住。

③ 《大学》：“有所忧患，则不得其正。”

④ 《孝经・丧亲》：“三日而食，教民无以死伤生。毁不灭性，此圣人之政也。”

的心性修炼，就是为了应对这种人情事变、七情涌动。“无事袖手谈心性，临危一死报君王”，向来不是阳明心学所倡导的。

阳明心学是开智的学问，不是反智的。入世治世是两条腿走路，一条腿是“赤子之心”的纯净，另一条腿是应对人情事变的智慧。圣人说“赤子之心”，强调的是“纯净”，怎么可能是让成年人按照婴儿的心智行事呢？

良知彰显出来的是“仁、义、礼、智、信”，缺了一个“智”字，就不是完整的良知体现了。人无智，如同白痴一样，还谈什么入世治世的“兼济天下”？

心学实修是在坐卧止息的所有时刻观照此心，而在有“事”时，更是检验心学功夫的关键。普通的人在有“事”时，往往会方寸已乱，而心学实修的最好课程，就是面对这种境遇。

学武术招式很多年，真正打架的时候不一定顶用。军队练的格斗，制敌基本都是一两招内的事情，哪里还有时间等你热好身，拉开架势。姿势优美和简单实用是两回事。修心性也是如此，平常用功就是为了关键时候顶事。

父子之情，血脉相连，天性如此。儿子病重了，做父亲的心有牵挂，这是很正常的。

天理落到心之本体上就是良知，道法自然就是让天理在心体中有个中和处，也就是有个恰当的度。超过这个度，就是私意了。《大学》里说：“所谓修身在正其心者，身有所忿懥，则不得其正；有所恐惧，则不得其正；有所好乐，则不得其正；有所忧患，则不得其正。”讲的就是这个意思。

注意这是说的是“身”有所忧患，则“心”不得其正。圣人也有发怒和悲伤的时候。不动心指的是心不被身的气血流动所绑架，而不是指心对一切都麻木无感。那样理解，就完全跑偏了。

平常人受到外物的影响，自然会引起情绪的波动，喜怒哀乐所感绝大部分是因为反应过度，不及者很少。

入世的时候，要“君子素其位而行，不愿乎其外。素富贵，行乎富贵；素贫贱，行乎贫贱；素夷狄，行乎夷狄；素患难，行乎患难”，太过特立独行，就成异类了。比如大家到游乐园坐过山车，该喊的时候喊，该叫的时候叫，这是正常的情绪流露。如果这个人坐上去面无表情，下来之后还是面无表情，和这种人在一起玩，别人会觉得挺没劲的，以后就没人和他玩了。这就偏离了入世之道。

某个事情或者某个人惹得你很生气，这种气愤也是要有个度的，气得一晚上没睡觉，这可以，但气得连续几晚上都睡不着觉，直接拿把刀跑过去把这个人给杀了，这样铁定是过了。

当喜怒哀乐太过，达到绑架心体的程度，就必须“调停适中”。

比如父母去世这件事，做儿女的悲伤得恨不得要哭死，要随亲人而去，这样就是由着性子做过了。

“毁不灭性”是从《孝经》来的，原文为：“三日而食，教民无以死伤生。毁不灭性，此圣人之政也。”意思是说，父母去世，作为儿女是非常悲伤的，吃不下饭睡不着觉。但是如果超过三天还不吃饭，就要强迫他吃点儿东西。悲伤可以，但不能导致自己身体出问题，那样本身就是有违孝道的。

圣人的规矩，也是按照天理行事的，悲伤可以，但不可以因为过度悲伤而失去本性。天理本身就是有分寸的，人要识得心体，自然可以做到处处符合天道自然。

这一点，佛家和心学是不同的。佛家修心性讲六根清净，讲禁欲，讲见到花丛绕过去，什么都不沾；阳明心学是入世治世之学，不外弃人伦，讲的是心体不被贪嗔好恶攀附，心不被七情所控制，它不禁欲，容许七情六欲的合理存在，禁的只是超出的私欲。所以阳明心学是一门至情至性的入世治世的学问。

【045】
心学的根本是未发之中

【原文】

“不可谓‘未发之中’常人俱有。盖体用一源[①]，有是体即有是用。有‘未发之中’，即有‘发而皆中节之和’。今人未能有‘发而皆中节之和’，须知是他‘未发之中’亦未能全得。”

【老刘说】

“体用一源”最初是程颐提出的，程颐在《伊川易传·序》中说：“至微者理也，至著者象也；体用一源，显微无间。”所谓体，指本原、本体；所谓用，指显现、作用。程颐认为隐微的理与显著的象，二者统一，没有间隙。无形的理，当以物象来显示其意义和功能，而有形之物，本于无形之理。

阳明心学中，“理”是不外于“心”的，所以“有是体即有是用”，心体不失天理时就是“一源”，也就是具有“未发之中”，自然就能“发而中节”。反过来也是成立的，如果一个人不能做到“发而中节”，肯定就是其“心体”的体用偏离了。

“体”和“用”这两个字比较抽象，不好理解。不妨这样来记，“锅盖”就是“体”，“盖锅”就是“用”。

“磨刀不误砍柴工”，“柴刀”就是“体”，“砍柴”就是“用”。

砍柴太费劲，往往是因为柴刀不够锋利，要经常磨刀，才能更高效率地

① 语出程颐《伊川易传·序》。

砍柴。很多人之所以在入世的时候，做不到“中和”，根本原因在于“体”没做好。刀钝了要经常磨一磨，我们入世也要经常在事上磨，心体纯净，廓然大公，自然而然就会到达“中和之道”。

【046】

潜龙勿用

【原文】

“《易》之辞是‘初九潜龙勿用’① 六字，《易》之象②是初画③，《易》之变是值其画，《易》之占是用其辞。”

【老刘说】

《易经》乾卦初爻的爻辞是“初九：潜龙勿用”，初爻的象是乾卦的初画，爻画遇动则变，变为阴爻，称为“值其画”。用来占卜的是卦辞。

“潜龙勿用”的“勿用”是“用则凶”的意思，用就不吉利。

乾卦是至阳至刚的一卦，“潜龙勿用”解说的方式很多，以职场为例。比如你的潜力和能力都很强，刚大学毕业参加工作，新到一个单位。即使你是一条龙，但是在初始阶段，是需要“勿用”的，老老实实做人，踏踏实实做事，不能过于张扬，过于表现自己的结果很可能是“出师未捷身先死”。

有一些名校毕业的人在刚毕业的前五年往往做得风生水起，但十年之后则会销声匿迹，或者种种不顺，特别是在大单位。原因就是不懂得“潜龙勿用”的道理。

刚参加工作的时候，上面给你布置的工作是比较简单的，基本上 80% ~ 90% 都是自己可以独立完成的，需要别人配合的很少。名校毕业生的智商和

---

① 语出《周易·易经上·乾》。“初九”为爻题，“潜龙勿用”为爻辞。

② 《周易·系辞下》：“是故《易》者，象也；象也者，像也。”

③ 初画：指乾卦从下数的第一爻，即初九。

能力不会太差，只要自己肯努力，崭露头角是很容易的事情。

工作五六年之后，上面交给你的工作需要从中协调和主持的会很多，需要不同的人来帮你完成，是否能做得好，关键不在于自己的具体工作能力，而在于统筹协调能力和沟通能力。

名校出来的学生，刚开始时因为做得风生水起，心里往往会有一种优越感，又不懂掩饰，看到单位里有一些人到了中年还仅仅是个主管，甚至还只是资深员工，不免会有些瞧不上。

在中国社会的大文化环境中，你比我有钱没关系，你比我有权也没关系，但你如果看不起我，这个梁子就算结下了。山水轮流转，等你需要我协作的时候，光看热闹不捣乱的，就算是有操守的了，而被穿小鞋更是再正常不过。

世上做事没有绝对的对错，但永远存在“种瓜得瓜、种豆得豆”的因果。百尺之木，不是一天长成的，后面的种种境遇，往往是前面的因导致的。

【047】
圣人为什么不讲“夜气”

【原文】

“‘夜气’是就常人说，学者能用功，则日间有事无事，皆是此气翕聚发生处。圣人则不消说‘夜气’。”

【老刘说】

关于“夜气”，出自《孟子·告子上》，原文如下：

孟子曰：“牛山之木尝美矣，以其郊于大国也，斧斤伐之，可以为美乎？是其日夜之所息，雨露之所润，非无萌蘖之生焉，牛羊又从而牧之，是以若彼濯濯也。人见其濯濯也，以为未尝有材焉，此岂山之性也哉？虽存乎人者，岂无仁义之心哉？其所以放其良心者，亦犹斧斤之于木也，旦旦而伐之，可以为美乎？其日夜之所息，平旦之气，其好恶与人相近也者几希，则其旦昼之所为，有梏亡之矣。梏之反覆，则其夜气不足以存。夜气不足以存，则其违禽兽不远矣。人见其禽兽也，而以为未尝有才焉者，是岂人之情也哉？故苟得其养，无物不长；苟失其养，无物不消。孔子曰：‘操则存，舍则亡；出入无时，莫知其乡。’惟心之谓与？”

白话翻译出来的大概意思是，牛山的树木很茂盛，但是由于它们在大都的郊外，经常遭到砍伐。虽然它们日日夜夜都在生长，不断有青枝嫩芽长出来，但长的速度没有砍的速度快，最后牛山就成了现在光秃秃的样子了。

平常人最初都是有仁义之心的，就像牛山一样曾经树木茂盛，但是如果天天被砍伐，怎么可能保持茂盛呢？

每个夜晚，人都会生息一些良知善念之气——夜气，到了第二天，平常人因为放任自己的所作所为，会把这些清明之气消耗殆尽，甚至夜晚息养的正气根本不够白天消耗。长此以往，正气就不复存在了，这个时候，人也就和禽兽差不多了。假如得到滋养，没有什么东西是不能够生长的；假如失去滋养，所有东西都会消亡。

人性虽本善良，但如果后天不加以滋养保持，放任良心不断地丧失，就像用斧头不断地砍伐树木，再茂盛的森林也会被砍光。良知失去，心灵失去把持，人们却以为良知原本就不存在。

对平常人来说，白天忙忙碌碌，心很难能够真正静下来，只有到了晚上才能养夜气。但圣人不存在这个问题，因为圣人可以时时刻刻、无一毫间断地心存天理。心里始终存在着浩然正气，随时保持“未发之中”的状态。白天就是在践行良知善念的正气，自然不消说夜气了。

【048】
心之本体和思绪的关系

【原文】

澄问“操存舍亡”章。

曰：“‘出入无时，莫知其乡[1]’。此虽就常人心说，学者亦须是知得心之本体亦元是如此，则操存功夫始没病痛；不可便谓出为亡，入为存。若论本体，元是无出无入的；若论出入，则其思虑运用是出；然主宰常昭昭在此，何出之有？既无所出，何入之有？程子所谓‘腔子’[2] 亦只是天理而已。虽终日应酬而不出天理，即是在腔子里。若出天理，斯谓之放，斯谓之亡。”又曰：“出入亦只是动静，动静无端，岂有乡邪！”

【老刘说】

这一段相对比较晦涩难懂。很多书的翻译，都是一段原文，下面一堆注解，看的人每个字都认得，但看完脑子里还是一团糨糊。

“操存舍亡”章，出自《孟子·告子上》，上节我们讲过，孟子用牛山上的树木比喻人的良知要经常保持存养，才不至于消亡掉。最后是“孔子曰：‘操则存，舍则亡；出入无时，莫知其乡。’惟心之谓与？”

人的良知，要经常存养，心镜要经常擦拭，才能保持明亮的状态，如果不管不问，不保养不打理，心镜就会被灰尘和污垢遮蔽，最后完全失去本来

---

① 乡：通“向”，方向意。

② 《二程集·河南程氏遗书》：“心要在腔子里。”

面目。

“出入无时，莫知其乡”说的是心的特征，对应“惟心之谓与?”（“这是指人心而言的吧?”）。心中的各种念头纷繁芜杂，不知道什么时候出现，什么时候消失，完全无法控制，也不知道这些念头将何去何从。思绪万千，一会儿东，一会儿西，一会儿美国，一会儿家里，一会儿银河系，一会儿星球大战，一会儿上下五千年，一会儿纵横八万里。想要通过控制的方式应对心性，无异于缘木求鱼。

“出入无时，莫知其乡”这句话虽然是就平常人的心体来说的，但是作为修习心性的人，也要知道心的本体原本就是这样的。

不能说“出”就是亡，“入”就是存。从心的本体而论，原本是无所谓出入的。如果从心的本体来说，本来就没有什么内外的分别，只要根本不动，就没有所谓的“出”或者“入”的概念。

人的良知，如果有意去存养，就会生长壮大；如果放弃存养，就会逐渐消亡。阳明先生说的这个良知，不仅仅指“良心”“正气”这些，还包括“心体的主宰”，也就是无论心体在做什么，这个“心体的主宰”都是可以觉察到是否符合天理。这个“主宰”是昭昭常在的。

程颐说的“腔子”，这里指天理。只要心之本体不偏离天理，始终在天理的范畴内，就是良知存养的状态；如果超出了天理的范畴，也就是偏离了良知，不符合天理，就是“放”，就是“亡”了。

阳明先生又说：“出入也就是动和静，心是否动，要看具体情况，没有什么常规可循，又怎能有方向呢?”

【049】
破除烦恼的根本之道

【原文】

王嘉秀[1]问："佛以出离生死诱人入道，仙以长生久视诱人入道，其心亦不是要人做不好；穷其极至，亦是见得圣人上一截，然非入道正路。如今仕者，有由科，有由贡，有由传奉，[2] 一般做到大官，毕竟非入仕正路，君子不由也。仙、佛到极处，与儒者略同，但有了上一截，遗了下一截，[3] 终不似圣人之全。然其上一截同者，不可诬也。后世儒者，又只得圣人下一截，分裂失真，流而为记诵、词章、功利、训诂，亦卒不免为异端。是四家者，终身劳苦，于身心无分毫益，视彼仙、佛之徒，清心寡欲，超然于世累之外者，反若有所不及矣。今学者不必先排仙、佛，且当笃志为圣人之学。圣人之学明，则仙、佛自泯；不然，则此之所学，恐彼或有不屑，而反欲其俯就，不亦难乎！鄙见如此，先生以为何如?"

先生曰："所论大略亦是。但谓上一截、下一截，亦是人见偏了如此；若论圣人大中至正之道，彻上彻下，只是一贯，更有甚上一截、下一截！'一阴一阳之谓道'，但'仁者见之便谓之仁，知者见之便谓之智，百姓又日用而不知，故君子之道鲜矣'[4]。仁、智岂可

① 王嘉秀：字实夫，喜欢谈论佛、道，王阳明弟子。

② 科，由分科考试以入官；贡，由乡党推荐为官；传奉，由内官之安排做官。

③ "上一截"指"上达"，"下一截"指"下学"。

④ 语出《周易·系辞上》。

不谓之道，但见得偏了，便有弊病。”

【老刘说】

王嘉秀是阳明的弟子，原来是修佛的，后来转修道，再后来跟着阳明先生学习心学，但显然王嘉秀在这三个方向，都没有达到非常高的水准。

王嘉秀说，生老病死都是让人恐惧的事，佛家说可以通过勘破生死，用平常心面对生老病死，以此诱导人进佛门；道家说修习道术可以百病不生，长生不老，以此诱导人进道门。佛、道两家都是引人向善的，只是佛、道两家走的路和儒家不同，只有上半截的功夫，没有下半截的功夫。

上半截功夫这里指“玄之又玄”的部分，无论是佛家还是道家都有这些东西，比如佛家讲六道，讲彼岸，讲极乐世界等；道家讲内丹，讲神通，讲长生不老等。这些对于普通人而言，都是摸不着看不见的很玄的东西。而儒家讲的就全面得多，既有摸得着看得见的“下学”功夫，也讲摸不着看不见的“上达”功夫。

王嘉秀接着说，这个事情就像做官一样，可以通过科举考试当官，也可以通过别人推荐的方式当官，同样也有给内官送礼走门路当官的，后面这两条路不算是正道，一般君子瞧不上。但当官的正道，都是为了治国平天下，都是为了天下太平长治久安。如果当官只是为了私欲的话，就不是正道了。

佛家和道家修到了终点，和儒家大体上是相同的，但这二者只有儒家圣人之道的“上一截”，没有“下一截”，终归达不到儒家之道“一以贯之”的系统和完整。

后世的儒生，特别是在秦始皇焚书坑儒之后，失去了儒学真正的心法，分割了圣道的整体，失去了圣道的真义，只剩下“下学”的半截功夫，不免流于“记诵、词章、功利、训诂”的流弊。“记诵”就是背书；“词章”讲述的是诗、词、曲、对联及一切古韵文如何由字句组成的学问，比如诗歌平仄知识和词韵等；“功利”在这里指的是通过考科举等行为，获取功名利禄的事情；“训诂”就是研究怎样正确地理解语言、解释语言，也就是讲清楚怎样注释的道理。

圣人之道变成这个样子，无异于把一件成色非常好的红木家具劈了烧火煮饭。陷入这四种流弊的人终身劳苦，对于心性修炼却毫无帮助。插句题外话，前面提到过很多能把《般若波罗蜜多心经》倒背如流的人，对《般若波罗蜜多心经》究竟说了什么，却完全不清楚，也不知道“心”究竟是什么。以为每天背诵几百遍就可以“度一切苦厄”，这是非常值得商榷的。

相反，修习佛、道的人清心寡欲，超然世外，反而不会终身劳苦。从这个角度说，大家都是半截功夫，学习儒家的人也就不必排斥和看不起佛道。还是先好好学习圣人之学，等到学通透了，自然也就明白不该有门第之见的道理了。

阳明先生听了王嘉秀的表述，评论说，大方向是对的，但“道”是“一以贯之”的，不能分成“上一截，下一截”来讲。古人讲“天人合一”，人和自身之外的天地万物在本源上是一体的，哪里有“上一截”和“下一截”的分别？

佛、道两家是出世自修的，儒家是入世修身的，但人自己本身就是世界的一部分，其实也是进入世界的一部分。

《周易·系辞上》说“一阴一阳之谓道”，大家看世界的角度不同，能看到全体的很少，盲人摸象的太多。普通人司空见惯却不了解，能通晓“道”的人实在太少。“仁”和“智”难道不是“道”吗？但总是盲人摸象的搞法，自然是有弊病的。

【050】
万变不离的中道

【原文】

“蓍[①]固是易，龟[②]亦是易。”

【老刘说】

用蓍草占卜是《易经》，用龟甲占卜也是《易经》。《易经》本身是不变的，但表现形式可以有所不同，用蓍草占卜的“数”的表现方式，或是用龟壳占卜的“象”的表现方式，本质上是没有分别的。

这部分阳明先生要讲的有两层意思。一是说大道的终点是一致的，只要走的是正道，无论是用什么方式人道，只要核心的东西不偏离，都是可以到达终点的，也就是“东方有圣人出，西方也有圣人出，此道同，此理同”的意思；二是说《易经》是万经之首，必须高度重视，不可须臾离开易道。

① 蓍（shī）：古人认为蓍草多年生，岁岁不息，预示了长寿。于是乎，多岁而且长得很长的蓍，被认为最有神灵。用五十根蓍草卜筮就是揲蓍法，又称之为大衍筮法，认为凡遇到大事就可以用大衍筮法预测。

② 龟：古人认为龟乃长寿之物，其能通神，故用于占卜预测。具体的方法已经失传。

【051】
时势造英雄

【原文】

问："孔子谓武王未尽善[1]，恐亦有不满意?"

先生曰："在武王自合如此。"

曰："使文王未没，毕竟如何?"

曰："文王在时，天下三分已有其二；若到武王伐商之时，文王若在，或者不致兴兵，必然这一分亦来归了。文王只善处纣，使不得纵恶而已。"

【老刘说】

陆澄问先生说，孔子对文王很满意，对武王好像不太满意，这是为什么呢?

阳明先生说，孔子对武王不满意是因为武王伐纣的所作所为。

据史料记载，武王伐纣的战争打得很惨烈，惨烈到"血流漂杵"的程度(《尚书·周书·武成》)。站在儒家"仁政"的立场上，更希冀天道行于天下，能够在少流血，甚至不流血的基础上完成天道的纠偏和政权的更迭。伐纣毕竟是战争，自然会有一些不太符合良知的事情发生。所以孔子认为武王做事情还是不够圆满的，达不到至善的程度。因此，孔子对武王是不太满意的。

---

① 《论语·八佾》："子谓《韶》：'尽美矣，又尽善也。'谓《武》：'尽美矣，未尽善也。'"《韶》，舜时的乐曲名。《武》，周武王时的乐曲名。

陆澄又问，在当时的情况下，如果文王没有早早去世，会有什么不同呢？

阳明先生回答说，周文王在时，是有贤德的圣人，逐渐感化各个诸侯部落归化过来，天下三分之二的地方，是认可文王的。文王的影响足够大的时候，就可以挟天下以令纣王，按照贤德的方式来治理整个国家。即便纣王想再作恶，无非就是他一个人而已，只要把身边的小人都换成贤人，自然就不会做什么恶了，最后一定会是善终。大圆满的结局，对所有人都是好的。

不战而屈人之兵，就可以避免生灵涂炭。孔子说武王未尽善，根本原因不在武王身上，而在天时，武王没有文王的高度和水平，为了避免更多生灵涂炭，他只能起兵伐纣。“以有道伐无道”是没有办法的事情。

所谓“时势造英雄”，“时”很多时候比“势”更重要。“势”可以努力去创造，比如说我们不断学习，不断进步，做到“术业有专攻”，这些都是在“造势”，但“时”只能等待。只有“时”和“势”相互作用才能真正制造出英雄。

历朝历代的开国名将，如果换个时段，生逢盛世太平年月，很可能只是普通的武官，兢兢业业干一辈子，也不会有什么大的作为，有些人甚至还有可能会沦为盗匪，最后的命运可想而知。正是因为生逢乱世，这些人才有了用武之地，遂成为一代风流人物。

【052】真正的执中是什么

【原文】

问孟子言“执中无权犹执一”。

先生曰：“中只是天理，只是易，随时变易，如何执得？须是因时制宜，难预先定一个规矩在。如后世儒者，要将道理一一说得无罅漏，立定个格式，此正是执一。”

【老刘说】

陆澄问先生：“孟子言‘执中无权犹执一’，究竟怎么理解？”

“中”在这里指天理，天理是随着时势的变化而变化的。“执中无权犹执一”出自《孟子·尽心上》。“权”在古代也指秤砣，秤砣的作用就是随着秤盘重量的增减而左右移动，以保持秤杆的平衡，这就叫通权达变，引申为对事物的发展变化要懂得权衡，当进则进，当退则退，不能死守教条。注意“中庸”指的是一个宽泛的范畴，而不是一个确定的点。应对事情的时候，每个人应该根据自身的具体情况确定相应的方式方法，而不要想当然地认为会有个标准答案。权变对“君子时中”是至关重要的，入世践行，要懂得权变，要知道随着客观情况的变化而采取与之相宜的措施。

比如以前老刘在第39军当连长，所在连队有一百多人要吃饭，作为一名合格的炊事班长，肯定要懂得做菜如何放盐的技巧。即使做同样的菜，也要结合具体情况，每次放盐的多少是不一样的，同时要做到战士吃的时候口感比较稳定。这个标准怎么掌握要看具体情况，比如夏天天气热，如果训练量很大，大家的汗出得就会比较多，身体里的盐分流失就会比较严重，盐就要比平时多放一些，这样口感就差不多了；冬天搞学习，大家没怎么运动，天又冷，做菜的时候，盐就要少放一些，这样口感才会比较适当。这就是应变，需要因地制宜，是没办法预先定个规矩的。

再比如，偷东西明显是不好的，但如果换个时空场景，比如在抗日战争时期，有个人狠狠地偷日本人的东西，那算不算是抗日英雄呢？

行为还是同样的行为，但背景一变，这个人就从坏蛋变成了好人。天理是没有固定格式的，是随时变易的，学习心学是为了开启心智，不能死守教条。如果发现自己越学越像单细胞动物，就说明路走错了。

阳明先生的回答，提出了“天理”的一大特点，那就是“随时变易”，也即“变动不居”。阳明心学是以人为中心的学说，更确切地说，是以人心为立足点立论的。人心具有瞬时性和唯一性的特点，在“当下”这个时间点上，人心只能是在一个“物”上。即使是在处理看似同一时间的不同“物”，从微观的角度细看，同样存在先后顺序。人只能活在当下，没有人可以活在过去或者未来，哪怕是一秒也不行。

“须是因时制宜，难预先定一个规矩在”，“因时制宜”，已经涵盖了“因地制宜”和“因物制宜”。“地”和“物”的转换其实是可以被“时易”所涵盖的。

“后世儒者，要将道理一一说得无罅漏，立定个格式，此正是执一”，这种搞法已经是“刻舟求剑”了。

在变动不居的世界上，人无法做到对信息的完全掌握，更不可能做到“算无遗策”，在这种境遇下安身立命，最可贵的品质就是在事物逐渐变化的过程中随时修正预先的计划，也就是“动而辄随”。这四个字一语道出了天人之学的精髓。

心和现实世界是相互联系并不断发展变化的。天地万物神妙莫测，瞬息之间事变万端，在这种境况下，紧握“动而辄随”四字真言，积极适应，主动应对，才是积极用世的正确态度。

【053】

善念存就是立志

【原文】

唐诩[①]问："立志是常存个善念，要为善去恶否?"

曰："善念存时，即是天理。此念即善，更思何善？此念非恶，更去何恶？此念如树之根芽，立志者，长立此善念而已。'从心所欲不逾矩'，只是志到熟处。"

【老刘说】

唐诩问阳明先生："立志是不是要在心里常存一个善念，同时把心里的恶念去掉?"

"善念存时，即是天理。此念即善，更思何善?"阳明先生在这里列了一个等式：善念存 = 天理存 = 立志。我们知道"善念""天理""志"这些东西都是不能脱离人心而独立存在的。存着天理的时候，对外表现就会完全符合人的天性，呈现出来的就是自然而然的"仁、义、礼、智、信"。当心被"善"充盈的时候，自然就没有"恶"的存在了，这个时候还琢磨去"恶"，岂不是画蛇添足了吗?

就生命本身而言，其固有特征是生气勃勃、生生不息的，故《周易·系辞下》说"天地之大德曰生"。生命的本质就是要积极向上，"日日新，又日新"，求善求上进才是王道，否则和瓦石砖头又有什么区别?

心被私欲遮蔽，心体被贪嗔好恶攀附，良善之心被掩埋，恶就产生了。

① 唐诩：江西人，阳明先生的学生。

心存善念之时，就是最能体现生命本质特征之时，也正是人心本该保持的常态。所以没有必要“刻意”去存善念，所谓“立志”并不是要去创建什么善念，而是持守此天理不失的“守成”之道。

“从心所欲不逾矩”出自《论语·为政》，原文是“子曰：‘吾十有五而志于学，三十而立，四十而不惑，五十而知天命，六十而耳顺，七十而从心所欲，不逾矩。’”

“从心所欲，不逾矩”的意思是，我的心可以完全自由放开，没有一点儿束缚，但我的行为不会超出“道”的规则。因为我的心中充满天理，完全符合天则秩序，所作所为自然就是如鱼得水，都要妥当的。

《论语·为政》前两句的意思是，孔子说，他十五岁的时候就开始学习圣学，到三十岁的时候，志向基本立了下来。“三十而立”的“立”并非成家立业的意思。志向就是念念存天理，心里充满天理，充满善念。关于“立志”，譬如决心做个“好医生”，这个“好”就是立志，医生只是这个志向的载体。

“四十而不惑”是说到四十岁的时候，已经能分得清楚究竟什么是“善”，什么是“恶”，哪些行为是符合天理，哪些行为是不符合天理的，自身不会被外物所迷惑和蛊惑。“五十而知天命”是说到五十岁的时候，已知道这辈子所立的志是否能实现。“六十而耳顺”是说达到“耳通”的程度，不夹杂已念妄想，不入文字坑，圣人智慧具足，达到看穿表象、看透真相的程度。

【054】
低调的必要性

【原文】

“精神、道德、言动，大率收敛为主，发散是不得已。天地人物皆然。”

【老刘说】

这段讲的是阳明先生修身体会，老刘认为这是天下之真理。心学是入世之学，懂得韬光养晦，懂得潜龙勿用的人，往往都会活得不错；处处高调张扬（也就是嘚瑟）的人，结局往往比较悲惨。

《老子》说：“是以圣人处无为之事，行不言之教；万物作而弗始，生而弗有，为而弗恃，功成而弗居。夫唯弗居，是以不去。”这是入世的大实话了。

比如有件事情是我完成的，这功劳应该归我，但我不居功自傲，反而把功劳说成是大家的，这才是真正的“与人为善”，这样做了之后，自然就不会把自己搞成众矢之的，别人也愿意和你合作共事。

做人要低调。该出手时就出手的意思是，时机如此，不得不出来露一手，平常是不能没事就乱显摆的。说句不好听的话，你不上台吼两嗓子，谁知道你唱歌跑调呢？

生命的本质是积极向上的，心存良知是阳明心学的核心，这个存良知功夫是靠“守”的，修习心性，收敛才是正道，《易经》六十四卦中，唯有谦卦是六爻皆吉的。

【055】
文中子的"续经之非"

【原文】

问："文中子是如何人？"

先生曰："文中子庶几'具体而微'①，惜其蚤死。"

问："如何却有续经之非？"

曰："续经亦未可尽非。"

请问。良久，曰："更觉'良工心独苦'②。"

【老刘说】

陆澄问阳明先生是如何评价文中子王通这个人的。关于文中子王通的事情，在徐爱篇已经说过了，这里不再赘述。从徐爱和陆澄都提到文中子"续经"这件事来看，"续经"的事情在当时的读书人中是很有争议的。

"文中子庶几'具体而微'"，"庶几"在这里的意思是差不多；"具体而微"出自《孟子·公孙丑上》，指事物的各个组成部分大体都有了，不过形状和规模比较小，这里是指文中子已经有了圣人之全体，但还没有圣人的规模和气候。"具体而微"是很高的评价，在《孟子》中是用来评价颜回的，而颜回在孔门的地位非常高。

"惜其蚤死"，"蚤"通"早"，据记载，文中子三十四岁去世。从这个"惜"字可以看出，阳明先生对文中子这个人是持认可态度的。

---

① 《孟子·公孙丑上》："子夏、子游、子张皆有圣人之一体；冉牛、闵子、颜渊则具体而微。"

② 杜甫《题李尊师松树障子歌》："已知仙客意相亲，更觉良工心独苦。"

陆澄接着问“续经之非”，大家都认为“续经”是文中子人生中的污点，阳明先生的看法却是不能一棍子打死。

一句“良工心独苦”道出了阳明先生对文中子的惺惺相惜。“良工心独苦”出自杜甫的诗《题李尊师松树障子歌》，意思是追求工艺精湛的过程中所经历的磨砺和痛苦，只有干活的人自己知道，外人是没有办法做到感同身受的。

阳明先生当时开宗立派推行真正圣学的时候，全天下的读书人都是站在朱熹一边的。甚至，据史料记载，官方还曾经一度将阳明心学斥之为“异端”，在这种艰苦环境中正本清源，推行圣学该是多么艰难的一件事情，所以先生对文中子的境遇是心有戚戚的。

【056】
“治生之先”误人

【原文】

“许鲁斋谓儒者以治生为先之说亦误人。”

【老刘说】

许鲁斋，即许衡，字仲平，鲁斋是他的号，元朝的大学士。曾经提出“治生说”主张，言“为学者，治生最为先务”。翻译成白话的意思就是，搞学问不是不可以，但你得先把肚子填饱，肚子都填不饱，还搞什么学问呀？

许鲁斋的这一主张，冠冕堂皇的说法是对朱熹学说流于空谈心性的一种补偏救弊。但老刘研究这段文字的时候，发现了一些很有意思的东西。

元宪宗四年（1254），许衡应忽必烈之召出任京兆提学，授国子祭酒。同年，王坚任知合州，修钓鱼城（被欧洲人称为“东方麦加城”“上帝折鞭之处”，蒙古大汗蒙哥毙命于此处）。

至元八年（1271），许鲁斋官拜集贤大学士兼国子祭酒。同年，南宋将领范文虎以水军援襄樊，败退。范广由海道攻胶州，以牵制蒙古对襄阳之攻势，败北被擒。

至元十八年（1281），许衡死，年七十三，大元朝赠其为荣禄大夫、司徒，谥号“文正”，后加赠正学垂宪佐运功臣、太傅、开府仪同三司、魏国公。在这之前两年，也就是1279年的崖山海战，宋军全军覆灭，陆秀夫背着少帝赵昺投海自尽，十万军民跳海殉国。此役标志着古典意义华夏文明的衰败与陨落，有“崖山之后无中华”的说法。

既然对许鲁斋而言，填饱肚子才是第一要务，说出这种话，的确是实至名归了。

颜回“一箪食，一瓢饮，在陋巷。人不堪其忧，回也不改其乐”。做学问修心性，真正修圣学该怎么样去做呢？引张载的一句话：“为天地立心，为生民立命，为往圣继绝学，为万世开太平”，这才是为儒者的根本。

【057】
精气神的真相

【原文】

问仙家元气、元神、元精[1]。

先生曰："只是一件，流行为气，凝聚为精，妙用为神。"

【老刘说】

有学生问阳明先生关于道家元气、元神、元精的事情。"元"字是"头、首、始"的意思，比如元旦就是新年的头一天。

阳明先生说，元气、元神、元精其实就是一个东西的不同表现形式而已。这个东西在体内沿着经络流动运行起来就是气，我们经常讲"我很生气""一股气一直顶到头顶上"，都是说的这个东西的流动表现形式。

修心性修到心平气和，这个东西就凝聚起来，成为一个能触摸得到的实体，这就是元精。心学实修刚入门时，在收束心猿意马的阶段，是能逐渐感觉到黄庭一窍有个涌动的实体的，也就是心体的实相。

"神"就是这个东西外发的妙用。我们说这个人很精神，就是指这个人精气充足，神采飞扬，这种气息透过皮肤外放出来，我们能感觉得到。打个比方，就像水、冰和水蒸气的关系，本质上都是由水分子构成。

---

① 元气、元神、元精：在道家丹道中，认为一气之妙用为元神，一气之流行为元气，一气之凝聚为元精，并将其三者称为三元，加上元性、元情，则统称为五元。

【058】情绪和心体的关系

【原文】

“喜、怒、哀、乐本体自是中和的，才自家著些意思，便过不及，便是私。”

【老刘说】

这部分不太好理解，喜怒哀乐指的是情绪性的东西，前面我们已经讲过，可以把喜怒哀乐理解成湖面的波浪，心体理解成湖面上的一艘大船。湖面肯定不会一直是静止的，它总是有波动的，只是幅度有大有小。船要稳住，要保持相对不动，如果船动得太厉害了，就容易翻了。

高兴的事情也好，愤怒的事情也好，悲伤的事情也好，这些相当于刮过来的风，风一吹，湖面上自然就会起波浪。我们要做的就是勿忘勿助，既不助长风势，也不压制风势，顺其自然地让风刮过去，让波浪自己慢慢平息即可。这样船才不至于有倾覆的危险。

碰到气愤的事情，按照事情正常的发展，过去了就好了，事过无痕。但如果此时的愤怒被放大了，就可能导致心体完全被贪嗔好恶攀附，良知完全被私欲遮蔽，情绪完全控制我们的身体，心智离线，从而行为失控。

喜怒哀乐只要不被人为干扰，是不会导致良知被遮蔽的，一旦被助长或者被刻意压制，就是私欲在作祟，很容易导致良知被遮蔽。

【059】
至情至性

【原文】

问“哭则不歌”。

先生曰：“圣人心体自然如此。”

【老刘说】

“哭则不歌”出自《论语·述而》，原文是：“子食于有丧者之侧，未尝饱也。子于是日哭，则不歌。”孔子参加别人的丧礼，在逝者的悲伤和哀痛氛围下，是没有胃口吃饱饭的，并且参加完葬礼的这一天就不再吟唱诗歌进行娱乐。这就是恻隐之心。人家亲人去世，我们的良知会引导我们自然而然就会跟他们合拍，做出一些妥当的行为。圣人的心性水平自然就是如此，不用别人去提醒。

遇到哀伤之事，哭本身就是在顺情于天理；遇到可喜之事，笑本身也是在晓畅天机。这都是符合良知本然的。

很多人所谓的不懂事，根本原因就是私欲作祟，心无恻隐。比如说别人亲人去世，一个人在旁边不但没有任何悲伤的意思，还又吃又喝又唱歌，这就纯粹是找揍的节奏了。

儒学讲入世，讲“小隐于野大隐于市”，心性修炼到与天理同步，入世之后自然是至情至性之人，和周边的人自然能非常合拍，并可与天地万物融洽相处，自然就是天人合一。

【060】
克己功夫

【原文】

“克己须要扫除廓清，一毫不存，方是；有一毫在，则众恶相引而来。”

【老刘说】

“廓清”的意思是大公无私，纯洁无瑕。做克己功夫的时候，要把心体里面打扫得干干净净，不藏污纳垢，一丝一毫都不行，只要稍微手软留下死角，就会前功尽弃。

打个比方，如果心体是个大院子，里边很干净很安全，你在里边睡觉，突然发现进来了三个贼，你一番努力之后，抓住了两个贼，还剩一个不知道藏哪儿去了。你还能睡好觉吗？这一个贼在里边，十有八九要联系同伙，并会让他们想办法进到院子里面来，这个院子就别指望能安全了。

阳明先生讲的就是这么个意思，只有把心体里不干净的东西通通去掉才是根本，否则就可能有别的不好的东西被引进来。

【061】
当下就是一切

【原文】

问《律吕新书》①。

先生曰："学者当务为急，算得此数熟亦恐未有用，必须心中先具礼、乐之本，方可。且如其书说多用管以候气②，然至冬至那一刻时，管灰之飞或有先后，须臾之间，焉知那管正值冬至之刻，须自心中先晓得冬至之刻始得，此便有不通处。学者须先从礼、乐本原上用功。"

【老刘说】

《律吕新书》是南宋蔡元定撰写的一本音乐方面的著作。此书为奠定我国古代乐学理论贡献颇多，对南宋以后乐学的发展，有很大的影响。有学生问阳明先生关于这本书的事情。

阳明先生说，学者应当注重当务之急，也就是这件事的根本是什么，否则就算把乐律记得烂熟，也没有多少用处。它只是"器"层面的东西，而非"道"层面的。要想真正应用得好，需要从本原上用功。

---

① 《律吕新书》：律吕有十二，阳六为律，阴六为吕。此书有二卷，作者蔡元定（1135—1198），字季通，福建建阳人。

② 候气：古代用葭莩（jiāfú，芦苇秆内的薄膜）燃烧后的灰，放置到律管，以确定气候。律管由十二个管组成，分别对应不同气候。比如冬至子时（夜里23点至凌晨1点），为一年之中阴到极点之时，阴极阳生，待一阳复生，与律中的黄钟之宫（黄钟为十二律之一，声调最宏大响亮，在宫、商、角、徵、羽五音之中，宫属于中央黄钟）相对应，黄钟管之灰自然飞动。

比如，这本书上讲可以用律管测到节气的变化，在冬至到来的那一刻，某个特定的律管中的灰会吹出来。实际上是没啥可操作性的。“学者须先从礼乐本原上用功”，“礼乐”的本原就是心中的“良知”。

“学者当务为急”指的是“眼下就是一切”，生命从古至今的全部意义永远都是在当下。

【062】
昏镜岂能照物

【原文】

曰仁云："心犹镜也，圣人心如明镜，常人心如昏镜。近世'格物'之说，如以镜照物，照上用功，不知镜尚昏在，何能照！先生之'格物'如磨镜而使之明，磨上用功，明了后亦未尝废照。"

【老刘说】

徐爱说："圣人心如明镜，常人心如昏镜。"这是对我们修习阳明心学至关重要的一句话。人的心就像一面镜子，圣人的心是干干净净的，一尘不染，外物照在上面，自然是清清楚楚，无丝毫变形；而平常人的心中有很多杂念，心境上遮蔽着很多灰尘，外物照在上面，是模模糊糊变形的。格物就是擦拭这面镜子，擦得干干净净，一尘不染，这个时候，镜子照出的世界，就是清清楚楚的了。

我们中华民族深受《易经》思想的影响，任何事物都能找出一正一反两套解释方式，一种是从善意的角度出发，另一种从恶意的角度出发，这点很有意思。一个人的行为是可以被证明的，比如有证据，有证人等；但动机这个东西在心里边，很难说清楚。

比如一个人到一个新公司上班，很快就和周边同事打成了一片。这个行为可能会成为他被青睐有加的理由，老板会觉得这个人很善于团结同事，沟通和亲和能力都很强，显然是个人才，这种人一定要留下来，好好重用；也可能会变成被开掉的理由，老板会觉得这个人刚刚到公司就拉帮结派，四处拉拢人，究竟想干什么？这种危险分子怎么可以留在公司呢？马上给我清除掉。

臆断和先入为主，都会导致我们看不清楚真相，最后把臆想和心中的妄念当作事实真相，这种混杂就会导致我们看到的世界是一个模糊变形的世界，而不是世界的本来面目。只有心中非常明晰的时候，也就是心镜一尘不染的时候，才能够看到真相。以真相为基础，心智才可以保持正常在线水平。

修身的基本目的是让心体光明，不自欺。心镜磨得干干净净，一尘不染，这是心体光明不自欺的基础。“磨镜”功夫，就是去除贪嗔好恶对心体的攀附，深挖好名、好色、好货的私欲根源，让心澈照万事万物。

同样说“格物”，心学的“格物”是将心中不正的念头导正（正其不正以归于正），朱熹的“格物”是去格一个个外物，朱熹的方法博大宽泛，但缺乏要点，用功多而收效微，无异于扬汤止沸；心学的方法直击要害，用力目的明确且能立竿见影，无异于釜底抽薪。心学的“格物”始终处于一个“必有事焉”的行云流水生生不息的状态，既不会执泥于“我见”和“私意”，也不会脱离入世的具体事物而独立存在。

【063】
道无精粗

【原文】

问道之精粗。

先生曰:“道无精粗，人之所见有精粗。如这一间房，人初进来，只见一个大规模如此，处久，便柱壁之类，一一看得明白，再久，如柱上有些文藻，细细都看出来，然只是一间房。”

【老刘说】

这一段很浅白，不用翻译也能看懂，整段的关键词是“道”。“道”是客观存在的，没有什么精粗之分。精粗指的是人对“道”的认知深入程度。“道无精粗，人之所见有精粗”，是明确把“道”和“人之所见”分开了谈。俗话说“路遥知马力，日久见人心”，讲的就是这个意思。和一个人相处，知道了他的五官样貌、身高体重、家庭背景、工作履历等，就算是真的了解这个人了吗？当然不算，只有相处日久，有过更多的互动交往，才会越来越清楚他究竟是个什么样的人。

初进一间房子，会对它有个大概的了解，几室几厅，厨房在哪里，卫生间在哪里，露台有多大等。随着时间的推移，会更熟悉一些，比如床是实木的，松木的还是橡木的；电视是什么牌子的，多大尺寸的等。

阳明先生用房间做比喻，得出的结论是：房子是同一间房，但人对房间的认识有一个粗精的过程，强调的核心是心的感知和世界的关系。

【064】

私欲如尘土

【原文】

先生曰："诸公近见时少疑问，何也？人不用功，莫不自以为已知，为学只循而行之是矣。殊不知私欲日生，如地上尘，一日不扫便又有一层。着实用功，便见道无终穷，愈探愈深，必使精白无一毫不彻方可。"

【老刘说】

阳明先生说："你们最近问问题明显少了，究竟是什么原因呢？是不是把修身搞成例行公事了，这么做是有问题的。"

"用功"在这里的意思是指导正心中不正的念头，如果不能时时导正心中歪念，就会日久成习，最后就变成了"循而行之"，不好的习性，就是这样形成的。人是有惰性的，所以人很容易溺于私欲，犹如地板上的尘土，一日不扫，便有一日的积累，成年累月下来，屋里差不多就可以种庄稼了。

《六祖坛经》中有个典故。相传五祖弘忍有一天为了考验众僧禅解的浅深，准备付以衣法，命各人作偈呈验。时神秀为众中上座，即作一偈云："身是菩提树，心如明镜台。时时勤拂拭，勿使惹尘埃。"一时传诵全寺。弘忍看后对众僧说："后世如能依此修行，亦得胜果。"并劝众僧诵之。惠能在碓坊，闻僧诵这一偈，以为还未达究竟，便改作一偈，请人写在壁上。偈云："菩提本无树，明镜亦非台。本来无一物，何处惹尘埃！"众见此偈，皆甚惊异。

通常的看法，都认为惠能的水平要比神秀的高，已经达到"尽心知性知天"的高度。问题是有这样天资悟性的人，世间能有几人？

惠能的诗，对于这个世界上绝大部分人而言，只有仰视膜拜的份，并无太大实际意义。相反，神秀禅师的偈才是心学实修可着手处。

“身是菩提树”的意思是，人有躯壳就是一切烦恼的根源，所以《大学》说“所谓修身在正其心者，身有所忿懥，则不得其正；有所恐惧，则不得其正；有所好乐，则不得其正；有所忧患，则不得其正”。注意是身有所忿懥、恐惧、好乐、忧患，心就不得其正。《老子》说：“吾所以有大患者，为吾有身；及吾无身，吾有何患？”身心无法统一，烦恼由此产生。

“心是明镜台”和阳明先生人心似镜的比喻是完全一样的。“时时勤拂拭，勿使惹尘埃。”这个“拂拭”就是阳明先生说的“磨镜用功”，“尘埃”指的是贪嗔好恶对心体的攀附。

修身是一辈子的事情，要心有敬畏，不可好高骛远。要对自己有自知之明，对心镜勤拂拭，是绝大多数修习心学的人应该效仿的修习方式。

【065】致知克己在当下

【原文】

问:“知至然后可以言诚意,今天理、人欲知之未尽,如何用得克己工夫?”

先生曰:“人若真实切己用功不已,则于此心天理之精微,日见一日,私欲之细微,亦日见一日;若不用克己工夫,终日只是说话而已,天理终不自见,私欲亦终不自见;如人走路一般,走得一段方认得一段,走到歧路处,有疑便问,问了又走,方渐能到得欲到之处。今人于已知之天理不肯存,已知之人欲不肯去,且只管愁不能尽知,只管闲讲,何益之有?且待克得自己无私可克,方愁不能尽知,亦未迟在。”

【老刘说】

有人问阳明先生,《大学》说“物格而后知至,知至而后意诚,意诚而后心正,心正而后身修,身修而后家齐,家齐而后国治,国治而后天下平”。按照顺序,应该先达到知至,然后才是意诚,但现在对天理和人欲还没能完全搞清楚,克己功夫又该如何入手呢?

这样讲,其实已经把知、行当作两件事了。阳明先生回答说,不能把知和行看成是两件事,它们是一个硬币的两面,是不可分割的。然后举了个例子,说这就像人走路一样,要边走边问,碰到岔路口,不知道该怎么走了,要问清楚了再继续走。

有人可能会想，那我提前做好路书就不用问路了吧。事实上不是这样的，短途是没太大问题的，如果是长途，问题就大了。即使走之前查阅大量资料，提前把路都搞清楚了，甚至哪有三五米的小桥都标得清清楚楚，就真的不需要再问路了吗？显然不可能。

第一，如果准备工作做到这么细，时间和精力的投入会很吓人，全搞明白了，说不定已经时过境迁了，根本没有走的意义了。第二，走在路上，随着时间的推移，路况会有变化，比如下雨塌方、临时封路等，不问一问，光靠一本路书无异于刻舟求剑。

修圣学要先知道个大概的方向，目的地要明确，比如从北京到重庆，然后再根据实际情况考虑出行方式，是飞机、高铁还是自己开车？如果确定是自己开车，接下来就要考虑北京到重庆大概多少公里？走高速还是走国道？需要准备多少钱？路上需要几天时间？心里要大概有个谱儿。至于上路以后呢，具体问题就需要根据情况灵活掌握了。碰到堵车就绕道，碰到天气不好就休息一下再走。

修身也是一模一样的，实修一段时间，就会有新的心得体悟出来，同时也会碰到新的问题，这时候就需要找明白人问一问，或者再好好研读一下圣人的文字，随后再继续试探着往前走，如此一步一步就能到终点。

“只管闲讲，何益之有？”讲的是修身要活在当下，重视现实，重视当下。这也是儒家的正宗家法。

如果每天只是忧虑：“我要克制私欲遵循天理！”天理和私欲都不完全了解，如何克己？套用电影《饮食男女》中的一句话：“人生不像做菜，不能等菜都准备齐了才下锅。”

完全洞悉天理和私欲，是只有圣人才可以做得到的，作为普通人，只需要把当前存在的不正之念导正就可以了，无须眼下就洞彻一切。好好做好力所能及的事情，“致良知”之途就是如此简单明了。

【066】
道究竟是什么

【原文】

问："道一[1]而已。古人论道，往往不同，求之亦有要乎？"

先生曰："道无方体，不可执着，却拘滞于文义上求道，远矣。如今人只说天，其实何尝见天！谓日、月、风、雷即天，不可；谓人、物、草、木不是天，亦不可。道即是天。若识得时，何莫而非道。人但各以其一隅之见，认定以为道止如此，所以不同。若解向里寻求，见得自己心体，即无时无处不是此道，亘古亘今，无终无始，更有甚同异。心即道，道即天，知心则知道、知天。"

又曰："诸君要实见此道，须从自己心上体认，不假外求，始得。"

【老刘说】

有学生问阳明先生，"道"只有一个，古人的说法却各不相同，求"道"的要领是什么呢？

阳明先生回答说："道无方体，不可执着。"这句话出自《周易·系辞上》，原文是"范围天地之化而不过，曲成万物而不遗，通乎昼夜之道而知，故神无方而《易》无体"。"昼夜之道"，指阴阳刚柔之道，"无方"，指没有一定的处所；"无体"，指没有固定的形体。

---

① 《孟子·滕文公上》："夫道一而已矣。"

“神无方”的“神”，不是西方宗教中所谓的神，是“至道”的意思，即宇宙生命的主宰。“神无方”，即其无所在也无所不在，同易的变化法则一样周流不拘，如乾卦的“一爻初动”，这个动从哪里来？就是“神无方”。“而《易》无体”，就是宇宙周流不拘，这个所谓的本体是个抽象的，是无体之体，无为之为。宇宙的东西变化无穷，人们预测常有不准（突变之处就预测不准）的问题，因为“神无方而《易》无体”。

语言和文字作为信息的载体而言，承载能力非常有限，即便是现在的承载技术，像影像、多媒体等，也同样没有办法把所有信息完完整整无损承载。如果仅仅拘泥于语言文字，得到的“道”必然是不完整的。

阳明先生举了个例子，说人们在说天的时候，其实并不真的知道天究竟是什么，我们抬头往上看，那个蓝湛湛的，晚上有星星，白天有太阳的就是天吗？显然这只是天的一种表现形式，所以“谓日、月、风、雷即天，不可；谓人、物、草、木不是天，亦不可”。一棵树生长的时候，我们能看到枝、干、叶、花、果等，但其中真正推动它生生不息的东西，是摸不着看不到的。

“一阴一阳之谓道”，道就是阴阳二气，摸不着看不到，二者相互作用，对立又统一。天理落在心之本体上，就是阴阳二气在心体中按照自然之序运转流行，没有贪嗔好恶攀附的时候，外发出来的就是仁、义、礼、智、信。时时刻刻顺应自然之序就是良知充盈的状态。

“人但各以其一隅之见”，是说人由于各自囿于自己的一隅之见，而不是从“道”的根本看问题，认定“道”只是如此这般，每个人得出来的结论各不相同，最后就变成了盲人摸象。摸到象腿的认为象是个肉柱子，摸到象耳朵的认为象有点儿像蒲扇，最后就成了笑话。

只有抓到根本，从天理的落脚点入手，在心之本体上用功，顺着天理自然流动的方向和轨迹观察，才能看到天理（道）的全貌。“亘古亘今，无始无终，更有甚同异？”是讲“道”的唯一性和恒定性。修大道的时候，只能是向内求，不能向外求，讲求内明，求内在的纤尘不染，物来能照。心就是道，道就是天。了解了心，也就了解了道，也就了解了天。

关于“客观存在”，请读者注意，这种所谓的“客观存在”是谁定义的？是山中的老虎或是银河系的外星人吗？显然不是，“客观存在”仍是由人定的。人在用自己的心来描述和定义外在的“理”时，自身必然会不可避免地参与进来，从这个意义上说，世界上根本不存在什么完全独立于心的“客观”。

当我们说到“客观”时，其实是主观的心在发出指令。客观的东西一旦关涉到人，都会转换为主观的“物”，所以世界上的“道”自然也逃不脱人心的藩篱。这看起来似乎是诡辩，但我们却可以从逻辑上证明其永远成立。

正是基于此，心学中的“心”“道”“理”“性”“天”等称谓，都可以归结“一”，也就是孔子说的“吾道一以贯之”。

阳明先生最后总结说：诸君如果真要了解“道”，必须从自己心体上去体认，不必向外求索，这样才能真正到达“道”。

【067】
如何做到君子不器

【原文】

问："名物度数①亦须先讲求否？"

先生曰："人只要成就自家心体，则用在其中。如养得心体，果有'未发之中'，自然有'发而中节之和'②，自然无施不可。苟无是心，虽预先讲得世上许多名物度数，与己原不相干，只是装缀，临时自行不去。亦不是将名物度数全然不理，只要'知所先后则近道'③。"

又曰："人要随才成就，才是其所能为。如夔④之乐，稷⑤之种，是他资性合下便如此。成就之者，亦只是要他心体纯乎天理，其运用处皆从天理上发来，然后谓之才。到得纯乎天理处，亦能'不器'，使夔、稷易艺而为，当亦能之。"

又曰："如'素富贵行乎富贵，素患难行乎患难'⑥，皆是'不

① 名物度数："名物"词的语义特征包括三个方面。一、它与事类相关；二、它表明一种特定的具体事物；三、所指必须具有类属的区别特征。"度数"也称"制度"，是指在一定历史条件下形成的法令、礼俗等规范。例如，鸟、兽、草、木之物皆有名，可以称作名物，仪式、礼节、刑政等规范制度则可以称作度数。

② 《中庸》："喜怒哀乐之未发，谓之中。发而皆中节，谓之和。"

③ 《大学》："物有本末，事有终始。知所先后，则近道矣。"

④ 夔：古代音乐家，生活在荒僻边缘的地方，具有非凡的音乐才能，后舜提拔为乐官，主理乐舞之事。

⑤ 稷：后稷，周的始祖，善于种植各种粮食作物，曾经被尧举为"农师"。

⑥ 《中庸》："君子素其位而行，不愿乎其外，素富贵，行乎富贵，素贫贱，行乎贫贱。"

器’。此惟养得心体正者能之。”

【老刘说】

学生问，名物度数，是否需要先学习掌握呢？

“名物度数”这个词比较晦涩，这里解释一下，鸟、兽、草、木等有命名的，都可以称为名物；流程、仪式、礼节、规范、制度等，都可以称为度数。“名物度数”就是指外在的，能摸得着看得见，或是能够表现出来的东西。

比如祭祀这件事情，前面做什么，中间做什么，最后做什么，参与的每个人应该怎么做才算合乎礼仪，都有固定规范。十个人的祭祀怎么做，百人的祭祀怎么做，万人的祭祀又是怎么做等。这些祭祀活动中的各种讲求，就是“名物度数”。

再比如孝亲，《礼记》中讲要做到“温凊定省”，这些“温凊定省”的事情也都属于“名物度数”。

阳明先生回答说，做事要有轻重缓急，“名物度数”当然要讲求，只是要把最根本、最重要的心性修炼放在最前面。只要我们能存养好我们的心体，随时保持良知充盈、未发之中的状态，就没有什么事情是做不好的。

很多“名物度数”的事情并非一成不变的，而是与时俱进的。只有真正理解初衷，才可能把事情做好。做好事情很重要的一点，就是是否足够尽心。比如孝亲的事情，以前夏天天热，给双亲扇扇扇子就可以了，现在就应该给双亲装个空调，顺便多交点儿电费。古今孝亲的表现形式虽然完全不同，但孝亲的心是一样的。

“知所先后，则近道”出自《大学》，意思是能分清楚轻重缓急，能“拎得清”，就距离得道不远了。

以自己为核心，把自己的事情放在首要位置上，这关乎人性。现实社会中，很多人对别人不满意的主要原因就是觉得自己是最重要的，别人为什么不把他放在眼里。

对每个人来说，时间、精力、资源等都非常有限，懂得如何调度这些东西，分清楚什么时候该做什么事儿，什么事情应放到前面，什么事情应放到后面，什么该急，什么该缓，就离道已经很近了，入世治世自然游刃有余。

“成就自家心体”是个磨刀的功夫，磨刀的目的不是把刀磨得如何锋利，而是砍柴。刀的真正价值并不是在磨刀中实现的，而是在“砍柴”时实现的。

一把刀如果一直静静地被搁置着不用，再锋利也是没用的。不“砍柴”的刀，只是块铁而已，因为它从来没有表现出作为一把刀的价值。刀的价值没有表现出来的时候并不能称为“刀”，只能算是具有刀的特性的铁。

“刀”和“砍柴”是共生共灭的，“心性”和“事上磨”是同样的道理。明白了这层意思，就可以理解“使夔、稷易艺而为，当亦能之”的道理。夔是具有非凡的音乐才能的人，稷善于种植各种粮食作物，这两个人在自己的专业领域，都是有非凡成就的。二人心体都纯乎天理，换个方向亦能做好，所谓“良刀不择木”，也就是“不器”的道理。

人在某个方面的技能成长有个分水岭，也就是“器”和“不器”有分界点。“器”停留在摸得着看得见的水平；“不器”是达到了出神入化的水平。想达到“不器”的出神入化，就必须修炼心体，修炼到和天理合拍，顺道而行，能和上天沟通的程度。“君子素其位而行”，对一切变化都有足够的智慧来应对的人才能称为“不器”。

【068】有源之水生意不穷

【原文】

“与其为数顷无源之塘水，不若为数尺有源之井水，生意不穷。”时先生在塘边坐，傍有井，故以之喻学云。

【老刘说】

“生意”在这里指生机、生生不息。《世说新语》云：“殷因月朔，与众在厅，视槐良久，叹曰：‘槐树婆娑，无复生意！’”

某日，阳明先生坐在池塘边的一口井旁，和诸学生交流学问心性的事情。先生借情景做比喻，塘水虽多，却是死水，井水看似没有塘水广大，却常取常有，因为它有源头，延伸出的意思是心体如果没有主宰，就像池塘中的水一样，没有源头自然就没有了生机盎然。

“为学须有本原”，心学的本源就是“良知”，为学如果只是外求，等于池塘蓄水，无论蓄多少水，依旧是死水一潭。只有找到源头，才能取之不尽，用之不竭，生生不息。

【069】
活在当下

【原文】

问：“世道日降，太古时气象如何复见得？”

先生曰：“一日便是一元[①]。人平旦[②]时起坐，未与物接，此心清明景象，便如在伏羲时游一般。”

【老刘说】

有学生问阳明先生，现在世道比以前差多了，世风日下，怎么才能重现太古时代淳朴的社会风气呢？

阳明先生回答说，一天其实就是一元。一元的原意出自北宋邵雍所著《皇极经世·观物篇一》，世界从开始到冥灭的一个周期叫作一元。一元有十二会，一会有三十运，一运有十二世，一世有三十年，故一元共有十二万九千六百年。阳明先生这里说的一元，是一个轮回循环的意思。

如果你读过《易经》，“一元”就很容易理解了。一天有十二个时辰，二十四个小时；一年有春夏秋冬四季轮回。世界是大循环套着小循环。“滴水藏海”，大海广袤无边，但是从微观的每一滴海水的角度观察，一滴水就是一片大海。宇宙无边无际，每一个人又是一个独立运作的小宇宙。

阳明先生说，人清晨刚苏醒起床时，还没有与事物接触，心中清明的景

---

① 一元：据北宋邵雍《皇极经世》所言，天地的历史，以元、会、运、世计算。一世为三十年，一运为十二世，一会为三十运，一元为十二会。

② 平旦：天刚明之时，语出《孟子》。

象，就犹如活在伏羲时代一样。

阳明先生要表达的意思是，妨碍良知充盈心体的最大障碍是偏离当下，活在过去或者未来。无论是深陷过往，还是沉浸于臆想的将来，都会导致心体偏离当下，这是修习心学的大问题。

说出“世道日降”这样的话，已经是跑偏了，“指点江山，激扬文字，粪土当年万户侯”，的确是个好谈资，也会让人有作为上帝仲裁世界的快感，但这种快感对修习心性毫无用处，甚至有害。

心学是入世践行之学，特点是务实、严谨、精微，活在当下。要用“假如今天是我生命中最后一天”的敬畏心态，去对待今天，对待当下，这才是心学入世该有的态度。

【070】
心和五感六识的关系

【原文】

问："心要逐物，如何则可？"

先生曰："人君端拱[①]清穆，六卿[②]分职，天下乃治。心统五官[③]，亦要如此。今眼要视时，心便逐在色上；耳要听时，心便逐在声上。如人君要选官时，便自去坐在吏部；要调军时，便自去坐在兵部。如此，岂惟失却君体，六卿亦皆不得其职。"

【老刘说】

有学生问阳明先生，我眼睛看到美女的时候，心里就会想着好色的事情，舌头尝到美食的时候，心里就会发出想吃的念头，该怎么办？

阳明先生回答说，心相当于一个君王，君王如果想治理好国家，完全靠亲力亲为显然是不现实的。那么就需要建立基本的官吏体系来治理国家。把国家的事情分成六大块，君王直接管吏、户、礼、兵、刑、工六部的尚书就可以了。六部发挥自己的职能，管好自己分管的范畴，国家自会有序运行起来，不会一团乱麻。

君王不要一竿子插到底，那样不仅会失却君主的体统，连六部也都不能顺利行使各自的职能。结果只会越管越乱，君王疲于奔命。

---

① 端拱：端坐拱手。

② 六卿：吏、户、礼、兵、刑、工六部尚书（相当于部长），称为六卿。

③ 五官：指的就是"眉、眼、耳、鼻、口"。

修习心性，心是不能“逐物”的，心只能以天理为主。坚守天理如同君王垂袖治天下。世界是动的，人的五感六识也无时无刻不在动，心如何守呢?

举个例子，飞机导航用的是陀螺仪，无论飞机在空中如何动作，陀螺仪都必须稳定在一个方向上，这个方向便是基准。如果导航陀螺仪的方向不停地动来动去，飞机肯定是要出事故的。

心和五感六识的关系，与此相似。心通过五感六识和世界产生联系和交流，心的主宰是天理，顺应天理才是致良知。

主次顺序就是如此，不可以颠倒。一旦本末倒置，必然要出事，只是时间早晚和事情大小的区别。道理本就如此。

【071】
存养良知

【原文】

“善念发而知之，而充之，恶念发而知之，而遏之。知与充与遏者，志也，天聪明也。圣人只有此，学者当存此。”

【老刘说】

这部分也是谈立志的，立志就是心里随时随地时时刻刻保持良知充盈的状态，有善念就发扬，有恶念就遏制。对恶念随时警醒，就像猫捉老鼠，有一点儿动静决不放过。“天聪明”是指心体的“知觉、扩充、遏制”能力。

“知觉”是这三者的基础，“扩充”和“遏制”都是在“知觉”先行处理后才进行的环节。

这部分涉及实修的具体问题。“实修”不是看书背书就能解决的，也不是靠逻辑推理和强行控制所能解决的，而是要从收束心猿意马入手，触摸到心体才算摸到门，之后才是观照气机流行，根据“四端”做出正反判断。

心体没有贪嗔好恶攀附，廓然大公的时候，对事物的感知，对善恶的判断，会与天理良知合拍，时时保持中和状态，对外表现就是仁、义、礼、智、信。

心体被私欲遮蔽，就会产生误判，口口声声仁义道德，实际行为却是伤人伤己而不自知。人性是复杂的，不能简单地脸谱化，人是不能简单地分为好人和坏人的。聪明的人只是善于引出别人心中光明的一面而已。

“圣人只有此，学者当存此。”圣人心体纯熟，自然和天理合拍。而学者还达不到这个高度，所以要有个“存”字在心头，时时警醒，不可间断。

【072】
私心杂念的真相

【原文】

澄曰："好色、好利、好名等心，固是私欲，如闲思杂虑，如何亦谓之私欲?"

先生曰："毕竟从好色、好利、好名等根上起，自寻其根便见。如汝心中决知是无有做劫盗的思虑，何也?以汝元无是心也。汝若于货、色、名、利等心，一切皆如不做劫盗之心一般，都消灭了，光光只是心之本体，看有甚闲思虑?此便是寂然不动，便是未发之中，便是廓然大公；自然感而遂通，自然发而中节，自然物来顺应。"

【老刘说】

陆澄问先生："好色、好利、好名这些事情，谁都知道是私欲，一些闲思杂虑是不是也要归到私欲的范畴呢?"

能问出这样的问题，说明陆澄在心体修炼上，已经达到了一定境界。只有实修到一定程度，才能感觉到心体气机流行的微妙之处，所以会产生如此的困惑。

"闲思杂虑"这里指的是各种杂念，这些杂念往往也是有所指的，人在胡思乱想时可能会想好的，也可能会想坏的。会想到自己中彩票，也会想到自己的航班延误等。这些"闲思杂虑"的背后，其实都是我们对货、色、名、利等的患得患失。如果真的能做到放下货、色、名、利，来去从容，坦然面对生死，也就不可能在平时胡思乱想了。从这个角度，"闲思杂虑"居于私欲的衍生部分。

没有深入实修的平常人，总是妄念如惊雷，一旦闲下来，就会冒出一个念头，一个念头没完，又接着冒出另一个念头，而这些念头往往是没什么关联的。这些“闲思杂虑”只存在于想象中，并没有被付诸行动。但这些真假难辨的闲思杂虑，最终会遮蔽你的良知。

阳明先生反问陆澄，他会不会有打家劫舍杀人放火的闲思杂虑呢？显然没有，因为他的心里从来就没有过劫盗的想法，也就是说压根就没起过这样的心思。

从货、色、名、利衍生出来的各种碎碎念，跟劫盗是一样的道理，如果把货、色、名、利清除得干干净净，这些碎碎念自然也就不会出现了。

心中无一丝一毫的私心杂念，就如同一面镜子，物来则照，物不来则空。空不是什么都没有，而是处于未发之中的等待状态，如同弓箭手弓开如满月，引弓待发的状态。

南怀瑾先生提到一种境界，叫“言亡虑绝，事过无痕”，这就是中和之道，有事情来了，就去应对，把它处理完了就过去了，心里不会一直存留着它的影子。心体是虚而待物、物来则应，就是一面镜子，照过的东西是不会在镜子里留下痕迹的。

【073】
什么是“气”

【原文】

问“志至气次”。

先生曰：“志之所至，气亦至焉之谓，非极至、次贰之谓。‘持其志’，则养气在其中；‘无暴其气’，则亦持其志矣。孟子救告子之偏，故如此夹持说。”

【老刘说】

“志至气次”出自《孟子·公孙丑上》，原文是：“夫志，气之帅也；气，体之充也。夫志至焉，气次焉；故曰：‘持其志，无暴其气。’”

“志”，按照东汉赵岐的注解，“志，心之所念虑也”，譬如，去北京天安门，这个决定就形成了一个意识，一种观念，具有力量，督促我们前往，这就是“志”。

“气”，就是“体之充也”，我们身体里面本来就充满了气，人活着的时候，内部气机流行运转，生生不息。气是意志力合一的动元。

“夫志至焉，气次焉”，孟子认为“志”可以影响“气”，“志”是主宰、是领导“气”的，“气次焉”，气是辅助“志”的，二者相辅相成。所以人心怯的时候会出冷汗，志怯则气虚；“志”一消，气就会馁。

“持其志，无暴其气”，真正的修养，还是从内心、意志着手，体内气机充盈，人必然精气神饱满，待人处世，自会无比镇定，充满勇气和决心，当然就可以把事情处理得很好。

“志”可以控制气，气也可以影响“志”。例如拉肚子，泻得气都断了，纵然意志很强，那也是没有办法的。患抑郁症的人就是体内的气下沉得太厉害了，最后把“志”也拖到了黑暗以下，所以抑郁严重的人会自杀。

孟子也同样认为人活着就靠一股气，“气，体之充也”，气充满在身体内部，到处都是。从孟子这句“气，体之充也”，可见孟子的确是有实修功夫的。

有学生问《孟子》中关于“志至”和“气次”的问题，先生回答说，“志”和“气”是一个硬币的两面，是一体两面的事情。“志”在的地方，“气”肯定会出现，“气”在的地方，“志”也必然会存在，它们之间并不存在谁主谁次的问题。

持守志向，还需养气其中。立志正，身体里自然就有一股浩然正气，无所畏惧，虽万千人吾往矣！

一个人心中充满良知，身体里自然就会充满正气，流露出来的自然是阳光喜乐；一个人整天很悲观，总在想今天会不会很糟糕，事情会不会很糟糕，万事都往坏处想，身体里的气自然就会沉下去，流露出来的自然是颓废悲催。

【074】

圣人应对问题的妙法

【原文】

问："先儒曰：'圣人之道，必降而自卑。贤人之言，则引而自高。'[①] 如何？"

先生曰："不然。如此却乃伪也。圣人如天，无往而非天，三光之上，天也，九地之下亦天也，天何尝有降而自卑？此所谓大而化之也。贤人如山岳，守其高而已。然百仞者不能引而为千仞，千仞者不能引而为万仞，是贤人未尝引而自高也，引而自高则伪矣。"

【老刘说】

有学生问，程颐先生说，圣人都是平易近人的，而一些常人却总喜欢不懂装懂、故弄玄虚，这是为什么呢？

真正的牛人，知道自己很牛，是心有敬畏的，表现出来就是很谦恭很平易近人。相反，一瓶子不满，半瓶子晃荡的人，则喜欢故弄玄虚，漫天吹牛，喜欢万众仰视，用现在的流行词讲，就是喜欢"装"。

把文中的"伪"字，直接理解成"装"，这一段就全明白了。圣人的水平已经是大象无形的高度了，别人看的时候自然就是高山仰止，所以圣人是没有任何必要去装的。圣人的的确确水平高，大家也都知道，只要做好本色就可以了，自然而然就是平易近人。

---

① 《论语集注》："程子曰：'圣人之教人，俯就之若此，犹恐众人以为高远而不亲也。圣人之道，必降而自卑，不如此则人不亲。贤人之言，则引而自高，不如此则道不尊。'"

自己远远达不到贤人的水平，又担心别人瞧不上，就必然要装一装，这也是人性使然。

举个浅显的例子，一般单位的大领导，对于基层具体干活的人，都是比较和蔼可亲、平易近人的，下基层视察时，和工人说话都非常客气，非常有礼貌。但关门开会的时候很有可能骂干部骂得狗血淋头的。

大领导的位置已经足够高了，基层的人一看就知道这个人是谁，心里先入为主就会对他很尊重，这个时候，做大领导的就没有任何必要再去靠“装”来提高自己的威信了，也没任何意义。

反过来做基层管理位置的主管，就没那么容易了。如果主管一点儿“威”都没有，有事的时候，往往很难指挥得动人。

“唯女子与小人为难养也，近之则不孙，远之则怨。”（出自《论语·阳货》)，这句话不是贬低女人的意思，而是说有这么一类人，不太懂得事理，做事很感性，经常被情绪控制着，由着自己性子来。套用言情小说的话就是“爱你就把你捧上天，恨你就把你踩入十八层地狱”。孔子这句话的重点在后面“近之则不孙，远之则怨”，意思是跟这类人关系走得太近了，他们就会蹬鼻子上脸，摆不正自己的位置；一旦疏远他们，他们就会心生怨恨，心里的念头往往是“你凭啥原来对我那么好，现在却对别人好，而对我不好了，那我就干点儿损人不利己的事，我就是要给你添堵，以解心头之恨”。

圣人已经达到出神入化的水平了，就算他趴在地上，别人一样会对他仰视。高度达不到的时候，只有靠踩桌子踩板凳，来显得自己比较高。

人都是缺啥补啥的。靠金链子和奔驰宝马提高身份的人，往往不是什么真正的有钱人。四处炫耀说自己昨晚吃鲍鱼龙虾的人，很可能平常与这些东西是无缘的。

【075】
心性实修不能刻意求静

【原文】

问："伊川谓'不当于喜怒哀乐未发之前求中'，延平却教学者看未发之前气象，何如？"

先生曰："皆是也。伊川恐人于未发前讨个中，把中做一物看，如吾向所谓认气定时做中，故令只于涵养省察上用功。延平恐人未便有下手处，故令人时时刻刻求未发前气象，使人正目而视惟此，倾耳而听惟此，即是'戒慎不睹，恐惧不闻'的工夫。皆古人不得已诱人之言也。"

【老刘说】

伊川先生，即程颐，字正叔，世称伊川先生。程颐与其胞兄程颢同学于周敦颐，共创"洛学"，为理学奠定了基础，世称"二程"。程颐的著作有《周易程氏传》《二程遗书》（与程颢合著）、《伊川经说》等，被后人辑录为《程颐文集》。

延平先生指的是李侗，为程颐的二传弟子。李侗对朱熹十分器重，把贯通的"洛学"传授给了他。朱熹不但承袭了二程的"洛学"，还综合了北宋各大家思想，从而奠定了他一生学说的基础。

有学生问，在心性实修的过程中，程颐先生认为不应该在喜怒哀乐未发之前就去观照心体的状态，去求那个"中"。而李侗先生却说应该观照未发之前的心体状态。两个人说的互相矛盾，究竟该听谁的呢？

阳明先生回答说，这两种说法都对，他俩只是侧重点不同而已。程颐先生强调的是不可落入“枯禅”，也就是实修入静功夫，不能堕入顽空、断灭空。我们之前讲过气定不是“中”，“中”的本意是“不偏不倚”，程颐说的“求中”的“求”字，已经存了人为刻意的意思了。刻意去求，就成了“求静之心即动也”，已经不是静，而是在动了。

在气机流行中自然定得住，才是“中”。过分追求“定”，反而容易偏离正道。心体是活泼泼的，不能陷入槁木死灰的状态。

心体如镜，镜子时时刻刻准备着照物，这是“中”，把镜子反扣过来，什么都不照，而又假装外物不存在，就是掩耳盗铃了。隔断心体的知觉功能，认为这样的心体不动就是“中”，这样就成为“枯禅”了。

程颐先生讲的是心性实修不能刻意求静，而是应该勿忘勿助，顺应自然地去求静。就像种下一粒种子，如果每天都过去把土刨开看看它是否发芽了，天天这么折腾的话，本该发芽的种子，估计也会废了。正确的操作是把种子种下之后，按时浇水施肥就行了，勿忘勿助，自然而然，种子就会生根发芽茁壮成长。

李侗先生讲的是针对初学者的，也就是心性实修的入门功夫；程颐讲的是针对有一定基础的人。两个人面向的对象是不同的。

阳明先生在讲修心的次第的时候，提到“初学时心猿意马，拴缚不定，其所思虑，多是‘人欲’一边，故且教之静坐息思虑”。李侗讲的就是通过“息思虑”达到“静”状态。通过入静功夫，收束心猿意马，克制心中的私心杂念。

如同刚开始学驾驶，开车上路的时候，一定要盯住三块镜子，才能时时知晓车周边的状况，而成了老司机之后，就不用再刻意看镜子了，眼睛自然而然就会留意镜子。

【076】
私欲的病根

【原文】

澄问："喜怒哀乐之中、和，其全体常人固不能有。如一件小事当喜怒者，平时无有喜怒之心，至其临时，亦能中节，亦可谓之中、和乎？"

先生曰："在一时一事，固亦可谓之中、和，然未可谓之大本、达道。人性皆善，中、和是人人原有的，岂可谓无？但常人之心既有所昏蔽，则其本体虽亦时时发见，终是暂明暂灭，非其全体大用矣。无所不中，然后谓之大本；无所不和，然后谓之达道。惟天下之至诚，然后能立天下之大本。"

曰："澄于中字之义尚未明。"

曰："此须自心体认出来，非言语所能喻。中只是天理。"

曰："何者为天理？"

曰："去得人欲，便识天理。"

曰："天理何以谓之中？"

曰："无所偏倚。"

曰："无所偏倚是何等气象？"

曰："如明镜然，全体莹彻，略无纤尘染着。"

曰："偏倚是有所染着，如著在好色、好利、好名等项上，方见得偏倚；若未发时，美色、名、利皆未相着，何以便知其有所偏倚？"

曰："虽未相着，然平日好色、好利、好名之心原未尝无；既未尝无，即谓之有；既谓之有，则亦不可谓无偏倚。譬之病疟之人，虽有时不发，而病根原不曾除，则亦不得谓之无病之人矣。须是平日好色、好利、好名等项，一应私心扫除荡涤，无复纤毫留滞，而此心全体廓然，纯是天理，方可谓之喜怒哀乐未发之中，方是天下之大本。"

【老刘说】

陆澄问阳明先生，碰到的每一件事情都做到符合中和之道，有点儿强人所难了。对平常人来说，这几乎是不可能完成的事情。好马也有失蹄的时候，老虎也有打盹的时候，如果有某一件小事没有做好，没有达到中和，喜怒之心没能控制好，但其他事情都做得很妥当，都达到了中和之道的标准，这样算不算中和呢？

陆澄要表达的意思是：我平常在外面的时候处理事情都能做得很好，在待人接物方面，大家都觉得我是个谦谦君子，温润如玉。但是回家了之后，偶尔会因为一点儿小事发个脾气什么的。虽然我不能一直保持所作所为都符合中和之道，但我给自己打分也能达到 90 分以上了。这应该算是做到"中和"了吧？

阳明先生说，就某件事情来评价是否达到中和是可以的，但不能说达到了大本、达道的高度。就像一段路况很复杂，你顺利开过去了，并不代表你一辈子都是个好司机，只能说明你这次开得比较好而已。

修行是一辈子的事情，只有盖棺才能定论。况且中和之道本来就是人天生该有的，只是平常人被私欲遮蔽，有时候能表现出来，有时候表现不出来，处于一种时有时无的状态。所以在某些事情上能够做到符合中和之道，没什么好自满的。

人性里总是有善存在的。这个人十恶不赦，心里难道一点点善念都没有吗？显然不是这样的。2008 年的时候，我接触过一个心理辅导方面的专家，这位老人有四十几年的时间都在监狱系统给罪犯做心理辅导，对人性阴暗一面的理解比平常人深入得多，当时问了他一个问题："您觉得有多少人，本质上就是坏人呢？"老人沉思了至少有五分钟，然后回答说："如果从这些人的成长经历和原生态家庭，以及种种外部因素来说，我觉着我四十几年里，遇到的真正能称得上坏人的人只有一个。其他的人都是有能理解但不能被原谅的理由而成为罪犯的。”

人性本善，中和是人人原有的，“愚者千虑，必有一得”，一个人再不会办事，办事多了，中间肯定也会有那么一两件事情办得比较妥当。常人的心经常被遮蔽，如同云遮月一样，当月被遮住的时候，自然就没有办法照亮大地了。

再比如用电饭锅煮饭，就算水和米的比例很恰当，如果电通一会儿断一会儿，最后煮出的饭也是夹生的。要想做出可口的米饭，就要保持一直通电的状态。修身要想达到大本和达道的境界，就要始终保持良知在线，不能有丝毫懈怠。良知始终充盈于心体，就是存个天下之至诚。

陆澄说：“‘中’字的意思，我没有完全明白。”

阳明先生说：“这个事情，叫妙不可言，你只能在实修中体会，用语言是没办法说清楚的。”

这个“中”是心体的一种状态，没办法用语言和文字说清楚。一般实修到一定的阶段，能明确感觉到心体的气机流行的时候，就知道“中”代表的意思了。

这里打个比方，浅显地说一下“中”的状态。即神箭手开弓如满月，在瞄准目标发射前一瞬间的状态，就是“中”。阳明先生定义“中”就是天理，也就是此时心体状态与天理运行是完全吻合的。

陆澄接着问，什么是天理呢？

阳明先生回答说，去掉人欲，呈现出来的就是天理，也就是心体没有贪嗔好恶的攀附，表现出来的自然状态。

《周易·系辞上》讲“精气为物，游魂为变”，“精气为物”，谓阴阳精灵之气，氤氲积聚而为万物也。“游魂为变”，指物既积聚，极则分散，将散之时，浮游精魂，去离物形，而为改变，则生变为死，成变为败，或未死之间，变为异类也。

阳明心学中对“物”的定义，在《传习录·答顾东桥书》中有讲到，原文是“意之所用必有其物，物即事也”。事在心体内就是一股气，这也是《周易·系辞上》中“精气为物”的意思。格物是“正其不正以归于正”，要正的就是这股气。

我们讲“天理”，讲“中”，讲“心之本体”，讲“心性”等，讲的都是一个称谓。没有贪嗔好恶攀附的心之本体，是一股纯粹的气，无所偏颇，没有倾向性，只有顺应天道，这就是“无善无恶心之体”的状态。一旦有知觉进入，“意”开始动了，就有了是非善恶，这就是“有善有恶意之动”。

“心如明镜”，心体就像一面镜子，镜子里边是什么都没有的，只要有物从镜子前面过，镜子就能显出物的相。心体攀附贪嗔好恶的时候，照出来的东西就会变形。正常的镜子照花是花，照鸟是鸟，如果出现变形，就会照花不是花，照鸟不是鸟了。镜子随时都是准备照物的，这就是“中”的状态。南怀瑾先生说“言亡虑绝，事过无痕”，即指心如明镜的状态。

究竟“心如明镜”的感觉是什么样子呢？这个真的没办法用语言和文字说清楚。就像有人问你饿不饿，如果你没有被饿过，又怎么知道“饿”究竟是怎么回事呢？就像一个男人永远没办法真正知道痛经是怎样一种痛一样。心学的大头是实修，仅仅读书是没多大用处的，只有踏踏实实地实修，才能在某一天真正体会到“心如明镜”是什么样子。

陆澄接着问，“偏倚”是指本来应该保持“中”的状态的心体被好色、好利、好名等私欲拖偏了，但是在喜怒哀乐未发的时候，名、利、美色都没有着相，又如何有“偏倚”呢？

阳明先生回答说，虽然他说的这个阶段看似没有名、利、美色的影响，实际上只是好色、好利、好名之心隐藏得比较深，没有直接表现出症状而已。比如乙肝病人中，就有无症状乙肝病毒携带者这种说法，指的是没有肝炎的症状和体征，乙肝表面抗原（HBsAg）阳性持续半年以上，肝功能指标正常的乙肝病毒感染者。但你不能说这类人是健康无病的人。

如果心是一块地的话，不想让地里生出杂草，就必须把杂草清理干净，不光是把地面部分清理干净，还要把地下部分也清理干净，斩草除根，只有这样，这块地才不会再生杂草。如果不能彻底清理干净，有合适的机会，杂草还会生发出来。

【077】
颜子没而圣学亡

【原文】

问："'颜子没而圣学亡'[①]，此语不能无疑。"

先生曰："见圣道之全者惟颜子，观'喟然一叹'可见。其谓'夫子循循然善诱人，博我以文，约我以礼'[②]，是见破后如此说。博文、约礼如何是善诱人？学者须思之。道之全体，圣人亦难以语人，须是学者自修自悟。颜子'虽欲从之，末由也已'即文王'望道未见'意。望道未见，乃是真见。颜子没而圣学之正派遂不尽传矣。"

【老刘说】

陆澄问阳明先生："您之前讲颜回去世了，圣学就没有继承了，这话是不是讲得太过于武断了。"

阳明先生说，在孔子的众多弟子中只有颜回窥见圣道全貌。从他那喟然一叹中可以看出，颜回说"夫子循循然善诱人，博我以文，约我以礼"，只有真正懂得其中精髓的人，才能说出这样的话。

孔子善于因材施教，循循善诱地引导教育学生。每个人的资质和成长经历不同，看世界的角度和方式也是不同的，孔子能敏锐地洞悉这一点，如看水盆中的鱼一样，清清楚楚明明白白，行之有效的教育方法也就信手

---

① 王阳明《别湛甘泉序》"颜子没而圣人之学亡。"

② 《论语·子罕》："颜渊喟然叹曰：'仰之弥高，钻之弥坚，瞻之在前，忽焉在后！夫子循循然善诱人，博我以文，约我以礼，欲罢不能。既竭吾才，如有所立卓尔。虽欲从之，末由也已！'"

拈来。

我们之前讲过，文字和言语是没有办法承载所有要表达的信息的，就算是圣人也没办法。比如说“饿”字，如果你从来就没有挨过饿，无论别人怎么和你描述挨饿的痛苦，你都没办法搞清楚究竟什么是“饿”。如果你两天不吃饭，不用别人和你说，就全知道了。从这个角度来讲，阳明心学是必须实修的，修心性只能通过自修自悟，书本和老师只起点化的作用，如果自己没悟到，是没用的。修心性是一个必须向内求的事情，没有其他路径可走。

颜渊对孔子的评价非常高，“仰之弥高，钻之弥坚”是说在孔子身上，总能不断发现更高的东西，追随者永远趋近，但永远无法企及孔圣人的高度。“瞻之在前，忽焉在后”是说在孔圣人身上能清晰地看见“道”，却始终无法真正达到他的水准和高度。

“颜子没而圣学亡”，这句话的字面意思是“颜回死后，圣学的正宗就没法完全流传下来了”。阳明先生要表达的意思是，圣学归根结底是人学。“道”是看不见摸不着的，“道”是需要载体的，这个载体就是具体的人。

一个人的举手投足，音容笑貌，作止语默，让“道”不再是一个抽象的形而上的概念，而变得具体可感。颜回刚好是一个可以承载“道”的人。颜回去世了之后，圣学载体悠悠千年，没有人能代替得了他的这个位置。

我们的文化一直有“圣学系于一人之存亡”的传统观念。和宗教有一个高高在上住在天国的神不同。儒学标榜“子不语怪力乱神”，不讲来世和彼岸，强调“未知生，焉知死”、活在当下。儒家思想对现世“圣人”怀有极高的期待。儒家坚信，一代民风的塑造，可以通过一个“圣人”的德化而达到“化民成俗”的目的。天下有圣人出，就会教化众人，让整个天下达到大同。

在众多弟子中，孔子最中意的莫过于颜回，本指望他能在自己百年之后，继承衣钵，将儒学发扬光大，可惜天妒英才，颜回三十二岁即去世。颜回的死对孔子的打击是巨大的，因为颜回是唯一一个被孔子认为是掌握了“道”之全体的人。

人类在天地自然中，无疑是渺小的。天命对于人而言，可以分为两部分。一部分是人力可以企及的，影响的；另一部分是老天爷决定的，比如人的生老病死，以及难以预料的天灾人祸。

生老病死和天灾人祸每个人都怕，但怕也必须面对，因为没得选择。在这种巨大阴影中，儒家以“朝闻道，夕死可矣”的精神，以一种“先尽人事，后信天命”的刚健不屈的态度，用“修齐治平”的入世治世的方式，担当起引领人类文明发展的伟大责任。

【078】
身、心、知、意

【原文】

问："身之主为心，心之灵明是知，知之发动是意，意之所著为物，是如此否?"

先生曰："亦是。"

【老刘说】

"身之主为心"，对儒学中"心"的解释比较准确的是《康熙字典》："孔疏'得气之本，故巡四时，柯叶无凋改也，心谓本也。又中也。心在身之中。'"

孔颖达（574—648），唐朝经学家，孔子的第31世孙。曾奉唐太宗命编纂《五经正义》，该作融合了南北诸多经学家的见解，是集魏晋南北朝以来经学大成的著作。

人身有气息充塞其中，心就是天地之气落到躯壳上的根本，失去这个根本，人就只剩躯壳了，如同没有软件系统的电脑，只是硬件的组合，什么都做不了。

真正决定行动的是心，思维只是心的延伸部分。心能决定身体的所有行动，注意是"决定"；思维能影响心，但不能绕过心去决定身体的行动。心如君王，思维如大臣，大臣是不能绕过君王左右天下的。以前讲过关于失眠的例子，最终决定你能不能睡得着觉的是心，不是思维。

"心之灵明是知"，"灵"是说感知触及就会有反应，"明"是说心就像面一尘不染的镜子，有外物从前面过，马上就能照出来。这里"知"的意思是“知觉”。

“知之发动是意”，这个“意”字，是会意字。从心从音，合起来表示发自内心的声音。根据“有善有恶意之动”理解，个人觉得“意”是指“四端”的发动，也就是“恻隐之心”“羞恶之心”“辞让之心”“是非之心”。当心感知到物的时候的一涌动，就是“意”。

“意之所着为物”，“如意在于事亲，即事亲便是一物；意在于事君，即事君便是一物；意在于仁民爱物，即仁民爱物便是一物”，这里的“物”就是具体到“事”上的一股气。格物的“格”，是“正其不正以归于正”，“物”指的是这股关注到“事”的气。“格物”就是把这股气导正，让天理落在心之本体上，气机流行成为浩然正气，充盈流动于体内。

陆澄问阳明先生：“我这么理解是不是对的？”

阳明先生回答：“这样理解是对的。”

【079】
过去未来思之无益

【原文】

“只存得此心常见在，便是学。过去未来事，思之何益？徒放心耳。”

【老刘说】

儒家强调“活在当下”，强调“未知生，焉知死”，和宗教不同，宗教是讲彼岸，强调来生的。南怀瑾先生说“言亡虑绝，事过无痕”，意思是话说了之后，就放下了，事做完了之后，就翻页了，就不再去想了。心应该像一面干干净净的镜子，有东西从镜子面前经过，镜子就映出这个物，做出反应；这个物从镜子面前扫过去了，镜子里空空如也，就把这个物放下了。

比如失恋了，可以总结一下经验教训，想想下一步做什么，如果沉溺于以前的忧伤和懊悔之中，反复琢磨这些事，不断煎熬自己，对未来的生活和人生质量是没有任何帮助的，甚至还会起负面作用。

关于未来之事，比如一些女性朋友结婚了之后，一天到晚总担心自己男人出轨，其实同样没多大用处。因为这种事情不是靠看就能看得住的，也不是担心就能阻止得了的，与其把心思和精力花费在这个上面，还不如做好自己的本分，让自己更好地成长，效果反而更好。关于夫妻之间的“忠诚”，这个“忠”字，就是“尽心”的意思，对自己的爱人是否足够尽心，对这个家庭是否足够尽心；“诚”字，就是“不欺”的意思，“不自欺”，也不“欺人”。

过去、未来之事不必过于在乎，把心放下，活在当下，好好做好眼前这些事，好好珍惜身边的这些人，对自己的人生、对自己的入世都是有利无害的。

【080】
说话颠三倒四的原因

【原文】

“言语无序，亦足以见心之不存。”

【老刘说】

人如果说话颠三倒四，说明自己没有真的搞懂。我们要和别人说清楚一件事，如果自己心里都没搞明白，是没办法和别人说清楚的。

从修心性的角度来说，言为心声，如果一个人说出的话没有次序，没有条理，东一句西一句，完全没有章法，说明这个人心里是乱的，是内心没有存养好天理的表现。

存养好天理的时候，体内的气机流行是秩序井然的，是条理清晰的，内心是胸有成竹的，这个时候说出来的话，自然中心明确，逻辑严谨。如果体内的气机流行是紊乱的，内心必然纷乱如麻，处于六神无主的状态，讲出来的话自然是东一榔头西一棒子，中心模糊，逻辑混乱。

【081】
心随自然便是不动心

【原文】

尚谦[1]问孟子之不动心与告子异[2]。

先生曰："告子是硬把捉着此心，要他不动；孟子却是集义到自然不动。"又曰："心之本体，原自不动。心之本体即是性，性即是理。性元不动，理元不动。集义是复其心之本体。"

【老刘说】

薛侃问先生，孟子讲不动心，告子也讲不动心，那么他俩讲的不动心有什么区别？

阳明先生说，告子讲的不动心，是通过外力强行把心按住，孟子讲的不动心，是通过"集义"使心自然不动。

告子的意思是通过一些手段让心不动，比如制定法律规定不能杀人，凡是杀人的都拉出去砍头；不能偷东西，偷就剁手，让心怀不轨的人心里害怕，不敢干坏事。孟子的意思是把思想工作做通，让人发自内心地觉得这事不能干。

打个比方，夫妻过日子，妻子对丈夫表明立场："你不能跟别的女人暧

---

① 尚谦：薛侃（1486—1546），字尚谦，号中离，广东潮安人。从学阳明四年，致仕后，致力传播阳明之学，辩护甚力。

② 《孟子·公孙丑上》："（公孙丑）曰：'敢问夫子之不动心与告子之不动心，可得闻与？''告子曰："不得于言，勿求于心；不得于心，勿求于气。"不得于心，勿求于气，可；不得于言，勿求于心，不可。夫志，气之帅也；气，体之充也。夫志至焉，气次焉；故曰："持其志，无暴其气。"'"

昧，你要敢跟别人暧昧，我就和你离婚!”这是告子的思路；而妻子做好自己的本职，相夫教子，对丈夫很好，让丈夫觉得做人要有责任心，有这么好的妻子，就应该珍惜家庭关系，如果和别人暧昧，会伤害到家庭关系，自己的心里会过不去，所以不能做，这是孟子的思路。从最根本处入手，心中常存天理，自然而然就做到不动心了。

“集义”，按照朱熹的注解，“集义，犹言积善，盖欲事事皆合于义也。”而“义者，宜也”。合在一起，就是“时时处处做适宜的事情”。“集义”指人心“常应常寂，动静皆有事焉”。“常应”指心是活泼泼的，不是空的；“常寂”指心必须以“恒定不动”的天地之道为准绳。“必有事焉”说的是心体常存天理。心的本体就是性，性即理。集义就是恢复心的本体。良知行事的依据是天地运行之道，偏离了这个道，就是私欲作祟了。

【082】
心静和精一之功的理解

【原文】

“万象森然时，亦冲漠无朕，冲漠无朕即万象森然。冲漠无朕者，‘一’之父；万象森然者，‘精’之母。‘一’中有‘精’，‘精’中有‘一’。”

【老刘说】

“冲漠无朕”“万象森然”在前面的21小节已经说过了。

天地万物的“道”都是具备了的，物的“理”先于“物”存在，物的发生或者应对只不过是对早已存在的“理”再次践履一番而已。

就像一棵大树，从根到叶是个“一以贯之”的整体，是不可分割的。至于看不到摸不着的那个树的“理”，不是后来才被放进树中的，而是在树存在之前就有的，所以不能说先有了树而后才有树的“理”。

“冲漠无朕”，这里“朕”的意思是征兆，也就是“未发之中”的状态，是说感觉已经来了，处于一种引弓待发的状态。“冲漠无朕”是针对本体来讲的，是心定的状态，也就是天理充盈于心之本体，气机流行活泼泼的状态。即无论现在外边发生什么变化，心里都已做好了准备。如同一面擦拭得干干净净的镜子，无论什么“物”从前面过，都可以照得毫发毕现。

“万象森然”，是指外边的“物”已经到位准备动了。万象森然，就是应变，无论有什么变化，都已经有应变的办法了。《孙子兵法》的“知己知彼，百战不殆”，不是说打一百次仗都不会输，而是说无论敌方怎么用兵，都有应对的办法。

我们在 25 小节讲过“精一”，并举了个例子，把稻子变成大米的过程就是“精”，得到的晶莹剔透的大米就是“一”。从这个角度来讲，“冲漠无朕”就是“一以贯之”的“一”的父亲。“万象森然”就是“精”之母，无数种现象，不断地筛选、应对，不断地“事上磨”，这个过程就是“精”。这无数种现象的存在，才有“精”功夫不断。

【083】
好的心念亦需要“格”

【原文】

“心外无物。如吾心发一念孝亲，即孝亲便是物。”

【老刘说】

阳明先生说：“本心之外是没有物存在的。我的心中产生了孝亲的念头，孝亲就是个物。”

关于“心外无物”前面反复讲过了，“物”是指本心里“意”指向的东西，也是那个动的那个东西。本心知觉到，有指向性了，“物”就出现了。

比如说今天又降温了，你觉得很冷，去商场买件羽绒服，忽然想起老母亲在老家会不会也很冷，会不会也没有羽绒服穿。这心念一动，就是“行”的发动，是有明确指向性的，就是对老母亲的孝心。这个一念一发，后面的事情就顺下来了，就会给老母亲打个电话，问一问天气怎么样，然后选一个合适的尺码，给老母亲买件羽绒服寄过去，这就是孝亲。

心念一动，心里的气机流行，有知觉有指向，这就是“物”。没有知觉到的，或者说根本没感知到的“物”在心里是不存在的。这就是“心外无物”的道理。

《大学》里讲“格致诚正”时，“格物”“致知”“诚意”这三项都在“正心”前面，可见这三项都没超出“正心”的范围，所以“格物”的“物”还是心内的，不是心外的。

【084】
存养良知需要连贯

【原文】

先生曰："今为吾所谓'格物'之学者，尚多流于口耳，况为口耳之学者，能反于此乎！天理、人欲，其精微必时时用力省察克治，方日渐有见。如今一说话之间，虽只讲天理，不知心中倏忽之间，已有多少私欲。盖有窃发而不知者，虽用力察之，尚不易见，况徒口讲而可得尽知乎！今只管讲天理来顿放著不循，讲人欲来顿放著不去，岂'格物''致知'之学！后世之学，其极至，只做得个'义袭而取'[①] 的工夫。"

【老刘说】

这段比较通俗易懂，不太容易看懂的是"义袭而取"这四个字。"袭"字有两种释义，这里都说一下。

"袭"字从龙，从衣，龙的衣服。本义：蛇所蜕之壳。说明：蛇或其他蜕皮动物有在生长过程中一次或多次脱去外皮的现象，这种现象在生物学上叫作"蜕皮"。汉语词中"承袭""因袭"都是"穿上旧外套"的意思。"花香袭人"是指"花的香味像一件罩衣包裹住游人"。

"袭击""突袭""夜袭"是指军队身着伪装服突然发动进攻。所以"袭"也有突然发动的意思。

---

① 《孟子·公孙丑上》："是集义所生者，非义袭而取之也。"

“义袭”既有平时没有良知，偶尔良心发现就做做好事，也就是突然突击做一件好事的意思；也有内外不一，用“义”伪装在外面的意思。

“义袭而取”：只是偶尔合于“义”就想要心体充盈天理，身有浩然之气是不可能的，人在存养内心天理的功夫上是有连贯性的。纵然是十恶不赦的坏人，一辈子也会做过几件好事。仅仅依靠偶尔的合于“义”，就妄图“克己成圣”，无异于痴人说梦。

《孟子·公孙丑上》在解释“义袭而取”时，举了“揠苗助长”的例子。通常的理解是人不能急于求成，要按照客观规律办事。不过，这只是浅层次的理解，从修心性的角度来讲，它其实说的是一个人心中良知的充盈，就像地里禾苗的生长一样，无声无息，却又时刻不停。揠苗助长，就是妄图通过一次性的集中式努力，实现质的突破。这显然不符合自然的规律，结果必然是“欲速则不达”。

正确的态度应该是“勿忘勿助”。“勿忘”就是不要忘记照顾禾苗，该浇水就浇水，该施肥就施肥；“勿助”就是不要急于求成，不要干扰禾苗的自然生长。修身也是同样的道理。

阳明先生说：“现在跟着我学格物的人，大多数只是口耳相传而已。”他们根本就没往心里去，更别提实修了。看似很努力用心，其实只是叶公好龙，结果只是增加谈资而已，对心性的帮助微乎其微。

只有真正实修才会知道其中的精微之处。一个人口中讲着天理的时候，心中不知道藏着多少私欲。私欲导致攀附在心体上的贪嗔好恶潜滋暗长，实修者全然无知，即便让其时时刻刻去体察，尚且很困难，更何况是那些完全没有实修，而仅仅只是在口头上说说的人呢？

口中讲着天理，却不去遵循；谈着私欲而任其留存不知道去除，这只是光说不练的花架子，是没什么实际意义的。就像学开车，就算把操作手册背得滚瓜烂熟，没有实际开过车，是什么用处都没有的。格物修心必须随时随地去用功，不能光是说一说听一听就完了，这样是达不到修心性的目的的。要靠实修，真的踏踏实实去做，才能从量变到质变。

阳明先生最后感叹说，后世的很多所谓学者，不过是用偶然合乎天理的举动博了个好名声而已。

【085】
正其不正以归于正

【原文】

问格物。

先生曰："格者，正也，正其不正以归于正也。"

【老刘说】

有学生向阳明先生请教格物的含义。

阳明先生说，"格"是纠正的意思，纠正不正确的使它归正。就像开车，看到车有点儿偏离车道了，就动一下方向盘，让车回到车道上。

心学实修，"格"的重点是观照心中一涌动的时候，有没有贪嗔好恶攀附在心体上。如果有，就要去除它们，引导心体回到正确的方向。贪嗔好恶源于好名、好色、好利的私欲，有贪嗔好恶攀附心体，就等于我们戴着有色眼镜看外面的世界，所看到的其实是眼镜的颜色，而不是真实世界的颜色。

心中念头一涌动，就要反问一下自己，这么做是不是因为自己有贪心？是不是因为名声或者面子？是不是因为对这个女子有非分之想？有没有推己及人，将心比心？

顺着这个根子就能知道心体中是否存有贪嗔好恶。贪婪的根源是名利权情。愤怒是对现实的无能为力感，根源同样是名利权情。

【086】
止于至善在心里

【原文】

问："'知止'者，知至善只在吾心，元不在外也，而后志定。"

曰："然。"

【老刘说】

陆澄问阳明先生，"知止"就是明白"至善"是心内的事情，不是在外面的，行止语默这些外放行为的根源都是在自己的心中，只有坚定地相信这一点，志向才能坚定，这样理解对吗？

阳明先生表示赞同。

止于至善只在心里，不在外面，向内求才是根本。这里讲的还是"心即理"。

"知止"二字出自《大学》的"知止而后有定，定而后能静，静而后能安，安而后能虑，虑而后能得"。陆澄说这句话的时候，强调至善必须是求于内心，内心才是人的根本，修习心学不可以偏离根本。

另外，很多人看阳明心学时往往喜欢望文生义，想当然地将其划归为"唯心主义"，殊不知阳明心学和唯心主义是没什么关系的。唯物主义和唯心主义的分类方法其实是哲学中很初级的分法。

阳明心学强调的是心和外部客观事物之间的互动，而不是强调心决定一切，或者物决定一切。阳明心学讲的是天人合一，是心与外物彼此互动。真正的得道就是所行所止都是顺道而自然，如鱼得水，随心所欲不逾矩。

【087】
动静皆有事

【原文】

问:“‘格物’于动处用功否?”

先生曰:“‘格物’无间动、静,静亦物也。孟子谓‘必有事焉’[①],是动、静皆有事。”

【老刘说】

陆澄问阳明先生,格物需要在静的时候用功,那么动的时候,也就是在做事或者心乱的时候是不是也要心存格物?

阳明先生回答说,格物是不分动静的。《孟子·公孙丑上》说“必有事焉而勿正,心勿忘,勿助长也”。修心是要勿忘勿助的,时时存养良知,时时保持“未发之中”。

“必有事焉,而勿正”这句解释一下,光看字面意思不容易懂。金良年的《孟子译注》引焦循《正义》,说“正之义通于止也”,释“正”为“止”,并译为“去做一件事情必须不要中止”。而朱熹《孟子集注》则是这样解释的:“正,预期也。《春秋传》曰‘战不正胜’,是也。”

可能“不要中止”,是切合于“勿忘”;而“不要预期”,则切合于“勿助长”。反复体味,终觉得以“预期”释“正”为好。然而终是“难言”!勉强言之——没有预期,大致就是“无心”,而无心中终有“心”在,所以“勿忘勿助”,比较圆融。去做一件事情不要中止,也不要有太多预期,尽人

---

① 《孟子·公孙丑上》:“必有事焉而勿正,心勿忘,勿助长也。”

事听天命。

“勿忘勿助”，如同养花，“勿忘”就是不要忘记去照顾它，该做什么的时候做什么；“勿助”就是不要急于求成、揠苗助长，做好本分的事情，然后等着它自然生长。谋事在人，成事在天，一步一个脚印往前走，等着量变到质变，就是下学而上达的功夫。

我们平常上班的时候，日子过得好像很充实，早上两眼一睁一直忙到晚上下班，然后回到家做饭、收拾东西、带孩子、做家务等，一看表，晚上11点了，赶紧睡觉，明天还要上班。这种状态下，心里杂念不会太多。相反，一旦闲下来，什么事都没有的时候，就容易生事。

人在劳作时，身体在忙着，心体不会游离天理太远。身体虽然累，心却处于“常有事”的状态。一旦身体闲下来了，心就容易失去目标和方向，开始漫无目的游荡。心体的游荡，约等于无聊、寂寞、空虚等。产生这种感觉的根本就在于人不善于处理没有问题时的问题。

入世忙的时候，每个人都是有方向感的，这种累是身体累，心是不累的。当人要自主决定心的方向的时候，也就是回归到身心自己做主的时候，很多人都会变得手足无措。心不能垂拱而治，偏移天理的私欲就会乘虚夺权，遮蔽心体，进而控制身体。

“必有事焉”，身体劳作时，完全可以身忙而心悠然；身体闲暇时，则要慎独。

无论身体是忙是闲，心总在“事”上，不脱离天理的范围，这才是真正的“格物”。

【088】
格物致知

【原文】

“工夫难处，全在‘格物’‘致知’上。此即‘诚意’之事。意既诚，大段心亦自正，身亦自修。但‘正心’‘修身’工夫亦各有用力处，‘修身’是已发边，‘正心’是未发边。正心则中，身修则和。”

【老刘说】

阳明先生说，修习圣学功夫最难的就是格物致知。诚意是核心，意诚了，心自然就正了，即便有所偏颇，也不会太远，身也自然修了。修习的时候，还是有次第的，修身是已发这一边的事情，正心是未发之中的事情。

关于“中和之道”，前面已讲过很多了，这里不再赘述。心学功夫的难点是“格物致知”，“格物致知”实际上就是“诚意”的事情，按照《大学》所言：“物格而后知至，知至而后意诚，意诚而后心正，心正而后身修，身修而后家齐，家齐而后国治，国治而后天下平。”

诚意就是不自欺，就是心先放正。“意”是心里边发出来的“行”。“正心”是酝酿好了的万事俱备，只是没有发出来；修身是已发的“行”。

“正心”和“修身”，做功夫时，“修身”是在“已发”之处用功，“正心”是在“未发”之处用功。

“修身”是“已发”的功夫比较容易理解，在事理“发见”处循理而行，就是“修身”。

“正心”的“未发”功夫，不太容易理解，这里解释一下。

举个例子，手机在使用的时候，会有很多程序，但当下用的只有一个程序，比方说你正在使用导航，用的就是导航的程序，其他暂时不用的程序，比如微信，则都在后台运行。“未发之中”就像后台运行的程序，虽然具备，但没有在当下使用，这就是“未发之中”的东西，后台程序虽然没有被使用，但并不能说没有，一旦你需要使用，随时可以切换出来。当然，前提是你的确安装了，并且在后台运行中。

【089】“格致诚正修齐治平”就是“仁”

【原文】

“自‘格物’‘致知’至‘平天下’，只是一个‘明明德’，虽‘亲民’亦‘明德’事也。‘明德’是此心之德，即是仁。仁者以天地万物为一体，使有一物失所，便是吾仁有未尽处。”

【老刘说】

《大学》讲“格物、致知、诚意、正心、修身、齐家、治国、平天下”，核心就是“明明德”，“明德”就是“仁”。

这里讲一下“道”和“德”的关系，否则不容易完全弄懂。

“道”有三层含义，第一层是“至道”，道是万物之宗，万物非道不能生；第二层是“天道”，道生天地万物，为天地万物的运行设定了法则和秩序；第三层是“人道”，指人所制、所立之道。这三层意思是一个整体，不可分割开来。如同一棵树的根干枝叶，是一体的。

“德”是依存于“道”的，道为万物之所宗，万物合道故积德，积德则能养正，养正则能久。万物离其道宗则失德，失德不能养正，则病，病则亡。如果“道”是一条大马路，“德”就是你开的车，你心里明白怎么开车才是遵守交通规则，怎么做才是安全的，这就是“明德”。具体怎么做，就看你怎么开车了。如果你一直危险驾驶，早晚会出事。

“仁”字，是一个“人”，一个“二”，人走在路中间，也就是你的“德”，按照“道”来行，没有偏离出“道”。

“明德”，即心中的良知，“明”是自身的心体明，是对内的。“亲民”是外放的行为。“亲民”和“明明德”实际上是一件事。“亲民”就是“明明德”的外放，“明明德”就是“亲民”的心内部分。明德就是仁，就是心存良知。我们靠心里的明德达到亲民，才能够生生不息。这就是仁之所在。

“使有一物失所，便是吾仁有未尽处。”天下的事理，有个远近亲疏，有个轻重缓急，尽心即可。

“仁”不是个一成不变的东西，而是依据不同的条件而有不同形式的表现，要懂得应变之道。

比如看到马路边有个老人跌倒，扶怕被“讹”，不扶于心不忍，打个报警电话总可以的。心学是讲究“务实”精神的。不会迂腐地要求学的人完全做一个利他主义者，因为这种违背人情和道理的行为，事实上是不符合“天理”的。历史上墨家衰微的原因之一，就是墨家提倡的对路人如同对自己父母一样要无差别的兼爱，这是不符合人性本质的。直白一点儿说，道德标杆放得太高，能做到的人实在太少，这样是没办法推而广之的。

【090】
空谈心性的危害

【原文】

“只说‘明明德’而不说‘亲民’，便似老、佛。”

【老刘说】

这里的“老”指的是道家，“佛”指的是佛家。

阳明先生说，只谈“明明德”而不谈“亲民”，就是偏离了儒家的根本宗旨，反而和佛、道两家的出世相类似了。

儒学讲“修齐治平”，是要入世治世的，只是每天空谈心性，已经偏离了儒学的根本。“亲民”就是入世治世，不做入世治世践行，就等于离世而居，那样还不如上山修行遁世呢。

佛、道两家最大的一个共同点在于，它们关心的焦点是个人的问题，对人类整体命运的关注度相对较低。儒家在这方面却是一直都很积极向上的，“修”“齐”“治”“平”四个字，“修”是针对个人的，“齐”“治”“平”三个字则针对的是人类社会整体的，同时也是佛、道所没有的，所以从入世治世角度来比较，显然儒家要更胜一筹。

南怀瑾先生对道家、儒家、佛家有个比喻。他说，道家像是一个药店，人类不生病不需要找它，生病了就要找它。佛家像是百货店，平时有什么需要了，可以进去溜达溜达，有合适的东西就买些回来，不买也没有关系。唯独儒家，最最要紧，是粮食店，正常人不吃药可以，不使用一些百货用品也可以，但是人要是一日三餐不摄取营养合理均衡的食物，肯定要出问题。

【091】
至善即是复其本然

【原文】

“至善者，性也；性元无一毫之恶，故曰至善。止之，是复其本然而已。”

【老刘说】

阳明先生说，至善是人的天性，天性本来没有丝毫的恶，因此称至善。达到至善，只是恢复人天性的本来面目而已。

“至善”出自《大学》，原文为：“大学之道，在明明德，在亲民，在止于至善。”这里的“大学”，当时是针对“小学”而言的。“小学”即礼、乐、射、御、书、数，属于“艺”的层面，称六艺；而“大学”是修身之学，使人上达之学，属于“道”的层面。道和艺，一为形而上，为体，为性；一为形而下，为用，为相。

“止于至善”，朱熹《四书章句集注·大学章句》释“止”为“必至于是而不迁”，一定要达到这个境界而不再改变，释“至善”为“事理当然之极”，事情的最高原则，即最高的善。阳明先生释“至善”为“性”，即本性。

“复其本然”，“本然”指的是赤子的状态，也就是婴儿刚出生，身体还是红彤彤的状态。这个时候，婴儿心里边是没有什么善恶之分的，没有私欲作祟，没什么坏心眼，没有什么贪嗔好恶。本然就是我们天性里原本就有的东西。每个人类个体的初始都是顺应自然而出现，故此赤子状态的人类是纯善无恶的，至善之性是人类的固有本性，修习心性只是要回归到这种无私欲作祟、全无贪嗔好恶攀附心体的纯然状态。注意，这里的“善”依旧是妥当、合适的意思。

这里有个误区。修习心性回归婴儿的至善指的是心性纯然，不是指心智也要恢复到婴儿的状态，那样就是近似无智的状态了，还谈什么入世治世。

人行世间，两条腿走路，一条腿是童真，也就是“如保赤子”的心体纯然；另一条腿是智慧，也就是“君子素其位而行”所必须具备的心智水平。一条腿走路，一定会摔跤的，故二者缺一不可。

《大学》八目的核心在于修身，基础在于格物。八条目最后要达到的境界仍然是“止于至善”。

儒家讲内圣外王，内圣是“格致诚正”之路，外王是“修齐治平”之路。内圣是修身的内容，外王为修身的功用，由己及人，由近而远，由内而外，由道德事功，实现人生的价值。

【092】
大学的“知止定静安虑得”

【原文】

问：“知至善即吾性，吾性具吾心，吾心乃至善所止之地，则不为向时之纷然外求，而志定矣。定则不扰扰而静，静而不妄动则安，安则一心一意只在此处，千思万想，务求必得此至善，是能虑而得矣。如此说是否？”

先生曰：“大略亦是。”

【老刘说】

陆澄说：“我总算是明白了至善就是我的本性，我的本性就是我的心，我的心就是至善所要回归的地方。明白了这些之后，我就不会像原来那样急着向外求取了，立志也有了确定的方向和着手处，也就安定下来了。志定就不会四处乱动，不乱动自然就能静下来；静下来而不妄动就会心安，心安就能一心一意在至善处。千思万想，也只是要求得这个至善，这就是虑而后得，我这样说是否正确？”

先生答：“大致如此。”

《大学》中讲：“知止而后有定，定而后能静，静而后能安，安而后能虑，虑而后能得。”其中的关键字为“知”“止”“定”“静”“安”“虑”“得”。

“知”是源头，“知”字搞不懂，后面等于没说。“知”是人心特有的功能，心之所觉为“知”，心感受到就是“知”。

“止”：首先需要搞清楚什么是“至善”，至善就是人的本性，天理落在心之本体上，也就是至善所要归复的地方。

“定”：从“向外求”转向“向内求”，目标清晰，聚焦准确，立志也就有了确定的方向和着手处。

“静”：私欲克除，心体无贪嗔好恶的攀附，心中无好名、好色、好利种种私欲，干干净净，廓然大公。

“安”：心体内天理常驻，良知充盈，心自然就不会再忙忙乱乱，追逐外物，自然就安了。

“虑”：所有的思虑，千思万想，归结为一点，就是让天理落到心之本体上，求个至善。这里的千思万虑就是个“事上磨”的功夫。意之所发无不是切中天理。

“得”：达到良知充盈，止于至善，天理常存心体无有间断。

“至善”实际是心物交融且又切中天理的状态。儒家的“求心”，不是为了求心而求心。孤零零地为求心而求心，不免陷入佛道的避世思想。儒家“求心”是时刻调整、校正此心，让此心与天理步调一致，如鱼入水，天人合一。心物交融无间，心中所得就是天人合一的“至善”之得。

【093】
墨子“兼爱”的不妥处

【原文】

问：“程子云：‘仁者以天地万物为一体。’何墨氏兼爱[①]，反不得谓之仁?”

先生曰：“此亦甚难言，须是诸君自体认出来始得。仁是造化生生不息之理，虽弥漫周遍，无处不是，然其流行发生，亦只有个渐，所以生生不息。如冬至一阳生，必自一阳生而后渐渐至于六阳；若无一阳之生，岂有六阳[②]。阴亦然。惟其渐，所以便有个发端处；惟其有个发端处，所以生；惟其生，所以不息。譬之木，其始抽芽，便是木之生意发端处；抽芽然后发干，发干然后生枝生叶，然后是生生不息。若无芽，何以有干有枝叶？能抽芽，必是下面有个根在；有根方生，无根便死。无根何从抽芽？父子、兄弟之爱，便是人心生意发端处，如木之抽芽，自此而仁民，而爱物，便是发干生枝生叶。墨氏兼爱无差等[③]，将自家父子、兄弟与途人一般看，便自没了发端处；不抽芽便知得他无根，便不是生生不息，安得谓之仁！孝、弟为仁之本[④]，却是仁理从里面发生出来。”

---

① 墨氏兼爱：指墨家“兼相爱，交相利”“非攻”的思想。

② 六阳：十一月冬至为一阳初生，此后每月生一阳，至四月为六阳。

③ 差等：见《孟子·滕文公上》：“爱无差等，施由亲始。”此句为墨家夷子所言，意为“爱没有差别等级，只是施行的时候从亲人开始”，孟子反对，认为爱有取舍。

④ 《论语·学而》：“孝弟者也，其为仁之本与。”

【老刘说】

程颢“仁者以天地万物为一体，莫非己者”，意思是，真正懂得“仁”的人，也就是窥到“道”的人，明白人和天地万物是一体的道理。天地万物与人息息相关。天地对待万物是一样的，不会对谁特别好，也不会对谁特别差，一切随其自然发展，天地万物只是生生不息。譬如太阳普照大地，它并无什么伟大目的，也不需要谁去讴歌它的高尚，它只是自己发光发热，不会对照到的万物有所厚薄。

墨家的“兼爱”主张爱无差等，而儒家主张爱有差等。也就是说对他人的感情，墨家强调同等，儒家强调差等。

“老吾老，以及人之老；幼吾幼，以及人之幼”（《孟子·梁惠王上》），是有个次第的，首先是吾老吾幼，然后才是人老人幼。儒家认为，仁是从人性内部自然地发展出来的，每个人都有恻隐之心，不忍看到别人受苦。这是“仁之端也”，发展这一端就是使人自然地爱人。但是同样自然的是，爱父母总要胜过爱其他一般的人，爱是有差等的，这就是儒家的观点。

墨家则不然，墨家坚持认为，爱别人和爱父母应当是同等的。提倡无差别的爱，爱自己的父母同爱别人的父母一样，这样才有可能公平、平等地看待身外的每一个人，才能做到一视同仁。

陆澄问，程颢说“仁者以天地万物为一体”，那为什么墨家说“兼爱”反而被说成是不仁呢？

陆澄把程颢“以天地万物为一体”理解成，天地万物都是平等公平的，都应该一样对待。显然这是有问题的。万物有序，香蕉皮不能吃，鱼离开水会死，如果都一致对待，天地万物就乱套了。

阳明先生说，这个很难解释，必须自己仔细体会，才能知道答案。

“仁”就是天地造化生生不息的内部秩序和规律，天理遍布宇宙，无处不在，这个宇宙指的是时间和空间的总和（“往古来今谓之宙，四方上下谓之宇”）。

天理的发用流行是有自己规律的，是个渐进的过程，只有这样才能生生不息。比如每年十一月冬至的一阳初动，一直到来年四月谷雨的六阳生发，是个渐进过程，从一走到六。

万事万物只要有发端，就会生长。因为生长，所以生生不息。譬如树木，种子开始发芽便是其发端处。发芽后抽枝生叶，然后开花结果，物种繁衍，绵延不绝。如果种子不发芽，哪会有什么枝叶花果？种子发芽是根本，如果没有这个根本，哪还有什么树？

父子兄弟之间的亲情之爱，便是人心的发端处，就像一棵大树初始的种子发芽，只有亲情之爱成长起来，推己及人，将心比心，最后才会达到仁民爱物。这个仁民爱物就是最后这棵大树。

墨家的“兼爱”“无差”，是将自家父子兄弟与陌生人一般看待，没有种子发芽这个发端处，连根本都没有，还谈什么树干枝叶的事情，还谈什么生生不息？这样又怎么能称作仁呢？孝、悌是仁的根本，仁理就从孝悌中产生。

墨子的兼爱，从大的道德角度来讲，不能说不对，但是不符合人性。人性天生就是有远近厚薄的，我们对自己父母的爱和对邻居的爱肯定是不一样的。比如，你有点儿好东西，你是愿意给你父母，还是愿意给别人呢？

爱路人跟爱自己的父母一样，对世界上的绝大部分人而言，都是做不到的。这就意味着，这件事情很难被普及推广开来，就更别说生生不息，薪火相传了。儒学在中国历史中，绵延不绝，人才辈出；而墨家则冷冷清清，几近失传，其中一大部分原因，也在于此。

没法落实的高尚是没有多少实际意义的。

【094】

当理和无私心的分别

【原文】

问："延平云'当理而无私心'。当理与无私心如何分别？"

先生曰："心即理也，无私心即是当理，未当理便是私心。若析心与理言之，恐亦未善。"

又问："释氏于世间一切情欲之私，都不染着，似无私心；但外弃人伦，却似未当理。"

曰："亦只是一统事，都只是成就他一个私己的心。"

【老刘说】

"当理"就是"合理"，也就是符合天理的意思。

陆澄问："延平先生说：'当理而无私心。'那么合理和没有私心，怎样区别？"

阳明先生说："心即理，没有私心，就是合于理；不合于理，就是有私心。若心与理分开来谈论，显然是不妥当的。"

就像打领带，要么打"正"，没打"正"就是歪了，"当理"和"无私心"的关系，就像"正"和"不歪"的关系。

陆澄又问，佛家对于人世间的一切私欲都不沾染，这应该是无私心吧？但他们讲究六根清净，抛弃人伦，好像又不符合天理吧？

这句话有点儿抬杠的意思。陆澄的意思是，既然你说无私心就是合理，佛门弟子六根清净，什么都不沾染，这不就等于完全没私心了吗？

在阳明先生看来，遗弃人类社会的诸理于不顾，只管去除一己之心的“情欲”之累，恰是着了欲的“大私”。显然，如果大家都当和尚尼姑的话，就不用再繁衍了，人类估计就直接灭绝了。

阳明先生答，佛家和世俗之人其实一样，都是为了成就个人的私心。出家避世，老人的赡养事务不管了，孩子的抚养事务也不管了，该承担的很多责任都放下了，只是要成就下辈子不再入轮回，去极乐世界，这实际上也是一种自私。所以从这个角度来说，既然有私心，自然就是不合理了。

相比佛家，世上圣人凤毛麟角，数量远远少于高僧。原因在于，儒家讲求的是“万花丛中过，片叶不沾身”，强调不动心。儒家难就难在既要不动心，又不能视万花为无物。就如让猫抱着鱼睡觉，却又不能吃一样。其难度可想而知。

纵观历史，显然圣人的作用往往要大于高僧，这就是修身治世和仅仅修身的不同意义。

【095】
持志如心痛

【原文】

侃[①]问："持志如心痛，一心在痛上，安有工夫说闲语、管闲事?"

先生曰："初学工夫如此用亦好；但要使知'出入无时，莫知其乡'[②]，心之神明原是如此，工夫方有着落，若只死死守着，恐于工夫上又发病。"

【老刘说】

薛侃说，立志就是时时保持心中良知充盈，坚持志向好比心痛，一心在痛上，自然一刻都不会放松，哪还有工夫说闲话、管闲事?

"心痛"这里可以是很具体的身体疼痛，也可以是感情上的刺激导致的痛。无论是心理伤痛还是生理伤痛，都会有痛的感觉在心中留存萦绕。无论你做什么，这种疼痛感都会存在，绝不会消失。

"持志如心痛"，是说坚守自己的志向，就像心痛这种感觉一样，没有分毫间断，时时刻刻提醒自己志向不可忘记。同时也是在讲心学入门的实修功夫，从这个角度看，薛侃是的确有实修的。实修的顺序从打坐入静，收束心猿意马，到触摸心体，感知气机流行，这一过程对初学者而言，并不那么顺畅。触摸心体感知气机流行，需要时时保持这种感觉，不可间断，这的确有

① 侃：指薛侃。

② 《孟子·告子上》："操则存，舍则亡；出入无时，莫知其乡。"

点儿像心痛的感觉。等对心体熟悉了，就不必如此了。就像学开车一样，刚开始的时候，方向盘要关注，脚下的油门、刹车要关注，路况要关注，三面镜子要关注，开得很累人。熟练之后，就不那么累了，一旦这些成为一种本能，自然而然就做到了。

阳明先生回答说，刚开始学修心性功夫的时候，的确是这样的，要把所有心思都放在这件事上。但心的特质是“出入无时，莫知其乡”，“乡”通方向的“向”，心是聚散无方的。

过了初学阶段，就要换个方式了。“持志”针对的是初学者心猿意马、三天打鱼两天晒网的毛病，意在把这些问题去除，避免“忘”掉良知当存。当心存良知成为一种本能之后，就要注意，不能过于刻板，以防变成“助”的毛病，而要循天理。如果把娱乐一小会儿都当成有罪恶感的事情，就流于揠苗助长了。

人本来就是天地造化，心体本来就该是“与天地合其德，与日月合其明，与四时合其序，与鬼神合其凶吉”的。天人合一的同时，既要不忘持守此志，又要懂得“一张一弛，文武之道”的道理。

这就是“勿忘勿助”。

【096】

如何看清内心的私欲

【原文】

侃问："专涵养而不务讲求，将认欲作理，则如之何？"

先生曰："人须是知学，讲求亦只是涵养，不讲求只是涵养之志不切。"

曰："何谓知学？"

曰："且道为何而学？学个甚？"

曰："尝闻先生教，学是学存天理；心之本体即是天理，体认天理，只要自心地无私意。"

曰："如此则只须克去私意便是，又愁甚理欲不明？"

曰："正恐这些私意认不真。"

曰："总是志未切；志切，目视、耳听皆在此。安有认不真的道理！是非之心，人皆有之，不假外求。讲求亦只是体当自心所见，不成去心外别有个见？"

【老刘说】

这段话里，搞清楚"涵养"和"讲求"的意思，就容易懂了。

"涵养"，"涵"是蓄积并保持的意思，"养"是储存蓄养，长养的意思，在这里指时时保持心体存天理去人欲。涵养要在心里去悟。

"讲求"，就是研究学习在具体事上怎么去做到涵养，是"事上磨"的意思。心学思想的精髓之一就是心即理，不假外求，虽然是研究具体怎么做，实则还是需要通过内心来解决事情。事实上涵养和讲求是一回事。区别只是前者抽象，后者具体而已。

比如，碰到具体事情，你会如何反应，你表现出的态度行为就是讲求，而讲求是由你内心的涵养指导的。

如何涵养心性，阳明先生已经说得非常明白，就是向内求，时时保持心体不被贪嗔好恶攀附，心体内不留存任何好名、好色、好利的私欲，一旦发现蛛丝马迹，立刻如猫捕鼠，彻底根除，不留丝毫。

在处理具体问题上，阳明先生没有很具体地说，因为历史不会重演，环境、人物的变化，以及每个个体具体情况的不同，都会有诸多差异，是没有办法预先设定好的。个体要结合自己的具体情况，来应对、处理事情。平时注意涵养心性，遇事能讲求变通，就容易找到妥当的处理办法，入世便会少很多不必要的麻烦。

薛侃问："专注于涵养天性而不琢磨事上历练，容易将私欲和天理混淆，该怎么办呢?"

阳明先生说。只要做到知学，随着实修的进步，自然就知道修心性的具体情况了。那个时候，就会明白涵养天性和"事上磨"其实是一回事。不在"事上磨"只是因为立志的心不够坚定。

只要你的决心足够坚定，自然就会在事上历练。

举个例子，比如学习外语口语，如果你下定了决心要学好它，自然就不会怕刚开始时发音不准，别人嘲笑你了。如果你只是抱着试试的态度，一开始态度就很含糊，一旦发现自己张嘴说出来的外语是很难听，一难为情，估计就放下不学了。

薛侃接着问："什么是知学?"

阳明先生听到这里很无语，反问道："你说说为何学习心学? 学习什么?"

薛侃回答说："先生以前讲过，学习心学就是学习存养天理。心的本体就是天理，体认天理，让自己的心体廓然大公，无有私欲留存。"

阳明先生说："你既然认识到了这一层，那么今后只需要去克制私欲就可以了，还愁什么天理人欲混淆呢?"

薛侃说，很明显的私欲，他是能看得很清楚的。但细微之处很容易混淆，经常没有办法厘清。有时候是真的没办法给出具体判断，这个时候怎么办?

阳明先生回答说，实修的水平不到家，是对心体的体认没有达到非常清楚的程度，根本原因是志向不够坚定，还需要继续努力。要懂得“是非之心，人皆有之”的道理，心是有分辨能力的，应对外物，体会自己心中对是非的判断，能否真的被心体执行，难不成再去心外另找其他的标准吗？

薛侃遇到的问题，十分具有代表性，即平常十分有涵养，感觉很好，但事到临头，静时的那份涵养就不翼而飞了。薛侃为此很苦恼，问阳明先生该怎么办。

阳明先生的意思是事到临头拿捏不住，实际上还是涵养不够，“是非之心，人皆有之，不假外求”是说每个人的心中都有内在的具有监察功能的觉知，“事上磨”实质上是在自己的心体上，体会到底有没有按照自己“是非之心”的判断去真切执行，所以“事上磨”的准绳依然在自己内心，无须外求。

【097】
修行的进境

【原文】

先生问在坐之友："比来工夫何似?"

一友举虚明意思。

先生曰："此是说光景。"

一友叙今昔异同。

先生曰："此是说效验。"

二友惘然请是。

先生曰："吾辈今日用功，只是要为善之心真切。此心真切，见善即迁，有过即改，方是真切工夫。如此，则人欲日消，天理日明。若只管求光景，说效验，却是助长外驰病痛，不是工夫。"

【老刘说】

阳明先生和朋友坐而论道，问在座的朋友，这阵子功夫进展如何?

一个朋友说，随着自己收束心猿意马，触摸心体，逐渐可以看到心体的虚明。"虚明"是指内心清虚纯洁，纤毫可见。按照《朱子语类》说是："盖其心地虚明，所以推得天地万物之理。"这位朋友表达的意思是自己能感觉到自己的心镜是干干净净、锃光瓦亮的。

阳明先生说："你这是光景。""光景"喻虚幻不实之物，"景"同"影"。没有经过照物（事上历练）检验的心镜，实际没多大用处。如同练武十年，却从来没和别人交过手，真用的时候，顶用不顶用很难讲。

另一位朋友说，随着自己实修的进展，能明显感觉现在和过去有很大不同。

阴阳先生说："你这是说效果。"

两人茫然不解，请教阴阳先生。

阳明先生说，两人讲得都很好，但是偏离了根本，现在用功，是时时刻刻让天理落在心之本体上，要使存养良知的心真切，心真切，具有监察功能的觉知就会日益敏锐，有私欲萌动，就会立即发现并导正。这样一来，私欲日渐消弭，天理日趋显明。如果只沉迷在求光景、说效果上，就是偏了，不是真正的格物功夫。

工作和生活只是人生的载体，而不是人生本身。很多人错把载体当作目标本身，本末倒置的结果就是人生中烦恼不断。

【098】
做学问该有的态度

【原文】

朋友观书，多有摘议晦庵者。

先生曰："是有心求异，即不是。吾说与晦庵时有不同者，为入门下手处有毫厘千里之分，不得不辨。然吾之心与晦庵之心，未尝异也。若其余文义解得明当处，如何动得一字！"

【老刘说】

晦庵，即朱熹，他是"二程"（程颢、程颐）的二传弟子李侗的学生，也是"程朱学派"代表人物。朱熹十九岁考中进士，曾任江西南康、福建漳州知府，浙东巡抚，做官清正有为，振举书院建设。官拜焕章阁侍制兼侍讲，为宋宁宗皇帝讲学。

朱熹著述甚多，有《四书章句集注》《太极图说解》《通书注》《周易本义》《楚辞集注》等，后人辑有《朱子大全》《朱子集语象》等。其中《四书章句集注》成为古代钦定的教科书和科举考试的标准。

同道聚在一起看书论道，常有人指摘朱熹先生。阳明先生对此表示不认可。先生说，不能先入为主地刻意求异，为了反对而反对，为了逢迎而逢迎，别人爱听啥就说啥，这是不对的。任何事情都不能脸谱化，不能因为这人是坏人就说他头顶长疮脚底冒脓，完全坏透了，没一点儿好的地方；不能因为这个人是好人就说他完美无瑕，没有一点儿缺陷。我们看事物，不能非此即彼，非黑即白，这是反智的。而应该尽量从客观的角度去看，分清臆断和真相，这也是做学问的根本态度。

阴阳先生说，他和朱熹先生在治学的下手处是有分别的，这点不能不辨明。但朱熹先生对一些儒家经典文义的解释，清晰精确之处，他也是非常认可的。

“刻意求异”是从文人相轻中生发出来的，根源是人的自以为是的好胜心，衍生出来就是门户之见。这样很容易戴着有色眼镜看世界，分不清臆断和客观现实。只是这点已深入人性，很难改变。

阳明先生说，他的心和朱熹先生的心是一样的，都是为了弘扬圣学，从这个角度来说，他们是没有私心的，只是个人能力水平，认知角度，见解等有些差异。从修圣学来讲，内心要廓然大公，不可掺杂私欲，这是修心学的根本着手处。

“入门下手处有毫厘千里之分”，是阳明先生和朱熹先生学问的根本区别所在。虽然二者的入门下手功夫都是格物穷理，但朱熹的格物是格一个外物，阳明先生是从自己内心处下手，这是阳明先生和朱熹在治学方法上最重要的差异，别的分歧都是细枝末节。

【099】
圣人的合格标准是什么

【原文】

希渊[①]问："圣人可学而至，然伯夷、伊尹于孔子才力终不同，其同谓之圣者安在?"[②]

先生曰："圣人之所以为圣，只是其心纯乎天理而无人欲之杂；犹精金之所以为精，但以其成色足而无铜铅之杂也。人到纯乎天理方是圣，金到足色方是精。然圣人之才力，亦有大小不同；犹金之分两有轻重。尧、舜犹万镒[③]，文王、孔子犹九千镒，禹、汤、武王犹七八千镒，伯夷[④]、伊尹[⑤]犹四五千镒。才力不同，而纯乎天理则同，皆可谓之圣人；犹分两虽不同，而足色则同，皆可谓之精金。以五千镒者而入于万镒之中，其足色同也，以夷、尹而厕之尧、孔之间，其纯乎天理同也。盖所以为精金者，在足色，而不在分两，所以为圣者，在纯乎天理，而不在才力也。故虽凡人而肯为学，使此心纯乎天理，则亦可为圣人，犹一两之金比之万镒，分两虽悬绝，而其到足色

---

① 希渊：蔡宗兖，字希渊，浙江绍兴人，为人谦孝，王阳明的学生。

② 《孟子·万章下》："伯夷，圣之清者也；伊尹，圣之任者也；柳下惠，圣之和者也；孔子，圣之时者也。"

③ 镒：古代重量单位，合二十两，一说二十四两。

④ 伯夷：商末孤竹君长子。初孤竹君以次子叔齐为继承人，孤竹君死后，叔齐让位、伯夷不受。后伯夷、叔齐二人投奔到周，反对周武王伐商。武王灭商后，他们又逃避到首阳山，不食周粟而死。

⑤ 伊尹：商初大臣。帮助汤攻灭夏桀。太甲即位，因破坏商汤法制，不理国政，被伊尹放逐，三年后太甲悔过，又接回复位。

处，可以无愧。故曰‘人皆可以为尧、舜’者以此。学者学圣人，不过是去人欲而存天理耳。犹炼金而求其足色，金之成色所争不多，则锻炼之工省而功易成，成色愈下，则锻炼愈难。人之气质清浊粹驳，有中人以上、中人以下，其于道，有生知安行，学知利行，其下者必须人一己百，人十己千，及其成功则一。后世不知作圣之本是纯乎天理，却专去知识、才能上求圣人，以为圣人无所不知，无所不能，我须是将圣人许多知识、才能逐一理会始得。故不务去天理上着工夫，徒弊精竭力，从册子上钻研、名物上考索、形迹上比拟。知识愈广而人欲愈滋，才力愈多而天理愈蔽。正如见人有万镒精金，不务锻炼成色，求无愧于彼之精纯，而乃妄希分两，务同彼之万镒，锡、铅、铜、铁杂然而投，分两愈增而成色愈下，既其梢末，无复有金矣。”

时曰仁在傍，曰：“先生此喻，足以破世儒支离之惑，大有功于后学。”

先生又曰：“吾辈用功，只求日减，不求日增。减得一分人欲，便是复得一分天理，何等轻快脱洒，何等简易！”

【老刘说】

这节主要是定义“圣人”，比较长，就不逐字逐句地解释了，要表达的核心依然是去私欲、存天理。

蔡宗兖问，人可以通过学习和修身成为圣贤，但是，伯夷、伊尹跟孔子相比，才力是很悬殊的，最终取得的功业大小差异也很大，为什么都称为圣人呢?

“才力”这里指“才能，才华”。

按照蔡宗兖的理解，他是把圣人和才力画等号了。觉得有足够的才力才有资格称为圣人。显然，这样定义圣人是有问题的。

阳明先生先给了一个圣人的定义，“圣人之所以为圣，只是其心纯乎天理而无人欲之杂”。意思是说圣人之所以为圣，是因为他的心是纯粹的，没有任何杂念，即心体里除了良知，没有任何其他的东西。

阳明先生接着说，修圣学最后讲的是纯度不是分量，纯度和分量是两回事，不可混为一谈。

“人之气质清浊粹驳”，讲的是人的天资是不同的，这是客观存在的事实，不管你愿意不愿意，都是存在的。人都习惯于高估自己，但事实上并非如此。

比如同样是金矿石，有的矿石成色好，含金量很高，那炼成真金就会容易一些；有的矿石杂质很多，炼的时候就会比较费劲，即便最后历尽辛苦炼出真金，可能分量也不多。世上的人形形色色的，有悟性高的，也有悟性低的。有的“生知安行”，有的“学知利行”，还有的“夭寿不贰，修身以俟之”，修身的辛苦程度，和得到的结果必然是不同的。

人的天资和机遇不同，最后达到的高度也会不同。所谓“时势造英雄”，即是否成为英雄是有“时”和“势”两个要素决定的。“势”可以努力去积累和争取，而“时”只能等待。恰好赶上这个“时”了，那可能成就很大的功业；没赶上，很可能一辈子一事无成。比如韩信，刚好赶上一个乱世，被刘邦所用，成为一代兵圣。如果活在现在，不会做买卖，打工也不行，年轻力壮还要靠一个漂洗丝絮的老妇人给饭吃，很可能得靠救济过日子。

我们想把一件事情做成功，除了自身努力外，其他外部环境，比如天时、地利、人和也很重要，甚至是缺一不可的。过分贪大求全，本身就是不现实的。

承认这个事实的客观存在，无论天资如何，只要肯用功，诚心诚意遵循天理，修炼不辍，最后炼出金子的纯度将毫不逊色于尧舜炼出的。人的天命中，一部分人力可及，一部分人力不可及。人可以掌握修炼金子的纯度，但是不可妄求修炼金子的分量。要承认并接受人的天资禀赋是有差异的这一事实。

修圣学的根本，是把自己的心修到纯粹的程度，而不是追求个人才能一定要达到多高，事功一定要达到多大。有足够纯度的时候，有机会或能力把它扩大当然更好。如果没有机会或能力，就守好这个纯粹，也没什么不好。“穷则独善其身，达则兼济天下”，来去从容，君子素其位而行，素富贵行乎富贵，素贫贱行乎贫贱，也不失为洒脱的人生。

徐爱在旁边说，先生讲得太好了，现在很多做学问的，都是干一些训诂考据的事情，把这些训诂考据的碎片堆砌起来，著书立说，就认为是学问。

实际上这种支离破碎的东西，对修心性是没有多大帮助的。先生一席话，对后来的学者是大有裨益的。

阳明先生最后对修心学做了个总结：修心性这件事其实很简单，只要每天坚持把心里的杂质一点点地去掉，最后得到的，自然而然就是千足金了。

修心性是大道至简的一个事儿，很简易，很洒脱，没有什么难的。

【100】
学问的根源

【原文】

士德[①]问曰："'格物'之说，如先生所教，明白简易，人人见得；文公[②]聪明绝世，于此反有未审，何也？"

先生曰："文公精神气魄大，是他早年合下便要继往开来，故一向只就考索著述上用功；若先切己自修，自然不暇及此；到得德盛后，果忧道之不明。如孔子退修六籍，删繁就简，开示来学，亦大段不费甚考索。文公早岁便著许多书，晚年方悔，是倒做了。"

士德曰："晚年之悔，如谓'向来定本之误'，又谓'虽读得书，何益于吾事'，又谓'此与守书籍，泥言语，全无交涉'，是他到此方悔从前用功之错，方去切己自修矣。"

曰："然。此是文公不可及处，他力量大，一悔便转；可惜不久即去世，平日许多错处，皆不及改正。"

【老刘说】

杨骥问阳明先生，关于格物的实修，您讲的很容易上手，想学的人，只要认真听讲，按照您的方法入手，都可以直达要害。以我个人的学习体会，我觉得格物这件事情很简单。有个疑问，请教一下先生，当年朱熹先生一代

① 士德：杨骥，字士德，广东潮州人，阳明学生。
② 文公：指朱熹，谥曰文，世称朱文公。

大儒，开宗立派的，简直聪明绝世，怎么可能格物这个事搞不清楚呢？

阳明先生说，朱熹先生的确很聪明，天资悟性是没得说的。他一辈子修圣学，著书立说比较多，但是顺序搞反了。

朱熹先生很年轻的时候，就有很宏大的志向，自视颇高，立志要继往开来，开宗立派，非常有高度。

儒学在秦始皇焚书坑儒的时候，经历了一场浩劫，很多东西都不全了，朱熹先生青年时期立志要把残缺不全的儒家经典恢复本来面目，把上古的东西恢复出来，于是从训诂考据入手，花费了很大的功夫做这件事情。

这个工作量有多大呢？朱熹现存著作共25种，600余卷，总字数在2000万字左右。主要有《四书章句集注》《周易本义》《蓍卦考误》《诗集传》《四书或问》《太极图说解》《通书注》《西铭解》《楚辞集注》《韩文考异》《周易参同契考异》《中庸辑略》《孝经刊误》《资治通鉴纲目》《八朝名臣言行录》《家礼》《近思录》《伊洛渊源录》，以及《河南程氏遗书》（朱熹在二程弟子所录各家《二程语录》基础上编定）、《易学启蒙》（与蔡元定合撰）、《小学》（与刘清之合编）等。《文集》一百卷，《续集》十一卷，《别集》十卷，黎靖德辑录的《朱子语类》一百四十卷。

朱熹先生年轻的时候基本都在做这些事情，做得很辛苦，精力大多数投入在这上面。对个人自修的功夫重视不够，即把修自己心性这一块放在了一个不太重要的位置。

朱熹晚年的时候，回头审视自己一生的成就，发现有些东西虽然是自己写出来了，但写的时候，重心在训诂考据上，自己也没有真的搞明白。关于修心性方面，有些东西似乎无法真正落地。这个时候，朱熹自己已经知道偏差在什么地方了，但年纪太大了，以前的学说又流传甚广。朱熹想把以前说的不太准确的东西改正过来，已经是有心无力了。

同样做学问，孔子和朱熹走的路是不一样的。孔子从入世治世开始，周游列国，从入世践行入手，该游历的游历，该有的阅历都有了，然后才坐下来做学问。朱熹则是从搞学术、搞删述、训诂考据、写东西开始，等这些东西搞完了之后，才回头开始增加阅历，考虑心性，方向和孔子完全是反的。

朱熹晚年提到，当时他订《大学》的时候，可能订出问题来了，结果后面越偏越远了。虽然读了这么多年书，但对自己修心性来讲，确实帮助并不是很大。

这部分内容出自《朱子晚年定论》，是朱熹给学者和友人的三十四封信，代表了朱熹晚年的思想，是晚年朱熹悔过早年之非的依据。

从这个角度来说，朱熹的气度是很值得敬佩的。我们绝大部分人，是做不到知错就改的，往往是知错了之后，打死也不认错，更别提改过了。让一个人低头认错是非常难的一件事情，人性如此。

但是，像朱熹这样名满天下的人，虽然年纪比较大了，自己也不知道还能活多少天了，能心平气和地承认自己的错误，实在难能可贵。

我们修心格物的时候，也要学习这种气量，做到知错就改，这才是真的对自己人生负责的态度。

【101－1】
善恶的本质（上）

【原文】

侃去花间草，因曰："天地间何善难培、恶难去？"

先生曰："未培未去耳。"少间，曰："此等看善恶，皆从躯壳起念，便会错。"侃未达。

曰："天地生意，花草一般，何曾有善恶之分？子欲观花，则以花为善，以草为恶；如欲用草时，复以草为善矣。此等善恶，皆由汝心好恶所生，故知是错。"

曰："然则无善无恶乎？"

曰："无善无恶者，理之静；有善有恶者，气之动。不动于气，即无善无恶，是谓至善。"

曰："佛氏亦无善无恶，何以异？"

曰："佛氏着在无善无恶上，便一切都不管，不可以治天下。圣人无善无恶，只是'无有作好''无有作恶'，不动于气；然'遵王之道'，会其有极，便自一循天理，便有个裁成辅相[①]。"

【老刘说】

薛侃到花园里打理花木，除草的时候感慨道：天地之间为什么"善"这么难培养，"恶"这么难去除呢？

---

① 《周易·易经上·泰》："后以财成天地之道，辅相天地之宜，以左右民。"

阳明先生回答说，你感慨的“善”“恶”，人既没有培养，也没有去除，完全是被忽略的状态，自然就谈不上培养或者去除了。

过了一会儿，阳明先生又说，要理解“善”“恶”，要先搞清楚“善”“恶”是什么意思。如果是从一己之私的角度出发，难免会出错。

薛侃听着有点儿糊涂了，闷头琢磨，没说话。

阳明先生接着说，天地万物生生不息，如同花草树木一样，存在就有其合理性，本没有什么善恶分别。我们说这个东西是善或是恶，是基于我们自己的立场来决定的。比如打理花园，自然想把这花留下，把草除掉，这个情况下，我们就认为花是好的。这说明我们心里喜欢花，不是花就是善的。相反，如果养草坪，当然不能让草坪上长花了，这种情况下，我们就会认为花是恶的，草是善的。由此可见，善恶发自我们内心。显然，夹带私意的好恶之后，这种善恶的想法就是错的。

薛侃听得越发糊涂了，于是提出自己的疑惑：照这样说来，岂不是无所谓善恶？

阳明先生回答说，无善无恶是天理的常（静）态表现，也就是心体本身是不动的，自然也就无善恶分别。心体的气机发动，也就是“意”的判断动了，这个时候才会有是非之心，也就是善恶之分。不为气所影响的，也就是不被贪嗔好恶攀附的，就是至善。

薛侃的问话，牵扯到阳明心学中很核心的一个东西。即天地万物，比如天上飘的云，它飘来飘去，动来动去，那么它是善还是恶呢？显然，对我们来说是无善无恶的，也就是没什么感觉的。当心没有动的时候，感知到的外物，都是平常状态，是没有善恶之分的。

“无善无恶者理之静”，完全没有人的任何想法介入，只是一种混沌宁静的状态，就像是一个空旷的舞台，等待人来登台表演，这就是“理之静”的状态。

“有善有恶者气之动”，“气”字指的是“私意之气”，和通常说的“意气用事”中的“气”的意思一样，根源是由好名、好色、好利种种私欲延伸出来的贪嗔好恶对心体的攀附。

“不动于气，即无善无恶，是谓至善”，就是天理落在心之本体上，心体无一丝一毫“私意之气”的攀附，气机发动流行，皆是遵循天理，与天理完全合拍，自然就是“无善无恶”的“至善”了。

薛侃接着问，佛家讲无善无恶，儒家也讲无善无恶，这中间有什么分别呢？

佛家和儒家同样讲修心性，方向是有区别的。儒家讲“修齐治平”，强调入世和治世；佛家在治世方面，几乎是不涉及的。

阳明先生回答薛侃说，佛家修身的重点在修行者本人身上，着意的无善无恶也是同样的意思，其他的便一切都放在一边不管了，所以不能用来治理天下。儒家所讲的无善无恶，只是“无有作好，无有作恶”，不被私意之气所动，不过是“遵王之道，会其有极”，也就是自然而然，完全遵循天理。如同火车运行在轨道上，具体操作的时候，司机也是可以根据实际情况，调整速度快慢的。

“无有作好，无有作恶”和“遵王之道”“会其有极”出自《尚书·周书·洪范》，原文：“无偏无颇，遵王之义。无有作好，遵王之道。无有作恶，遵王之路。无偏无党，王道荡荡。无党无偏，王道平平。无反无侧，王道正直。会其有极！归其有极！”这是商代仁者箕子从纣王囚室里放出来后，在回答周武王如何循天理以治天下的咨询时所发表的卓见：为政者应处事公正，没有偏私，遵循先王正义而行；不要乱为私好或谬赏恶人，应当遵循先王正道而行；不要乱为私恶或滥罚善人，应当遵循先王之正路而行。不徇私枉法或结党营私，先王所行之道就会宽广顺畅；不阿党与偏私，王者所立之道就会井然有序；处事不反复无常，先王所立之道就会正直而通畅。君王聚合民众有其准则；民众归顺君王也有其准则。概言之，“王道”乃圣王所立所行的大中至正、“无偏无党”、天下归仁的“至德要道”。

儒家“法先王”所推行的“无偏无党”之“王道”，有别于假借仁义而偏离正义的“霸道”。在孟子看来，“以德行仁者王”，依靠道德，施行仁义而统一天下的叫作“王”，商汤、文王便是如此，会令百姓心悦诚服，就像孔子的弟子信服孔子一样；“以力假仁者霸”，依靠武力假借仁义之名而统一天下的叫作“霸”，靠武力使人服从，并不是真心服从，只是力量不足以抗衡。成就“王道”，必基于人心人情，合乎礼义与道义。王者“心正”，奉天理之公正，怀以诚正之心；霸者用其私心，而偏离仁义，必失公道。

“裁”字在这里是裁切合适的意思，就像把一块布料裁缝成衣服来穿。佛家是直接围着布就出门了，儒家是做成衣服穿上再出门，两家无善无恶的分别就是如此。

用“道”入世治世，儒家积极用世，对“道”进行主动裁剪取舍，让“道”为人所用，这就是阳明心学所讲“致良知”的大用。

【101－2】

善恶的本质（下）

【原文】

曰："草既非恶，即草不宜去矣。"

曰："如此却是佛、老意见。草若有碍，何妨汝去?"

曰："如此又是作好、作恶?"

曰："不作好恶，非是全无好恶，却是无知觉的人。谓之不作者，只是好恶一循于理，不去又着一分意思。如此，即是不曾好恶一般。"

曰："去草如何是一循于理，不着意思?"

曰："草有妨碍，理亦宜去，去之而已。偶未即去，亦不累心。若着了一分意思，即心体便有贻累，便有许多动气处。"

曰："然则善恶全不在物?"

曰："只在汝心，循理便是善，动气便是恶。"

曰："毕竟物无善恶?"

曰："在心如此，在物亦然。世儒惟不知此，舍心逐物，将'格物'之学错看了，终日驰求于外，只做得个'义袭而取'，终身行不着、习不察。"

曰："如好好色，如恶恶臭，则如何?"

曰："此正是一循于理，是天理合如此，本无私意作好作恶。"

曰："如好好色，如恶恶臭，安得非意?"

曰："却是诚意，不是私意。诚意只是循天理。虽是循天理，亦著不得一分意。故有所忿懥、好乐，则不得其正，[①] 须是廓然大公，方是心之本体。知此，即知‘未发之中’。”

伯生[②]曰：“先生云‘草有妨碍，理亦宜去’。缘何又是躯壳起念？”

曰：“此须汝心自体当。汝要去草，是甚么心？周茂叔窗前草不除，是甚么心？”

【老刘说】

薛侃问，草既然不是恶的，那么草就不应该去除了？

阳明先生说，如果这么理解，就偏离了儒家的道路，草如果已成为妨碍，当然要除掉了，这又有什么关系呢？就如同种地一定要锄草一样，难不成种庄稼的同时也养草吗？

薛侃问，那么除草这件事情，究竟是作好呢，还是作恶呢？

阳明先生的回答“不作好恶，非是全无好恶，却是无知觉的人”的意思是，并非善恶全无区别，如果心对善恶完全没有了区别，心里不成一团糨糊了吗？人也会成为全无知觉的人。这肯定是说不通的。

“不作”是说区分善恶的标准是完全遵循“理”的，让天理落在心之本体上，按照“理”的标准来做出善恶的判断。这个判断不能有一丝一毫私欲的攀附，也不受一丝一毫人欲贪嗔好恶的影响。只有这样，才算是“不曾好恶”。

“非是全无好恶”中的“好恶”，不是以“心”，而是以“理”为标准说的，合“理”的可以归类为好，违“理”的即可归类为恶。

薛侃问，就除草来说，怎样才算是完全遵循天理，而不被个人的感觉影响呢？

阳明先生说，草如果有妨碍，理应除掉，就除掉好了。如果暂时有其他原因不能除掉，也不要因此而牵肠挂肚。如果让人牵肠挂肚，就会给心体留

---

① 《大学》：“所谓修身在正其心者，身有所忿懥，则不得其正；有所恐惧，则不得其正；有所好乐，则不得其正；有所忧患，则不得其正。”

② 伯生：孟源，字伯生。

下牵累，后面会影响气机流行的正常节奏。

这句话，阳明先生强调的重点就一个，草除去了也好，没有除去也罢，心都不能被物所累，也就是心不随物转。虽酬酢万变，而本心不乱。只有保持此心“如如不动”，才能明心无碍，物来能应。这正是心学的功夫所在。入世践行，只有心强大，才是真正的强大。

薛侃说，这么说，所谓善恶完全不在外物上面，只在自己的心中了？

阳明先生说，的确如此，善恶的判断只在自己心中，循理就是善，不能循理，有私意攀附在心体上，导致气机不能循理顺畅流行，就是恶。

薛侃问，是不是说外物本身是没有善恶的，只是依照天地自然而运行，比如草只要有水土，温度适宜，就会生根发芽，不会因为人的喜好而选择是否生根发芽。所谓善恶，只是人心中的判断？

阳明先生说，是这个意思，对事物的善恶判断，不是根据自己的好恶之心，而是看是否循理。世间的俗儒往往不懂这一点，一味向外求，荒芜了内心，将格物的学问完全搞反了。结果就是个“义袭而取”，终生下来，也只是“行不著，习不察”。

“在物亦然”的“物”，指的是“意之所在便是物”的“物”，物一旦进入了意，循理就是善，不循理就是恶。

“行不著，习不察”，出自《孟子·尽心上》：“行之而不著焉，习矣而不察焉，终身由之而不知其道者，众也。”意思是“做了的事情，却不明白为什么要做，天天习以为常却不知道所以然，天天嚷嚷自己是按照‘道’在做事，却不想想什么是道，这种人是很多的”。

薛侃问，像“好好色”“恶恶臭”，又该怎么解释呢？

阳明先生说，这正是完全遵循天理，是天理本该如此，见着好的事物会心生喜欢，见到龌龊的事情，就会心生厌恶，这是天性。做到“发乎情，止乎礼”就可以了。比如邻居买彩票中了500万，我们难免会有那么一瞬间心想，这钱如果是我的多好，有这种想法，也是人之常情，没什么不好意思的。君子和小人见到一堆钱，心都会动一下，区别在于小人是先拿了再说。君子会想一想，这钱该不该拿。如果是不义之财肯定不能拿。甚至连孔子也不例外，孔子曾经说过，如果富贵可求，就算给别人当个马夫也是可以考虑的，如果不能，就还做我喜欢做的事情好了（“富而可求也，虽执鞭之士，吾亦为之。如不可求，从吾所好"）。

薛侃又问，"好好色""恶恶臭"，这种好恶，也是有意参与的，又怎么能说没有着意呢？

阳明先生说，这种意是诚意，也就是循天理而产生的意，不是因为个人"好名、好色、好利"的私欲而产生的私意，这是有根本区别的。"所谓修身在正其心者，身有所忿懥，则不得其正；有所恐惧，则不得其正；有所好乐，则不得其正；有所忧患，则不得其正"，身有所"忿懥、好乐"，心就不得其正。身的"忿懥、好乐"就是私欲作祟。诚意和私意只是一墙之隔，懂得这一点，也就知道"未发之中"的意思了。

儒家讲"仁"，"仁"有个喻义是生生不息，而非一锤子买卖。比如种子生根发芽后，长成大树，开花结果，再产生种子（仁），一个循环接着一个循环，生生不息。

儒家遵循的"仁"，倡导符合人性，不会过高或者过低，刚好可以生生不息地正向循环下去。孟子曰："老吾老，以及人之老；幼吾幼，以及人之幼。"就是说我们在实际处理事情的时候，是讲亲疏有别，长幼有序的，这个区别就是循于理。

那么，什么是合理，什么是不合理呢？按儒家的模式，取大舍小就是合理，取小舍大就是不合理。

那么，大小怎么分别呢？打个比方，你在山里修行，就你一个人，有些事情由着性子来是可以的，比如睡觉不关门，经常不穿衣服等，这算是合理的。但如果你的夫人和孩子过来跟你一起生活，晚上睡觉不关门，经常不穿衣服显然就不合理了。

对于身外的事情，根据具体的境遇，合理的就去做，不合理的就不去做，而不要墨守成规迂腐不知变通。

一旁的孟源忍不住插了一句嘴："先生您刚才讲'草有妨碍，理亦宜去'，缘何又是躯壳起念？"

阳明先生没有直接回答，而是让孟源反求诸己。除草不除草，其根本在于自己的发心动念。想要除草，自己是怎么个想法？周茂叔窗前的草不除，又是怎么个想法呢？

人起念之处到底是私意还是诚意，只有自己知道，人是永远瞒不过自己的内心的。是否能顺理而行，只有自己最清楚。

说句题外话，《传习录》属经的范畴，内容比较抽象，有时候对文字的释义，难免会有歧义，这就需要用个人实修来体会其中真实含义，不能完全抠字面意思。

举个例子，山城重庆的道路，几乎没一条是直的，有人问我从朝天门到大坪怎么走，我说沿着这条路向西一直走，看到大坪轻轨站就到了，这么指路不能说有错吧。可是如果开车的是个死脑筋，上车之后，方向盘的方向定死了，直线往西走，有弯儿也不拐，这车百分之百掉沟里，回头说不定还会来找麻烦："我是按你说的直走，可是不但没到大坪，还掉沟里了，你这不纯粹坑人吗?"

大家要清楚，文字和语言承载的信息有限，一定要加上自己的体会，用实修检验，不断体会，这样学习才会有效果。

【102】
做学问的根本处

【原文】

先生谓学者曰："为学须得个头脑，工夫方有着落；纵未能无间，如舟之有舵，一提便醒。不然，虽从事于学，只做个'义袭而取'，只是行不着、习不察，非大本、达道①也。"

又曰："见得时，横说竖说皆是；若于此处通，彼处不通，只是未见得。"

【老刘说】

"头脑"在这里是"根本"的意思。"根本"一词的意思不难理解，在古代汉语中，"本"就是树木的根。《说文解字》曰："木下曰本。"《国语·晋语一》："伐木不自其本，必复生。"其意义不解自明。

阳明先生说，为学这件事情，是必须有个根本的，如果没有根本，就完全没谱了，就像树没有根一样，枯萎是早晚的事情，是没有办法保持生机勃勃的。

为学抓住根本，功夫就有了着落。就像船舵定了，船的行进就有了确定的方向，反之，就会随波逐流，东一下西一下，很可能你划得越努力，反而离目标越远，最后不知道漂到什么地方去了。

阳明心学的根本处，就是"致良知"，即让天理落在心之本体上，良知充盈起来，时时刻刻不离本心。只要心中有了"致良知"这个真义，时时刻刻

① 《中庸》："中也者，天下之大本也；和也者，天下之达道也。"

不忘导正自己心中的偏颇之念，就已经是功夫的得力之处了。

初学者刚入手，常常会心猿意马，拴缚不定，私欲攀附心体，天理难存，产生气馁之心。刚开始养心功夫时有间断，也是正常的，只要日有寸进，今天比昨天有进展，就是进阶。关键是要抓住根本之处。

阳明先生又说，只要抓住“致良知”这个根本，横说竖说都会是正确的，都能说得通。如果说到这个道理通，说到另一个道理就不通了，就说明还没真正搞懂这个根本。

【103】
业举之累和为学的关系

【原文】

或问为学以亲故，不免业举之累。

先生曰："以亲之故而业举为累于学，则治田以养其亲者，亦有累于学乎？先正云'惟患夺志'，但恐为学之志不真切耳。"

【老刘说】

有人说，我也是很想修圣学的，只是每天忙得不行，养家糊口，父母要孝敬，孩子要养，上班的地方一堆事。每天两眼一睁就开始忙，一直忙到熄灯，根本没时间静下心来，好好学习心学。如果能有闲暇时光，安安静静地静下心来，就不会被这些世俗琐事拖累了。

阳明先生说，这么想，本身就是有问题的。儒学本身就是个入世治世的学问。入世践行自然是面对人情事变，怎么可能不和人打交道呢？在人类社会中生活，每个人都需要养家糊口，都需要和各种各样的人打交道，怎么可能让世界按照自己的想法运行呢？

心学就是个入世治世的学问，每个人被俗事所累是避免不了的。这本身就是修炼心性的"事上磨"，怎么可能和为学冲突呢？

核心的问题并不在此，而是所立志向不真切。换句话说，你的为学，根本就没搞清楚自己真正想要什么，立志没立到根本上，自然会不真切。

【104】

每天私心杂念挥之不去怎么办？

【原文】

崇一①问："寻常意思多忙，有事固忙，无事亦忙，何也？"

先生曰："天地气机，元无一息之停，然有个主宰，故不先不后，不急不缓，虽千变万化，而主宰常定，人得此而生。若主宰定时，与天运一般不息，虽酬酢万变，常是从容自在，所谓'天君泰然，百体从令'。若无主宰，便只是这气奔放，如何不忙！"

【老刘说】

欧阳崇一问，平常时候，心里想来想去，一会儿一个想法冒出来。有事的时候想法多，这很正常，因为有事就得琢磨事；没事的时候也有各种想法冒来冒去，这是怎么回事？

欧阳崇一提到的这种现象，也是我们修心学的人常碰到的问题。心始终宁静不下来，无论身体闲忙，人总是处于一种比较心累的状态。

阳明先生说，天地万物生生不息，没有东西是彻底停下来的，停下来就死了，心念不断非常正常。天地万物都有自己的规律和秩序，人只有和这个节奏同步，才能经常从容自在，也就是所谓的"天君泰然，百体从令"，如果不能和这个节奏同步，人就会感觉很累。

"天君泰然，百体从令"，出自范浚《心箴》，何启、胡礼垣《曾论书后》有言："吾见天君泰然而百体从令者矣，未闻精神枯索而百病不侵者也。"古

① 崇一：欧阳德，字崇一，号南野，江西泰和人，官至礼部尚书，王阳明的学生。

语中称“心”为“天君”，比如《荀子·天论》：“心居中虚以治五官，夫是之谓天君。”这句的意思是，心安定了，身体也就自然各安其位，整个人身心自然会舒畅。如同一个国家，君有君的样子，臣有臣的样子，人民有人民的样子，各司其职，各安其位，国家自然可以政治清明，运转顺畅。

“主宰”的“主”字在古语中与“柱”字通用，有“最重要的，最基本的支撑”的意思，“宰”字是“处置，生杀予夺”的意思（贾谊《过秦论》：“因利乘便，宰割天下”）。心学把人浓缩成一个点，即“虚灵不昧”。这一点虚灵，就是整个人的主宰，这点虚灵要法天地之道，才能做到主宰常在。

人在江水中游泳时，水的流速是一定的，游得比江水流速快，自然会很累；游得比江水流速慢，跟不上水流的速度，同样也会很累。只有和水流的速度一致，浮在水面上，借着顺流的推动力前进，才会不累。

阳明心学并不是从自己心中自发生长出来的，探究其源头，心只是在法天地之道，道法自然，“自然”就是那个本然如此的东西。天地万物按照“自然”的规则运行，生生不息。

通常情况下，人只要活着，心体就不会停息下来，无时无刻都要追逐一样东西才肯罢休。而天地之道，譬如春夏秋冬的循环，万古如此，一直只是不紧不慢地运行。人心要法天地之道，不急、不躁、不悲、不馁。事情来了，循理应对，事情过去了，言亡虑绝无痕迹，犹如“风过疏竹，风过而竹不留声，雁过寒潭，雁过而潭不留影”。做到这一步，天地的那个主宰也成了自身内心的主宰一般。

“此心安处是吾乡”，“此心安处”就是心随着天地之道同频同步而行。也就是“致良知”处。

【105】
如何克服好名的毛病

【原文】

先生曰：“为学大病在好名。”

侃曰：“从前岁自谓此病已轻，比来精察，乃知全未。岂必务外为人，只闻誉而喜，闻毁而闷，即是此病发来？”

曰：“最是。名与实对，务实之心重一分，则务名之心轻一分；全是务实之心，即全无务名之心；若务实之心如饥之求食，渴之求饮，安得更有工夫好名？”又曰：“‘疾没世而名不称’，称字去声读，亦‘声闻过情，君子耻之’之意。实不称名，生犹可补，没则无及矣。‘四十、五十而无闻’，是不闻道，非无声闻也。孔子云：‘是闻也，非达也。’安肯以此望人。”

【老刘说】

阳明先生说，我们修圣学最大的问题是什么？就是好名。如果心体里填满了“好名”，好的东西就再难进来了，所以要把“好名”去掉，必须连根拔除才行。

薛侃说：“先生说得太对了，对此我深有体会。自从跟先生修心性，前年的时候觉得自己好名的毛病已经修得差不多了。最近做内省功夫的时候，发现并没有真正去除，只是藏得更深了。譬如除草，只是把地面以上看得见的去除掉了，却不想地下的根系已经蔓延开来。”

薛侃对自己“好名”之病的阐述是比较到位的，是一个实修者的真正体认。薛侃意识到，仅仅做到给人以谦恭的表象，不能算是不好名，要真真正正心有敬畏，敬天畏地，不以物喜不以己悲，才能称得上不好名。听到别人对自己的夸奖，有点儿想飘的感觉，马上给自己个警示，导正状态；听到别人对自己的毁谤，有了消沉或者不爽的冲动，马上警醒自己，导正状态，让自己恢复到常态中去。只有这样，才是学问的功夫。

阳明先生对此表示赞同，名和实是相对的，务实的心重一分，务名的心就轻一分。做一件事情的时候，同一种行为，如果尽心程度主要取决于别人的态度，即别人对我认可，点赞的人多，能刷一刷存在感，就尽心尽力做好，别人不认可，或者没人在意，刷不到存在感，就糊弄糊弄了事，这样做事就不是务实，而是务名。

那务实讲的是什么？确定下来一件事，你想做这个事情，就闷头好好做，至于外边的评价什么的，对自己来讲其实无足轻重。你自己的人生，是对自己有个交代，盖棺定论的时候，最有资格评价你的是你的本心，而不是别人的嘴巴。做事情的时候要有什么心态？就是是非功过，自有后人评说，我只做我的事情，做一个胸有一腔浩然正气立于天地之间的人。

心里面被务实占满的时候，务名的心态自然而然就轻了，别人在说什么，一笑置之好了，很淡然就过去了。我们每天日省的时候，关注的是所做的事同内心的标准的比较，做到了还是没有做到，自己心里最清楚，也是无法欺骗的。比如做一件好事时，你的初衷是沽名钓誉，还是心有恻隐，只有你自己最清楚。

如果对务实感到如饥似渴，自然而然就会忽略名的事情。做事情有没有尽心，自己是清楚的。如果自己做得非常尽心，就在心里给自己点个赞吧。如果没有做到尽心，就要鞭策自己，导正心态。

“疾没世而名不称”这段引文比较多，逐个说一下。

“疾没世而名不称”出自《论语·卫灵公》，原文：“子曰：‘君子疾没世而名不称焉。’”“称”字读 chèn，名副其实的意思。这句话的意思是，君子很担心离开这个世界的时候，没有做到名副其实，对此，君子当引以为憾。

“声闻过情，君子耻之”出自《孟子·离娄下》，原文：“故声闻过情，君子耻之。”意思是名声和实际不相符，君子应该引以为耻。

在世的时候，如果不能名实相符，自然可以做一些修补性的工作，努力做到名和实相符。但如果某天去世了，就会成为一件非常遗憾的事。

“四十、五十而无闻”出自《论语·子罕》，原文：“四十、五十而无闻焉，斯亦不足畏也已。”对应“五十而知天命”。意思是到四十岁、五十岁还没有看到大道是什么样子，这辈子大概也就这个样子了。

“是闻也，非达也”出自《论语·颜渊》，原文：“是闻也，非达也。夫达也者，质直而好义，察言而观色，虑以下人。”意思是说，这是“闻”不是“达”，“达”就是质朴正直而好尚信义，谨慎考虑别人的言行，留心观察别人的神态，谦虚地对待别人。孔子认为“达”是一个人的良好品质，表明其德行与言行是一致的。

“闻”是有名气的意思，在这里指说一套做一套，只讲表面仁义，背后不仁不义。孔子说“达”的水准要比“闻”的水准高得多。有名气的人，并不代表就一定道德高尚，名人中道貌岸然男盗女娼的也不少见。

“达”是名副其实，“闻”只是名声在外。名气和能否达道是没有直接关系的。不能因为一个人名声大，就想当然地认为这个人一定品德高尚，也不能因为一个人没什么名气，就想当然地觉得这个人道德水平一定不怎么样。能分清臆想和真相，就是智慧。

就心性修炼来说，如果不能克服“好名”之病，心性修炼就会落入“小富即安”“器小易盈”的窠臼，在修炼上，很难有更大进步。

【106】
君子日省的重点是否是悔

【原文】

侃多悔。

先生曰："悔悟是去病之药；然以改之为贵，若留滞于中，则又因药发病。"

【老刘说】

薛侃做事经常会后悔。

阳明先生说，懂得后悔说明会反思，不算坏事，但重点是懂得改正，不能后悔完就过去了。懂得吃一堑长一智，不贰过，才是有意义的。如果只是留滞在心中，是没有什么意义的。

老虎也有打盹儿的时候，做人难免犯错，做错事，自然会后悔。正确的悔悟方式是前事不忘，后事之师，引以为戒，即"改之为贵"。

"留滞于中"是指身心陷入悔恨之中无法自拔，工作和生活都不要了，甚至连人生也放弃了，这无疑是不可取的。

做错了事情，悔恨得痛不欲生，诅咒发誓，决不再犯，过不了几天照犯不误，无疑是毫无意义的。遇到这种情况，别人毫无办法。我们永远无法叫醒一个装睡的人，如果一个人不是发自内心地想要改变，没有进步的诚意，任何外力的施加，都是徒劳。

【107】
圣学根本在“纯度”

【原文】

德章曰：“闻先生以精金喻圣，以分两喻圣人之分量，以锻炼喻学者之工夫，最为深切；惟谓尧、舜为万镒，孔子为九千镒；疑未安。”

先生曰：“此又是躯壳上起念，故替圣人争分两；若不从躯壳上起念，即尧、舜万镒不为多，孔子九千镒不为少，尧、舜万镒，只是孔子的；孔子九千镒，只是尧、舜的，原无彼我。所以谓之圣，只论‘精一’，不论多寡，只要此心纯乎天理处同，便同谓之圣，若是力量气魄，如何尽同得？后儒只在分两上较量，所以流入功利；若除去了比较分两的心，各人尽着自己力量精神，只在此心纯天理上用功，即人人自有，个个圆成，便能大以成大，小以成小，不假外慕，无不具足：此便是实实落落明善诚身的事。后儒不明圣学，不知就自己心地良知良能上体认扩充，却去求知其所不知，求能其所不能，一味只是希高慕大，不知自己是桀、纣心地，动辄要做尧、舜事业，如何做得！终年碌碌，至于老死，竟不知成就了个甚么，可哀也已！”

【老刘说】

德章姓刘，其他不详。

德章问阳明先生，听说先生用精金比喻圣人，用分量的轻重比喻圣人分量的大小，用炼金比喻学者的功夫，这些比喻很形象贴切。但说尧、舜是万镒，孔子是九千镒，这样不够妥当吧？

“分量”是指“立功”“立德”“立言”加起来的总和。

德章的意思是，凭什么你说尧、舜是万镒，孔子是九千镒，你有啥证据说孔子在分量上比尧、舜差呢？

阳明先生说，这么想本身就是有问题的，又是私欲作祟了，替圣人争分量这件事，已经偏离了心学的根本。圣学论的是精一功夫，评价圣人的标准是纯度，不是分量。从这个角度来说，尧、舜和孔子是没有分别的。在此计较分量，已是偏道。比来比去的结果，不过是陷入功利之心，后世儒者，很多都是因为此病终生不能达道。所以，一定要高度重视这个比较之心。

放下比较分量之心，是指尽己之力，只在心体廓然大公上下功夫，时时审视内心，不羡慕别人。和自己的昨天比，日有寸进，日积月累，盖棺定论时，无愧于心，就是人生圆满。

相反，有些人完全不懂圣学，却偏偏自以为是。不从本心“良知良能”上体认扩充，一味好高骛远。完全没有自知之明，虽然一天到晚忙得够呛，但走的方向不对，就算一生都在修，最后也成不了什么正果，这不免是一件很悲哀的事。

关于事功这件事，和两个因素有关，第一个是天资禀赋，它是与生俱来的，有就是有，没有就是没有，不可强求。西方有句名言“天才，百分之一是灵感，百分之九十九是汗水。但那百分之一的灵感是最重要的，甚至比那百分之九十九的汗水都要重要”。说的就是这个意思。

另一个因素，是时运，也就是人力所不及的部分。比如，“泰坦尼克号”沉了，对于船上的人来说是一场灾难，但是对于厨房里面活着的龙虾来说，那不就是一场奇迹吗？

孔子与尧、舜相比，在“力量气魄”上稍逊一筹，真的是孔子自身的能力问题吗？非也，是时也，运也，命也。如果将孔子放到尧、舜的时代和位置，不见得孔子的事功会不如尧、舜。

这种例子很多，刘备如果生活在现在，而不是东汉末年，大概会是一个从个体户起步的成功商人。开平王常遇春，如果生于盛世，大概会成为一个通缉犯，最后被绳之以法。明朝姚广孝是靖难之役的主要策划者，年近五十才开始辅佐燕王朱棣（明成祖），并最终助其起兵夺得天下。在碰到朱棣之前，生命中的前几十年都只是在蓄积待时，如果没有风云际会，黑衣宰相姚广孝也不过是一个寺中圆寂的僧人。

有些人在乱世的时候很容易崛起，在太平年间却根本没有用武之地，很可能一辈子都是平平淡淡的小老百姓。

评价自己修心性的水平，要讲纯度，而不要贪大求全讲分量。格物是格内心之物，不是格外边的物。修儒学如果只是在事功上下功夫，就偏离初心了。事功只是儒学修行的副产品，是入世治世用的部分，并非根本。人的心性水平必须和所在的位置相匹配，否则的话，位置越高可能造的孽越多。老祖宗讲“德不配位，必有灾殃”，不是没道理的。

修心性之学，要“但知行好事，莫要问前程”，要只问耕耘，不问收获，以诚敬之心向内求，砥砺前行。避免陷入功利攀比而无法自拔。

对于人力所不及的部分，要承认它的存在。在客观存在的基础上，做好人力所及的部分，才是符合天理的。

【108】
体用一源

【原文】

侃问："先儒以心之静为体，心之动为用，如何?"

先生曰："心不可以动、静为体、用。动、静，时也。即体而言，用在体；即用而言，体在用，是谓体、用一源。若说静可以见其体，动可以见其用，却不妨。"

【老刘说】

薛侃问，朱熹先生说心静的时候就是体，心动的时候就是用，是这个样子吗?

阳明先生回答说，心是不能用静和动来区分体和用的。静和动只是区分状态的，无论什么事物，都可以在静动之间切换。从体的角度而言，用取决于体；就用而言，体又体现于用。这称作"体用一源"。如果说静的时候可以见到心的本体，动的时候可以见到心的用，也是可以的。

关于体用这个事情，稍微有点儿绕，理解起来有点儿难度。下面举一个简单的例子来给大家说明一下什么是体，什么是用。锅盖是用来盖锅的，锅盖就是体，盖锅就是用。锅盖在没盖锅的时候，存不存在用呢?显然是存在的，它设计成这个样子的目的就是盖锅。这就是体用一源。

锅盖不用的时候，可以看到体的模样，使用的时候，可以看到它的作用，归结起来说就是"静可以见其体，动可以见其用"。

在前面的41节中，阳明先生说"定者，心之本体，天理也。动、静，所遇之时也"，意思和这里是一样的。

“心”不是一团血肉，而是一个“灵明”。无论是“未发之中”，还是“发而皆中节之和”，其本质只是体用的不同，这也是心学最根本的认知基础。

【109】
改变的根本在内心

【原文】

问："上智下愚如何不可移？"

先生曰："不是不可移，只是不肯移。"

【老刘说】

"上智下愚"出自《论语·阳货》："唯上智与下愚不移。"另外还有一句，意思差不多，出自《论语·雍也》："中人以上，可以语上也；中人以下，不可以语上也。"

这节的关键在于"不可"与"不肯"的区别。"不可"的对象是指人力所无法左右的部分；"不肯"指的是人力可及的部分。

一块石头无论给予什么样的环境条件，都是不能孵出小鸡来的，这是"不可"；一个正常的鸡蛋，我们把它煮来吃了，这是"不肯"让它孵出小鸡。

"上智"指的是特别有智慧、认知水平非常高的人，这类人已经窥到大道了，知道如何顺道而行，别人想改变他，就等于让他改走偏道，他肯定是不会干的；"下愚"指的是认知水平比较低，天资悟性方面比较低下的人，这样的人，如果肯"夭寿不贰，修身以俟之"，也可以到达"精金"的程度。

《老子》说："上士闻道，勤而行之；中士闻道，若存若亡；下士闻道，大笑之。——不笑，不足以为道。""上士"就是生知安行的人，听到"道"马上就能明白，明白之后就按照"道"去做；"中士"指的是介于上智和下愚中间的人，听到“道”似懂非懂，但是他会经常按照“道”行事，虽然有的时候可能也是很模糊的；下士指的就是下愚之人，这类人认知水平很低，一听人讲“道”就嘲笑说：“你这东西全是扯的，我才不上当呢。”

改变的根本在自己的内心，只有发自内心地想去改变，才会真的有作用。完全指望通过外力改变自己，无异于痴人说梦。

【110】
交友之道

【原文】

问"子夏[1]门人问交"章。

先生曰："子夏是言小子之交，子张[2]是言成人之交；若善用之，亦俱是。"

【老刘说】

这节是讲人际关系中的交友之道。"子夏门人问交"语出《论语·子张》，原文"子夏之门人问交于子张。子张曰：'子夏云何?'对曰：'子夏曰："可者与之，其不可者拒之。"'子张曰：'异乎吾所闻，君子尊贤而容众，嘉善而矜不能。我之大贤与，于人何所不容?我之不贤与，人将拒我，如之何其拒人也?'"

子夏的弟子向自己的师叔子张询问人际关系中的交友之道，子张没有直接回答，而是反问这个师侄："你们老师子夏是怎么教你们的?"师侄如实告知子夏的观点：值得交往的，才与他交往；不值得交往的，就拒绝他，毕竟人的时间和精力都很有限，不必浪费在没意义的事情上。

子张对这个师侄说："我所听到的和你老师说的不太一样。对贤能的人要尊重，对一般大众，虽然谈不上尊敬，但也要包容他们。人有善行就赞扬，

---

① 子夏：姓卜，名商（约前507—前420），春秋时晋国人（也有说是卫人），孔子弟子，约小孔子四十四岁。孔子逝世后，子夏居西河（今山西河津市）讲学，为魏文侯师，学徒甚众。

② 子张：颛孙师（前504—?），复姓颛孙，名师，字子张，春秋战国时期陈国人，孔门十二哲之一，受儒教祭祀。

而对没有善行的人要心存怜悯。如果我足够贤德，自然能做到海纳百川有容乃大，如果我不够贤德，别人都觉得我很差劲，自然就会拒绝和我交往，我又凭什么去拒绝别人呢?”

对于交友之道，子夏和子张说的观点似乎都很有道理，薛侃拿不准，请教阳明先生。

阳明先生回答说，两个人说得都对，子夏讲的是小子之交，子张讲的是成人之交，针对的对象不同。

这节的关键点是如何理解“小子”和“成人”，很多书把“小子”翻译为“小孩子”，“成人”翻译成“成年人”，说明这些书的作者基本都没有实修，而只是训诂考据的纸上谈兵。

“小子”在这里指的是心智不够成熟的人，他们在人际交往中，拿不准的东西太多，自己对事物的判断水准不太高，容易被别人影响。小孩子只是其中的一个范畴。拿初中生来说，他们正处于逆反期，心智又很不成熟，交朋友时，往往需要家长引导他们跟那些品行好的孩子做朋友，而应远离那些品行不端之人。这样做，对孩子成长非常有帮助。

说个反例，2009 年 3 月 10 日，浙江丽水青田人民法院开庭审理了一起团伙抢劫案，被告中有位开宝马车的富家女郝某某，交友不慎，在损友的鼓动下，参与抢劫，获刑六年。当庭下跪，悔之晚矣！

“成人”指心智成熟，道德修养方面已经有一定根基，对事物的判断水准比较高，有比较明确的是非标准，不会轻易被别人影响的人。

关于教育，儒家讲求因材施教，从个体的差异入手，注重学生的实际领悟能力和教育效果。儒家的入世和治世，同样很注重持经达变。真正懂得儒学的人，绝对不会是迂腐之人。

《论语·先进》中有个典故，大家可以体会一下：

子路问孔子：“听到正确的主张，可以马上着手去干吗?”

孔子说：“总要问一下父亲和兄长吧，怎么能听到就去做呢?”

冉有也来问：“听到正确的主张，可以马上着手去干吗?”

孔子说：“对，应该立刻施行。”

公西华心中很疑惑，问：“同样的问题，您的建议怎么是完全相反的呢?”

孔子说："冉有性格谦逊，办事犹豫不决，所以我鼓励他临事果断。但子路逞强好胜，办事不周全，所以我就劝他遇事多听取别人意见，三思而行。"

【111】
学而时习之的真意

【原文】

子仁[①]问："'学而时习之，不亦说乎！'[②] 先儒以学为效先觉之所为[③]，如何?"

先生曰："学是学去人欲、存天理。从事于去人欲、存天理，则自正诸先觉，考诸古训，自下许多问辨思索、存省克治工夫，然不过欲去此心之人欲，存吾心之天理耳。若曰'效先觉之所为'，则只说得学中一件事，亦似专求诸外了。'时习'者，'坐如尸'，非专习坐也，坐时习此心也；'立如斋'，非专习立也，立时习此心也。'说'是理义之说，我心之说；人心本自说理义，如目本说色，耳本说声，惟为人欲所蔽所累，始有不说；今人欲日去，则理义日洽浃，安得不说?"

【老刘说】

冯思问，《论语》讲"学而时习之，不亦说乎"。朱熹先生认为"学"是效法先觉者的行为，这样说正确吗?

---

① 子仁：冯思，字子仁，号南江。江苏华亭人，正德进士，王阳明的学生。

② 语出《论语·学而》，"说"通"悦"，愉悦意。

③ 朱熹《论语集注·学而》："学之为言效也，人性皆善，而觉有先后，后觉者必效先觉之所为，乃可以明善而复其初也。"

阳明先生说，“学”是学“去人欲，存天理”，而不是学具体行为。修习心性的时候，自然会以圣人为榜样，以古训为依据，做很多问辨、思索、存养、省察、克治的功夫。但归根结底，这些功夫是为了除去本心的私欲，存养天理于心中。“效先觉之所为”只是其中一件事而已，怎么可以以偏概全呢？

“先觉之所为”出自朱熹的《论语集注》，意思是说圣人怎么做就效仿着去做好了。很显然，这样只能学到表面的东西。

“学”字的本义是“效法”，朱熹认为效法“先觉之所为”就是学，也就是说，“先觉之所为”是朱熹认为的学的对象。也就是效仿先人的模式。把“效仿他人”看作是“学”字的全部含义，无疑是值得商榷的。毕竟“鹦鹉能言，不离于飞鸟；猩猩能言，不离禽兽”。

阳明认为“学”字是“学去人欲、存天理”，“人欲”指的是“私欲”。阳明先生的意思是效仿对象不是“先觉之所为”，而是先觉效仿的终极——天理。

从人类进步的角度来看，“效先觉之所为”只是个基础，精髓是效仿天地自然，如果仅仅依靠“效先觉之所为”，人类文明的进化，就会停滞不前。只有效仿天理，人类文明才能够不断开创进取。

科技上的创新，实质上就是将“天理”内化为人的意识认知的过程，本质上不是人创造出了什么，而是人更彻底地了解本然如此的天理。将心中的“天理”存留并扩充发扬，才是“学”的真相和本原。

“坐如尸”“立如斋”句出自《礼记·曲礼上》：“若夫坐如尸，立如齐，礼从宜，使从俗。”“尸”是指活人扮作先祖的样子代其受祭。古代有“尸居神位，坐必矜庄”的说法。“齐”字与“斋”通假，有斋戒之意。这句的意思是：如果进入成年，坐着就要像祭礼中的代为受祭的人一样端正，站着就要像斋戒一样肃穆恭敬，礼要合乎事理，如同作为使者要入乡随俗一样。阳明先生引用这段话的意思是：效仿不是照葫芦画瓢，核心是学做这件事时候的心。

“‘说’是理义之说，我心之说”，“说”通“悦”，天理落在我们心之本体上的时候，人是喜乐的，即圣人之乐也。

从人的本性来说，“目本悦色，耳本悦声”，美好的事物让我们内心愉悦，这些都是自然而然发生的。当天理落在心之本体上，良知充盈，本心就不会被私欲蒙蔽。

心和天道合拍同步，如鱼游水中，自由自在。随心所欲而又不逾矩，这个时候，人生的麻烦少了，甚至完全消失了，人又怎么会不愉悦呢？

【112】
曾子的“三省”和“一以贯之”

【原文】

国英[①]问：“曾子三省[②]虽切，恐是未闻一贯[③]时工夫？”

先生曰：“一贯是夫子见曾子未得用功之要，故告之。学者果能忠、恕上用功，岂不是一贯？‘一’如树之根本，‘贯’如树之枝叶。未种根，何枝叶之可得？体、用一源，体未立，用安从生？谓曾子于其用处盖已随事精察而力行之，但未知其体之一[④]，此恐未尽。”

【老刘说】

陈粲问阳明先生，曾子一日三省虽然很真切，但他应该还没真正弄懂一以贯之的功夫，不能算是真正得道吧？

曾子的三省，即“吾日三省吾身：为人谋而不忠乎？与朋友交，而不信乎？传不习乎？”注意曾子说的是“吾身”，而不是“吾心”，“身”的事情，是“用”的层面。

朱熹认为“曾子于其用处盖已随事精察而力行之，但未知其体之一”，即曾子虽然在“用”的层面做得很好，但在“体”的层面是没有突破的。只知

---

① 国英：陈粲，字国英，福建莆田人，王阳明的学生。

② 《论语·学而》：“曾子曰：‘吾日三省吾身：为人谋而不忠乎？与朋友交而不信乎？传不习乎？’”

③ 《论语·里仁》：“子曰：‘参乎！吾道一以贯之。’曾子曰：‘唯。’子出，门人问曰：‘何谓也？’曾子曰：‘夫子之道，忠恕而已矣！’”

④ 语出朱熹《论语集注·里仁》。

道“用”，却不知道“体”，也就是“道”不够洞悉，只是“器”做得很好。

按《论语》记述，听到曾子的“三省”之后，孔子说“参乎！吾道一以贯之”，意思是“三省吾身”仍在枝叶的层面，而没有在根上。儒学之道是有个根本的，从根本开始贯通起来的，才是“道”。曾子出来的时候，同门过来问曾子先生说的是什么意思，曾子说：“夫子之道，忠恕而已矣！”

朱熹认为孔子之所以这么说，是因为曾子只会“三省”，却不懂得道是“一以贯之”的，作为老师的孔子，只好出来耳提面命，谆谆教诲。

对此，阳明先生认为孔圣人这么说，只不过是做老师的看到曾子没有抓住用功的要领，顺势点拨一下而已，并不代表曾子的水平真的不够。

曾子讲的“忠恕”，就是“一以贯之”的“道”，曾子的“三省”之功，已经包含了“忠恕”之道。

“忠”，指足够尽心，而非盲从，或者助纣为虐。“忠于职守”意思是我们对自己的工作要足够尽心。同理，“忠于配偶”说的是要对配偶足够尽心。

“恕”，就是推己及人，将心比心。推己及人不是说仅仅换个立场考虑问题，而是从对方的实际情况、特定境遇来换位思考。好事做成糟糕事，往往是因为“吾之良药，彼之砒霜”。逼羊吃肉，逼狼吃素，都是出于好心的恶毒。

另外，需要注意的是，儒家讲的“恕道”，包容的是那些知悔过，有浪子回头的可能性的人。

阳明先生说，“忠”“恕”这两件事做好的话，正是“一以贯之”之道。“一”如同树的根，“贯”如同树的枝叶，没有根，哪有什么枝叶花果？“体用一源”，如果“体”都没有，“用”又从哪里来呢？

阳明先生认为“一”贯的“道”和具体修心标准的“忠恕”是一体的。人类社会中，没有所谓不食人间烟火的“道”，“道”必须有个具体的载体才能发挥作用，“忠恕”就是“道”的载体。

朱熹对曾子的评价，阳明先生是并不认可的。

【113】
孔圣人褒赞颜回的真相（上）

【原文】

黄诚甫[①]问“汝与回也孰愈”章。

先生曰：“子贡[②]多学而识，在闻见上用力，颜子在心地上用功，故圣人问以启之。而子贡所对又只在知见上，故圣人叹惜之，非许之也。”

【老刘说】

黄诚甫问，《论语》中的“汝与回也，孰愈”一章该怎样理解？

“汝与回也，孰愈”出自《论语·公冶长》，原文：“子谓子贡曰：‘女与回也孰愈？’对曰：‘赐也何敢望回？回也闻一以知十，赐也闻一以知二。’子曰：‘弗如也！吾与女弗如也。’”

子贡的学问修为已相当高超，孔子喻之为“瑚琏”。瑚琏是宗庙盛黍稷的。但是它绝非一般的盛食器，而是上至周王、诸侯，下至卿大夫，置于大堂之上、宗庙之中、黄泉之下，极为尊贵、超绝华美、实有大用，贮能裕养，可以和鼎相配而且同用，只是尊贵稍次的大宝礼器。

孔子以瑚琏比子贡，是说子贡对于国家社稷，乃是大器。他具有超才、足堪重用。可见孔子对子贡的评价之高之精之美之妙。这在孔子评价的学生中堪称独一无二。

---

① 黄诚甫：名宗贤（？—1536），浙江宁波人，正德年间进士，官至兵部右侍郎，王阳明的学生。

② 子贡：端木赐（前520—前456），字子贡，春秋末期卫国人，孔门十哲之一。

子贡比孔子小 31 岁，在孔门十哲中以善言闻名。他利口巧辞，善于雄辩，且有干济才，办事通达，曾任鲁国、卫国之相。他还善于经商，曾经经商于曹国、鲁国，富至千金，为孔子弟子中首富。“端木遗风”指子贡遗留下来的诚信经商的风气，所谓“君子爱财，取之有道”，为后世商界所推崇。

一天，孔子问子贡：“你和颜回谁的天资更强一些？”子贡答道：“老师啊，我怎么敢和颜回比呢？他闻一知十，我闻一知二，怎敢望其项背？”孔子很感叹：“是啊，不但你不如颜回，我和你一样，也不如颜回啊！”

颜回死后，孔子常想起颜回所言所行，可见颜回学问修养超绝，堪称在世圣人，足以继承孔子衣钵，把儒家发扬光大。奈何天妒英才，孔子痛失爱徒！

阳明先生回答黄诚甫说，子贡多学多识，在见闻上下功夫，向外求的东西比较多，而对内心的修炼相对比颜回差一些。“下学”功夫很好，“上达”功夫火候还不够。颜回在心体上用功，修的是心之本体，孔圣人这么问是有所指的，目的是启发子贡，点出子贡在心性修炼上的不足，暗示子贡在心体上多用点儿功，不要偏了。

最后圣人说，“我跟你的看法一样”，意思是叹息，并不是赞同。

【114】
孔圣人褒赞颜回的真相（下）

【原文】

“颜子不迁怒，不贰过，亦是有‘未发之中’始能。”

【老刘说】

这一节字数很少，但却是阳明心学精髓所在。

“不迁怒，不贰过”出自《论语·雍也》：“有颜回者好学，不迁怒，不贰过。不幸短命死矣。”。朱熹在其后注解道：“迁，移也。贰，复也。怒于甲者，不移于乙，过于前者，不复于后。”“不迁怒，不贰过”，说起来简单，但是真的做到是非常不容易的。

迁怒就是“踢猫效应”，因为甲而愤怒，怒火发泄到无辜的乙身上。某人在单位里被领导骂了，心里很不爽，回家之后就开始骂老婆，老婆也很不爽，就骂孩子。这孩子找不到发泄的地方，刚好看见猫从身边走过，就一脚把猫踢飞了。

一般人有了怒气，很少有人能够做到内部消化，大部分人都会迁怒别人。今天我心情很不爽，谁碰我我就找谁麻烦，这是修心的大忌。

很多人以为修到圣人的水平，就没有喜怒哀乐了，这是一个很大的误解。即使修到圣人的程度，也是有七情六欲的。遇到当怒之事，圣人也难免要怒，关键在“不迁”这两个字上。

圣人心中的怒，是不是靠憋着来解决呢？显然不是。

圣人对心体的气机流行已经了如指掌，一旦有愤怒开始涌动，就会导正其方向，让它保持在合理的范围内。怒气如风吹过湖面，泛起层层涟漪，风过去了，湖面也就平静下来了。圣人会将怒气“止”在一个恰当的点上，不助长，也不压抑。相对于普通人强行将怒气按压下去的方式，圣人是以对天道的洞悉作为吸纳怒气的法宝，来化解掉心中的怒气的，从而得到一个风平浪静的“清凉世界”。

“喜怒哀乐”过头，甚至失控，往往是和认知高度有直接关系的。如果生死在你眼中都不是什么大事，那还会有什么事情能够让你情绪起伏到完全失控的状态呢?

作为普通大众，要想达到“不迁怒”的境界，除了刻苦砥砺，日有所进，别无捷径。

“不贰过”是说不会重复犯同样的错误，这也是非常难做到的。犯错这种事情，圣人也难免，关键是能否吸取经验教训，不再重蹈覆辙。

“贰过”的根本原因是某种私欲根植心体之中，养成了习性。私欲不除，即便努力控制，亦是个“扬汤止沸”。根系不除，只要环境合适，私欲就会蔓延开来，“贰过”必然会再次发生，只是时间地点的问题。

比如有人喜欢显摆，根源是好名，怕别人瞧不起，依此来刷存在感。如果不能去除心中好名的私欲，即便自己很清楚显摆的种种弊端，努力克制，也一样会忍不住在某些情况下显摆。例如酒后自控力下降的时候。

颜回能做到“不贰过”，表明他已经可以不被任何习惯性的私欲所左右，言行举动纯是天理。这是只有到达“未发之中”的水平才可做到的。

【115】
修圣学立志的根本

【原文】

“种树者必培其根，种德者必养其心。欲树之长，必于始生时删其繁枝；欲德之盛，必于始学时去夫外好。如外好诗文，则精神日渐漏泄在诗文上去；凡百外好皆然。”

又曰：“我此论学，是无中生有的工夫。诸公须要信得及，只是立志。学者一念为善之志，如树之种，但勿助勿忘[①]，只管培植将去，自然日夜滋长，生气日完，枝叶日茂。树初生时，便抽繁枝，亦须刊落，然后根干能大；初学时亦然，故立志贵专一。”

【老刘说】

阳明先生说，修身就像种树，种子种下去开始发芽扎根，根如果不扎实的话，树就很难长好，只有根扎得足够深，足够健康，树才能长好。修圣学种德也是如此，德的根在心上。树刚刚长起来的时候枝杈很多，要想长成好木材，就需要修剪繁枝，让主干养分充足，这样树才能向成材的方向成长。修心性亦是如此，人的精力和时间是有限的，修炼心性的时候，把消耗精力的爱好，尽量删繁就简，这样才能保证心中道德隆盛。

比如喜好诗文，逐渐就会把精力时间全放在诗文上，其他许多爱好都是如此。在这些事情上面耗费的精力多了，“修德”相对兼顾的就会少一些，最

① 《孟子·公孙丑上》：“必有事焉而勿正，心勿忘，勿助长也。”

后甚至就止步不前了。树不修剪，繁枝太多，最后只能劈了去烧火了，是不能做房梁的。

“无”，指的是顺其自然，强调人的主观意识在面对“天理”时，独立无干涉的“旁观性”。

《老子》讲：“道常无为而无不为。”阳明先生说的“无”指的就是这种“无为”，即道生万物，“生之，畜之，生而不有，为而不恃，长而不宰”，“行不言之教”。

“有”，指的是人心的自主选择性，在天道的秩序下，主动选择顺天道而行，站在符合天理一侧的行为。

任何一种客观，归根结底都是人意识的认知反馈，并不是山里猴子、大象的杰作。“唯物”也只是人所定义的“唯物”而已。

修心性要从立志开始，顺天理而行，为学者要有存养良知、一心为善的志向，只要“勿忘勿助”，自然会“下学”而“上达”，树有繁枝，该修剪就要修剪，这样树木才能成材，刚开始学圣学的人，立志是最主要的，要把根培养好，一以贯之。只有“信得及”，才能“行得笃”，行得笃了，“知”也自然在其中了。

【116】
为学日益，为道日损

【原文】

因论先生之门，某人在涵养上用功，某人在识见上用功。

先生曰：“专涵养者，日见其不足；专识见者，日见其有余。日不足者，日有余矣；日有余者，日不足矣。”

【老刘说】

闲谈的时候，无意间谈到在阳明先生门下学习的弟子，说某某人是在涵养上用功，某某人在知识见闻上用功。

阳明先生说，只在涵养上用功的人，会日渐发现自己的不足，这是“为道日损”；只在知识见闻上用功的人，会日渐觉得自己有余，这是“为学日益”。“为道日损”的人，心体会逐渐纯粹；“为学日益”的人，会面临更多的纷繁、芜杂之事，德行将会日渐不足。

仅看这一节，很容易给读者一种轻视“知识见闻”，只重视“涵养”的感觉。但阳明先生的本意并非如此。其中一个“专”字就很能说明阳明先生的态度。儒学是入世治世之学，并非纸上谈兵，必要的“知识见闻”是必需的。

从入世治世的角度来说，“涵养”在大多数情况下是离不开“知识见闻”的。“涵养”好比是锅，“知识见闻”好比是米。撇去了“知识见闻”，只空守着“涵养”，等于空锅煮饭。

要在“涵养”为主的情况下，增加“知识见闻”。

另外，儒家的“涵养”，并非佛道两家那种弃世处静、独修此心的涵养。而是一直“活泼泼”的，与世间活动交互影响，筋骨相连。虽然儒家也讲求静坐息心的功夫，但这只是阶段性的手段，并不是儒家“涵养”的全部。

【117】
居敬、穷理之辩

【原文】

梁日孚①问："居敬、穷理是两事，先生以为一事，何如？"

先生曰："天地间只有此一事，安有两事？若论万殊，礼仪三百，威仪三千，又何止两！公且道居敬是如何？穷理是如何？"

曰："居敬是存养工夫，穷理是穷事物之理。"

曰："存养个甚？"

曰："是存养此心之天理。"

曰："如此，亦只是穷理矣。"

曰，"且道如何穷事物之理？"

曰："如事亲便要穷孝之理，事君便要穷忠之理。"

曰："忠与孝之理在君、亲身上，在自己心上？若在自己心上，亦只是穷此心之理矣。且道如何是敬？"

曰："只是主一。"

"如何是主一？"

曰："如读书便一心在读书上，接事便一心在接事上。"

曰："如此则饮酒便一心在饮酒上，好色便一心在好色上，却是逐物，成甚居敬工夫？"

日孚请问，曰："一者，天理。主一是一心在天理上。若只知主

① 梁日孚：名焯，字日孚，广东南海人，正德九年（1514）进士，官至职方主事，王阳明的学生。

一，不知一即是理，有事时便是逐物，无事时便是著空。惟其有事无事，一心皆在天理上用功，所以居敬亦即是穷理，就穷理专一处说，便谓之居敬；就居敬精密处说，便谓之穷理，却不是居敬了别有个心穷理，穷理时别有个心居敬；名虽不同，功夫只是一事。就如《易》言：'敬以直内，义以方外。'[①] 敬即是无事时义，义即是有事时敬，两句合说一件。如孔子言'修己以敬'[②]，即不须言义；孟子言'集义'，即不须言敬。会得时，横说竖说，工夫总是一般；若泥文逐句，不识本领，即支离决裂，工夫都无下落。"

问："穷理何以即是尽性?[③]"

曰："心之体，性也，性即理也，穷仁之理真要仁极仁，穷义之理真要义极义，仁、义只是吾性，故穷理即是尽性，如孟子说充其恻隐之心至仁不可胜用，这便是穷理工夫。"

日孚曰："先儒谓一草一木亦皆有理，不可不察[④]，如何?"

先生曰："夫我则不暇。公且先去理会自己性情，须能尽人之性，然后能尽物之性。"

日孚悚然有悟。

【老刘说】

梁日孚问，"居敬"与"穷理"一个向内，一个向外，明明是两回事，先生却认为是一回事，该怎么理解呢?

从字面理解，"居敬"的意思是持守恭敬之心，也就是我们常讲的心有敬畏；"穷理"是穷究事物之理。"居敬"是对内的，"穷理"是对外的。梁日孚显然无法理解一内一外如何能统一在一起。

阳明先生说："'居敬'和'穷理'是内外一体的，不能简单地将其看成是两回事。如果刻意地在细节上区分不同，那'礼仪三百，威仪三千'，又何

---

① 语出《周易·文言》。

② 语出《论语·宪问》。

③《周易·说卦》："穷理尽性以至于命。"

④《二程集·河南程氏遗书》："一草一木皆有理，须是察。"

止礼仪和威仪两件事？你不妨先说一下居敬是什么？穷理又是什么？”

“礼仪三百，威仪三千”出自《礼记·中庸》。“礼仪三百”，指的是大的礼节，过去叫经礼，也就是恒常不变的大的礼仪。从个人的角度来说，人在一生之中，生老病死、婚丧嫁娶都是大事，都有一套庄严的礼仪；从国家社会的角度来说，在祭祀、外交等场合，也都有一套相应的礼仪。这些都属于大的礼仪范畴。

“威仪三千”，指的是小的行为规范、动静举止。在社会生活当中，面对不同的人、不同的事、不同的环境，每个人都需要遵循一定的行为规范。这些日常生活中的礼貌细节，过去也称为曲礼。

梁日孚说：“我的理解，‘居敬’是存养本心的功夫，‘穷理’是穷尽外物之理的功夫。”

阳明先生又问：“你存养的是什么？”

梁日孚说：“存养此心之天理。”

阳明先生说：“这么说来，‘居敬’就是‘穷理’了。再说说你是怎么‘穷理’的？”

梁日孚说：“比如对父母尽孝，我就要穷尽‘孝’的理，事君就要穷尽‘忠’的理。”梁日孚的意思是，“穷”在这里是殚精竭虑地把事情做好。

阳明先生说：“说得很好，那么‘忠’和‘孝’的理，是在国君、父母身上呢？还是在自己心上呢？如果在自己心上，归根结底不还是要穷尽自己内心的理吗？”

阳明先生的意思是，想把事情做好，不花心思是不行的，一定要尽心尽力，而这不就是穷此心之理吗？

阳明先生接着问：“你觉得什么是‘敬’呢？”

梁日孚说：“我的理解‘敬’就是‘主一’。”

阳明先生问：“什么是‘主一’呢？”

梁日孚说：“比如说读书，一心就在读书上，吃饭一心就在吃饭上，做什么事情就一心在这件事上。”

阳明先生马反问：“按照这个逻辑，饮酒就一心在饮酒上，好色一心在好色上，这也算是‘主一’的话，就是以外物为中心，就是追逐外物了，怎么能说是‘居敬’功夫呢？”

梁日孚有点儿懵了，不知该怎么说了，于是请阳明先生明示。

我们对自身评价的时候，需要有个固定的参照标准，才知道究竟做到了什么程度。如果没有基准点，这个程度就没办法度量了，一切就都乱套了。比如物理学中的速度概念，有参照物，才有具体的速度和方向，参照物一变，所有数值就都变了。

如果以别人的标准作为做事的标准，最后倒霉的永远是自己，因为“一千个人眼里有一千个哈姆雷特”，每个人的标准都不同，想要符合所有人的标准，结果就是自己先精神分裂。

对一个人而言，不变的参照点，就是自己顺应天理的本心，只有这样，才能清楚明白地对自己的所有行为做出度量。

先生回答说：“一”指的是天理，“吾道一以贯之”的“一”，说的就是以天理贯穿在一起的。“主一”是天理完全落在心体上。如果只知道“主一”，却不知道“一”就是天理，那么主的东西就落在追逐外物上了，也就是把具体的事情放在前面，而把最核心的东西放在后面了。这样一来，没有事情时意念就会落于虚空，心必将丧失其方向与动力。

假设孝敬双亲的理在心外，双亲去世了，没有具体落脚点的时候，“孝”因为没有了动力和方向，就和自己没关系了，自己的心里也就不再存在“孝”，这个结论岂不是很荒谬吗？

所以说“居敬”也就是“穷理”，就“穷理”的专一处而言，便称为“居敬”，就“居敬”的精密处而言，便称为“穷理”。“居敬”和“穷理”名称虽然不同，功夫却是一回事。

《周易》中说：“敬以直内，义以方外。”“敬”就是无事时的“义”，“义”就是有事时的“敬”，两种说法讲的也是一回事。

孔子说“修己以敬”，就没有必要再说“义”了；孟子说“集义”，就不必再说“敬”了，都是一样的道理。

领会的时候，不要执泥于字面意思，而要领会其内在的主旨，只有这样，理解时才不至于支离割裂，功夫也不会没有落脚处。

天理就是天地万物生生不息的自然秩序，过渡到人，就是人对应自然秩序而形成的人类的秩序。

比如呼吸，如果不去刻意注意，我们平常是感觉不到自己的呼吸的，这就是天理在人身上的一个体现。如果突然被呛了一下，呼吸马上就会有变化，这个时候，我们是一定能感觉得到的。这就是从静的状态到动的状态。

梁日孚问，为什么《周易》中说“穷理”就是“尽性”呢？

阳明先生说，天理落在心之本体上就是性，性即理。要穷究“仁”的理，就要仁到仁处；要穷究“义”的理，就要义到义处。仁和义只是天理以心性的方式表现出来而已。天性具足，外放的就是仁义，所以说“穷理”就是“尽性”。

梁日孚问：“程颐先生讲‘一草一木亦皆有理，不可不察’，该怎么理解呢？”

阳明先生说：“（孔子说）‘我没什么闲暇去搞这个东西’，如果你想修心性的话，先要把自己的性情搞清楚，尽了人性之后，才能尽物之性，这才是正确的方向。”

听到这里，梁日孚恍然大悟。

“一草一木亦皆有理，不可不察”这句为什么不对呢？

举个例子，山上有一棵树，一个植物学家要研究这棵树，会研究这棵树的科属、外形、生长周期、特性等。无论怎么研究，都脱离不了人心的运用。这棵树的理不在这棵树身上，而在人心中。外在的理终归还是在人的心中。

阳明心学的“心即理”，讲的就是“客观”存在的“道”和“人心”（虚灵）之间的交互关系。对没有产生交集的“客观存在”，是“存而不论”的舍弃。这一点正是初学者难于理解的地方，也是整个心学的重点和难点。

【118】
心的本体是什么

【原文】

惟乾[①]问："知如何是心之本体?"

先生曰："知是理之灵处；就其主宰处说，便谓之心，就其禀赋处说，便谓之性。孩提之童，无不知爱其亲，无不知敬其兄，[②]只是这个灵能不为私欲遮隔，充拓得尽，便完完是他本体，便与天地合德。自圣人以下，不能无蔽，故须'格物'以致其知。"

【老刘说】

冀元亨问，为什么说知是心的本体?

这部分以前的章节也有讲过，这里算是重复讲了。

"知"是知觉，天地不言之教的自然秩序就是"理"，人感知到这个自然秩序（理）的核心主宰的地方，就是"心"；知觉到的东西送达心之本体的时候，天理才会发生作用。没知觉到的东西，是不能被心体接收的，也就不会起作用。心之本体是静的，整个人身行动的主宰是心。

假设"道"就是大马路，"理"就是这条大马路上的交通规则，无论大车小车，都要遵守这个交通规则，各走各的车道，红灯停绿灯行不超速，就不会发生交通事故，秩序井然。

① 惟乾：冀元亨，字惟乾，湖南常德人，王阳明的学生。

② 《孟子·尽心上》："人之所不学而能者，其良能也；所不虑而知者，其良知也。孩提之童无不知爱其亲者，及其长也，无不知敬其兄也。"

“心”就是这辆车的驾驶员，它决定怎么转方向盘，是否踩刹车等。驾驶员要通过各种办法，包括听、看等，来搞清楚这条大马路的交通规则，这样才能保证一路顺利，不出大问题。否则就可能出现“红灯‘行’绿灯‘停’”的错误，这种错误的结果就是出车祸，甚至直接殒命。

“脑（思维）”就是驾驶员旁边支着儿的一群人，就算支着儿的这群人再正确，也改变不了方向盘、油门、刹车被驾驶员控制的事实。只有驾驶员自己懂得交通规则和如何应对突发事件，车才能安全行驶。支着儿的人完全懂，是没有多大用处的。这就是很多人懂得很多道理，一辈子照样过得一塌糊涂的根本原因。“脑”都明白，“心”不按照“脑”的指挥来做。“致良知”就是让驾驶员完全弄清交通规则和如何应对突发事件的具体方法。

以前讲过失眠的例子，从“脑（思维）”的角度来说，是准备晚上好好睡觉的，但“心”一直倒腾，就睡不着。由此可见，所有行为都是“心”来主宰的。文中的“主宰”说的就是“心”。

“禀赋”指人所具有的智力、体魄、性格、能力等素质或者天赋。这里泛指人类这种生物所具有的特质，即天道秩序下人应该具有的特质。

“就其禀赋处说，便谓之性”，从人在天地之间顺应天地秩序的角度来说，“知”就是“性”。

只要天理落到心之本体这个过程中，没有受到干扰或是扭曲，良知充盈就是水到渠成的事情。人有私欲作祟的时候，贪嗔好恶就会攀附于心体，干扰和阻碍天理落到心之本体上。

假设心之本体是个杯子，天理是纯净水，天理落到心之本体上的过程，就是纯净水倒入杯子的过程，中间如果没有任何干扰和污染，杯子是干干净净的，倒到杯子里的水，必然也是纯净水，泡茶也好，煮饭也好，都是没问题的。

私欲就是不干净的东西，贪嗔好恶是私欲的具体表现，贪嗔好恶攀附心体，就像灰尘落到了杯子里，纯净水倒下来的时候，就会被污染，杯子里的水，就不再是纯净水了，用来泡茶煮饭，味道就变了。

经常擦拭杯子，保持杯子一尘不染，就是心性修炼。

“自圣人以下，不能无蔽”，除了圣人，大家都是璞玉，难免有被私欲蒙蔽的时候。但要清楚，“玉”才是“璞玉”所能体现的真正价值之所在。对每一个人，着眼点都应该是他的良知。只有良知，才能够体现出生命中积极、阳光和所有美好的一面。

自圣人以下，人们没有不被私欲蒙蔽的，所以，需要通过格物来实现良知的显现启用。

【119】
诚意和正心的关系

【原文】

守衡[1]问:“《大学》工夫只是诚意,诚意工夫只是格物,修、齐、治、平,只诚意尽矣,又有正心之功,有所忿懥好乐则不得其正,何也?”

先生曰:“此要自思得之,知此则知‘未发之中’矣。”

守衡再三请。

曰:“为学工夫有浅深,初时若不着实用意去好善、恶恶,如何能为善、去恶?这着实用意便是诚意。然不知心之本体原无一物,一向着意去好善、恶恶,便又多了这分意思,便不是廓然大公。《书》所谓‘无有作好、作恶’,方是本体。所以说:‘有所忿懥、好乐,则不得其正。’正心只是诚意工夫里面体当自家心体,常要鉴空衡平[2],这便是‘未发之中’。”

【老刘说】

守衡问,《大学》中说的格物、修身、齐家、治国、平天下都可以看作从“诚意”生发出来的功夫,“诚意”本身就已经囊括它们了,为什么《大学》还要再单独提出来一个“正心”的功夫,岂不是画蛇添足?

---

① 守衡:人名,生平不详。

② 朱熹《大学或问》:“人之一心,湛然虚明,如鉴之空,如衡之平,以为一身之主者,固其真体之本然。”

阳明先生说，这个关节，需要自己思考体会才能得知，想明白了，也就搞清楚什么是“未发之中”了。

守衡的悟性相对差一些，始终没想明白，就三番五次地问阳明先生。

阳明先生说，学习心学修心性是有一个过程的，从入门到熟练是有次第的，每个阶段碰到的问题都不一样。虽然每个人的资质悟性不同，但基本的次第是差不多的。

初学心学的人，要收束心猿意马，从求静功夫入手，不着实去培养自己的“向善去恶”的意念，就是在外围打转，无法真正摸到门，也就等于堵住了入门路径。

触摸到心体，感知到气机流行，就要明白“无有作好、作恶”才是心之本体的道理，懂得“勿忘勿助”，不能刻意去“存善去恶”。一旦有所刻意，觉察到不妥，就要懂得放下。

“无有作好、作恶”出自《尚书·周书·洪范》，原文是：“无有作好，遵王之道。无有作恶，遵王之路。”

如果道是 100 分，顺道而行就是 100 分，不能多也不能少，99 分和 101 分都是偏道了。如同公路上开车，保持在自己的车道里就可以了，偏左压线和偏右压线的性质是一样的，都是不合交通规则的。

“诚意”的功夫就是收束心猿意马，刻意存善去恶；而“正心”则是在“诚意”基础上纠偏的功夫，即“刻意”的功夫过了的时候把此心回拨的功夫。

“正心”是对“诚意”的补充，心摆正之后的那种境界，就是“未发之中”。

“鉴空衡平”，“鉴”是镜子；“衡”是古代称重量的秤。“未发之中”就是镜子干干净净，做好照物的准备；秤完全调试好，空无一物，做好称东西的准备。

心体的“未发之中”，就如同一个弓手调整到最好的状态，弓开如满月，等着目标出现的一瞬间，把箭射出去。

【120】
戒惧慎独的本质

【原文】

正之[①]问："戒惧是己所不知时工夫，慎独是己所独知时工夫，此说如何？"

先生曰："只是一个工夫，无事时固是独知，有事时亦是独知。人若不知于此独知之地用力，只在人所共知处用功，便是作伪，便是'见君子而后厌然'。此独知处便是诚的萌芽；此处不论善念、恶念，更无虚假，一是百是，一错百错，正是王霸、义利、诚伪、善恶界头。于此一立立定，便是端本澄源，便是立诚。古人许多诚身的工夫，精神命脉，全体只在此处，真是莫见莫显，无时无处，无终无始，只是此个工夫。今若又分戒惧为己所不知，即工夫便支离，亦有间断。既戒惧即是知，己若不知，是谁戒惧？如此见解，便要流入断灭禅定。"

曰："不论善念、恶念，更无虚假，则独知之地，更无无念时邪？"

曰："戒惧亦是念。戒惧之念，无时可息；若戒惧之心稍有不存，不是昏聩，便已流入恶念；自朝至暮，自少至老，若要无念，即是己不知，此除是昏睡，除是槁木死灰。"

---

① 正之：黄宏纲（1492—1561），字正之，号洛村，江西雩县人。王阳明学生，官至刑部主事。

【老刘说】

正之问，戒惧这件事情，应该是自己心里不知道时候做的功夫，慎独应该是自己心里已经知道的时候的功夫，是不是这样子呢？

“戒惧”出自《中庸》，原文是：“是故君子戒慎乎其所不睹，恐惧乎其所不闻。莫见乎隐，莫显乎微，故君子慎其独也。”“十六字心传”说“人心惟危，道心惟微，惟精惟一，允执厥中”。人在没人看到，没人听到的时候，很容易放松对自己的戒备。

“莫见乎隐”，就是越隐蔽的地方，越明显。“莫显乎微”，越细微的事情，越容易显露自己的心迹。细微之处很容易被忽略掉，所以细微的地方恰恰是功夫是否做到位的体现。

道心是精微的，有躯壳的存在，私欲无时无刻都可能发作，引发的贪嗔好恶，随时都可能攀附心体，所以必须时时刻刻、分分秒秒心有戒备，存养天理。越是在无人觉察的独处时候，越要有对天理的敬畏之心。

人无论身在何方，心中的“知”都是自己的“独知”，无人可替代。每个心体都是独一无二的，主宰着一个生命在天地之间坐止起息。

外在的制度规则，只能约束人的外在行为，而人面对自己内心的念头时，是掩无可掩，逃无可逃，避无可避的。“慎独”所“慎”的正是这个自己独知独见的心中意念。

阳明先生回答正之说，戒惧和慎独，都是“独知”，即只有自己知道，无论有事没事，都是在心体上用功。分什么戒惧和慎独呢？人如果不能在独知处用功夫，只在人所共知处用功夫，就是在作假了。

“见君子而后厌然”出自《大学》，原文是：“小人闲居为不善，无所不至，见君子而后厌然，掩其不善，而著其善。”意思是，有些人表里不一，自己有些事情干得不大地道，实在不好意思让别人知道，毕竟男盗女娼这种破事被人知道了也挺丢脸的。于是就各种掩饰，各种编瞎话，让别人觉得自己做得都是好事，表现得挺正人君子的。实际上一转身该怎么样还怎么样。这种人就叫伪君子。

当自己独处的时候，心里有什么，自己是骗不了自己的。所以有没有什么歪念头，自己是最清楚的。这个只有自己知道的地方就是“诚”的萌芽处。

此处不管是善念、恶念，毫无虚假，一对百对，一错百错。这就是王道和霸道、义和利、诚和伪、善和恶的最初的分界。

道心的细微之处，就是修心性的关键处，在这里站得稳，定得住，就是正本清源，就是确立诚德，就是不自欺。诚意正心的功夫，精髓就在此处。这个功夫无论看得见，看不见，时时刻刻不能间断，无论身在何方，都要保持不变。

倘若把戒惧和慎独分出两块来做功夫，功夫就会支离破碎。按照这个逻辑，也是有破绽的，既然戒惧了，那就是知，如果自己不知，又是谁在戒惧呢？

我们的文化，很重视一个人做事的动机，动机是纯良的，即便后果差强人意，大家也会选择原谅他；如果做事的动机是恶的，即便最后的结果转变成了好事，大家也很难选择原谅他。而心存良善，就是从知开始，从天理落在心之本体上开始。

正之说，不管是善念还是恶念，都没有虚假，那么独处时，就没有无念的时候吗？

阳明先生说，孟子说“必有事焉”，怎么可能会有没有念头的时候呢？人只要是在清醒的状态下，心中就会持续不断地产生念头。心体的状态，如同“逝者如斯夫”的河流，前念刚灭，后念又生，是不会有什么真空期的。

心有敬畏也同样是念头，这个敬畏之心要时时保持，一旦松懈，私欲就会攀附心体，要么开始自己忽悠自己（自欺），要么任恶念升腾起来。人没念头，除非是失去意识，或者形如槁木、心如死灰的时候。

“慎独”的“慎”，关键是对“善”念的存，心有敬畏，对“恶”念足够戒备和警惕，这才是真正“去人欲、存天理”的儒学修心功夫。

【121】看人不能脸谱化

【原文】

志道[①]问："荀子云'养心莫善于诚'，先儒非之，何也？"

先生曰："此亦未可便以为非。诚字有以工夫说者。诚是心之本体，求复其本体，便是思诚的工夫。明道说'以诚敬存之'[②]，亦是此意。《大学》：'欲正其心，先诚其意。'荀子之言固多病，然不可一例吹毛求疵。大凡看人言语，若先有个意见，便有过当处。'为富不仁'之言，孟子有取于阳虎[③]，此便见圣贤大公之心。"

【老刘说】

志道问，荀子说"养心莫善于诚"，程颐先生认为这么说是不对的，为什么呢？

"养心莫善于诚"出自《荀子·不苟》："君子养心莫善于诚，致诚，则无它事矣。"意思是存养心性，没有比"诚"更有效的了，只要做到一个"诚"字，就不需要再做其他功夫了。

程颐认为荀子这么说，简直就是胡说八道。《河南程氏遗书》："荀子言'养心莫善于诚'，既诚矣，又何养？此已不识诚，又不知所以养。"

---

① 志道：管志道（1536—1608），字登之，号东溟。

② 《二程集·河南程氏遗书》："仁者浑然与物同体，义礼知信，皆仁也，识得此理，以诚敬存之而已。"

③ 阳虎：名虎，字货，春秋末期鲁国人，季氏家臣。

程颐的反驳有两层意思，是递进关系。

第一，荀子说“养心莫善于诚”，也就是说养心不仅仅是“诚”，还有其他很多路，显然这是不对的。第二，这个“诚”字，你根本就没有搞懂，这个养又从何谈起呢？

阳明先生说，荀子讲的有些话是不大对，但不是说每一句话都不对。我们看人看事情的时候不能脸谱化。不能想当然地认为：好人一定就是完美无瑕的，坏人的所作所为必然也都是坏的，抱着这样的观念看世界，本身就是用臆想掩盖真相。

从功夫的方面说，诚是心的本体，要恢复心的本体，就是思诚的功夫。程颢说的“以诚敬存之”，就是这个意思。《大学》中也说“欲正其心，先诚其意”。

同一句话，程颐和阳明先生理解的角度不同，得出的结论也就不一样了。

程颐从本体论的角度，先入为主地认为荀子说的不对，得出的结论看似深刻，实则自以为是。

阳明先生用推己及人的态度，认为荀子说的“诚”是从功夫的角度谈的，意思是人要主动培养自己内心诚敬的状态，才是实现内心“诚”的途径。荀子这句话不能说不对，存养心性的确要“诚”，《大学》也说：“欲正其心，先诚其意。”

阳明先生又说了个“为富不仁”的典故，意思是坏人说的话，如果有道理，我们一样要听。不要先入为主地认为坏人的话就一定是错的，要听话的具体内容，不能把任何人或事直接脸谱化。

下面给大家讲一下“为富不仁”这个典故，要不大家不容易理解阳明先生的真正意思。

阳货是春秋时鲁国大夫季平子的家臣，季氏曾几代掌握鲁国朝政，阳货又掌握着季氏的家政。季平子死后，阳货专权管理鲁国的政事。后来他与公山弗扰共谋杀害季桓子，失败后逃往晋国。阳货是孔子非常鄙视的“乱贼臣子”，是著名坏人。

“为富不仁”这句话是阳货说的，出自《孟子·滕文公上》：“阳货曰：‘为富不仁矣，为仁不富矣。’夏后氏五十而贡，殷人七十而助，周人百亩而彻，其实皆什一也。”

夏商周春秋时期生产力比较低下，国库收入主要靠农业税支撑。阳货说，国家想要国库充盈（富足），就要收农业税。想国库充盈就要提高税收比例，不能过多考虑宽松的税收政策（仁政）；反过来，如果要搞宽松的税收政策（仁政），就没有办法保障国库的充盈（富足）。以前的朝代，夏朝行“贡”法，商朝行“助”法，西周行“彻”法，三者的税率都是十分之一。

孟子引用阳虎的话，可见圣人对他人言语进行取舍时的大公之心。

【122】
为己之心的解析

【原文】

萧惠[①]问："己私难克，奈何？"

先生曰："将汝己私来，替汝克。"先生曰："人须有为己之心，方能克己；能克己，方能成己。"

萧惠曰："惠亦颇有为己之心，不知缘何不能克己？"

先生曰："且说汝有为己之心是如何？"

惠良久曰："惠亦一心要做好人，便自谓颇有为己之心。今思之，看来亦只是为得个躯壳的己，不曾为个真己。"

先生曰："真己何曾离着躯壳？恐汝连那躯壳的己也不曾为。且道汝所谓躯壳的己，岂不是耳、目、口、鼻、四肢？"

惠曰："正是为此；目便要色，耳便要声，口便要味，四肢便要逸乐，所以不能克。"

先生曰："美色令人目盲，美声令人耳聋，美味令人口爽，驰骋田猎令人发狂，[②]这都是害汝耳、目、口、鼻、四肢的！岂得是为汝耳、目、口、鼻、四肢？若为著耳、目、口、鼻、四肢时，便须思量耳如何听，目如何视，口如何言，四肢如何动？必须非礼勿视、听、

① 萧惠：王阳明学生，其他不详。
② 《老子》："五色令人目盲，五音令人耳聋，五味令人口爽，驰骋畋猎令人心发狂"。

言、动[1]，方才成得个耳、目、口、鼻、四肢，这个才是为着耳、目、口、鼻、四肢。汝今终日向外驰求，为名、为利，这都是为着躯壳外面的物事。汝若为着耳、目、口、鼻、四肢，要非礼勿视、听、言、动时，岂是汝之耳、目、口、鼻、四肢自能勿视、听、言、动？须由汝心。这视、听、言、动皆是汝心，汝心之视，发窍于目，汝心之听，发窍于耳，汝心之言，发窍于口，汝心之动，发窍于四肢；若无汝心，便无耳、目、口、鼻。所谓汝心，亦不专是那一团血肉；若是那一团血肉，如今已死的人，那一团血肉还在，缘何不能视、听、言、动？所谓汝心，却是那能视、听、言、动的，这个便是性，便是天理。有这个性，才能生。这性之生理，便谓之仁。这性之生理发在目，便会视，发在耳，便会听，发在口，便会言，发在四肢，便会动，都只是那天理发生。以其主宰一身，故谓之心。这心之本体，原只是个天理，原无非礼。这个便是汝之真己，这个真己是躯壳的主宰。若无真己，便无躯壳；真是有之即生，无之即死。汝若真为那个躯壳的己，必须用著这个真己，便须常常保守著这个真己的本体，戒慎不睹，恐惧不闻，惟恐亏损了他一些；才有一毫非礼萌动，便如刀割，如针刺，忍耐不过，必须去了刀，拔了针。这才是有为己之心，方能克己。汝今正是认贼作子[2]，缘何却说有为己之心不能克己？”

【老刘说】

萧惠问：“我知道自己有私欲之心，但实在是太难克去了，怎么办？”

阳明先生说：“把你的私欲之心拿过来，交给我，我帮你克。”

又说：“人要有为自己着想的心才能克己，能够克己，就能够成功克制私欲之心。”

自己的私欲之心当然是没有办法拿出来让别人帮着克的。对每一个人来说，都是以自我为中心的，“心即理”说的就是每个人知觉的核心和宇宙的交

---

① 《论语·颜渊》：“子曰：‘非礼勿视，非视勿听，非礼勿言，非礼勿动。’”

② 认贼作子：源于《楞严经》。

互关系。人的为己之心，推动每个个体追寻人生的意义。儒家的信徒追求的是内圣外王，内圣通过“格致诚正”达到“至善”；外王通过“修齐治平”达到入世治世的人生高度。

萧惠说：“坦率地讲，我也是很有为自己着想的心，但还是不能做到克除私欲之心。”

阳明先生说：“先说说你是如何定义‘为自己着想的心’的。”

这个问题的确不太好回答，萧惠沉思很久，回答说：“我一心想要做个好人，便自认为很有一些为自己着想的心。现在想来，好像做这些事情都是这具躯壳所承载而已，似乎还没找到真正的自己。”

阳明先生说：“真正的我怎么可能离开这具躯壳呢？恐怕你连这具躯壳所承载的自我也不曾考虑过。你认为的躯壳，大概就是指耳、目、口、鼻、四肢吧？”

萧惠说：“就是因为这些躯壳的需求引导，眼睛想看美色，耳朵想听美声，嘴巴想吃美味，四肢想要享受安逸，所以不能克。”

阳明先生的教育方法是循循善诱，萧惠问自己的私欲难克问题时，阳明先生没有直接说教，而是通过一环扣一环的提问，让萧惠主动思考，进而一步步推导出自己要问的问题来。等火候差不多了，他才开始真正地教导，一针见血地指出问题的根本之处——如何才是真正地为躯壳考虑。

阳明先生说，美色过度会让人目盲，看得太多，超出眼睛的可承受范围，就会视力下降；好听的声音听得太多了，超出听觉系统的可承受范围，听力系统就会损害；美味吃多了会伤害脾胃；驰骋田猎让人发狂，打猎探险这类事情，会让人对自己的运动能力盲目自信，难免高估自己，导致各种意外事故的发生。放纵感官，溢出的欲望如果不克制的话，最后倒霉的还是自己。但凡超出合理范畴的私欲放纵，都会对这具躯壳造成伤害，怎么能说是有益于躯壳呢？

如果真是为了自己的这具躯壳着想，就应该在合理范围内使用自己的耳、目、口、鼻和四肢，克制溢出的私欲。必须做到“非礼勿视，非礼勿听，非礼勿言，非礼勿动”。

你现在终日向外寻求好名、好色、好利这些私欲，无非是心不在该在的位置，如同一个国家，君王没有决断的权力，六部各行其是，各搞一套，整个国家早晚要乱套。

如果真的为自己的躯壳着想，就必须让心如国家的君王，垂拱而治，统筹管理六部，进而理顺国家。一艘船只能有一个掌舵的，如果谁都可以操纵船舵，张三由着自己性子转两下，李四也由着自己性子转几下，不但不能按照既定航线到达目的地，甚至可能会翻船。

视、听、言、动都应该以心所发的指令为准，心指挥耳、目、口、鼻和四肢，没有心，就没有耳、目、口、鼻和四肢的功能了。譬如一台电脑，如果没有 CPU（中央处理器），整个硬件系统就会瘫痪，其他部件也就没有存在的意义了。

所谓心，并不是指那一团血肉。如果只是那一团血肉，人死了以后，那团血肉还在，为何不能视、听、言、动呢？

心学说的“心”，指的是摸不着看不到，能知觉到世间万物的那个东西，也就是“性”，就是天理。天理落在心之本体上就是良知，良知外发就是“仁、义、礼、智、信”。正是如此，才有生生不息。

心的本体如同电脑的软件系统，躯壳如同硬件系统，如果没有软件系统，硬件系统也就没有存在的意义了。硬件系统是软件系统的载体，软件系统是硬件系统的主宰。心之本体和躯壳的关系亦是如此。

如果你真的是为这具躯壳着想，就应该时常存养本心，做到“戒慎不睹，恐惧不闻”。一旦出现偏离本心的念头，就犹如刀在割，针在刺，忍耐不来，必须马上解决，导正念头。这才是真的为自己着想。

阳明先生最后说萧惠：“你现在的搞法，只是认贼作子，还谈什么不能克制私欲之心？”真正的为己之心是修好心性，让自己的心真正成为身体的主宰，这才是真正理顺、真正为己。

关于“为己”这件事，阳明心学很少谈及，主要谈的是“去人欲、存天理”，仿佛修炼心性就可以不食人间烟火了。实则不然。这一节从人的躯壳（肉体）层面入手，打通了天理、心和心的载体（肉身）之间的关系。

人在恶习中陷溺，无一不是以牺牲自己的身体为代价来满足自己在私欲方面的嗜好的。萧惠说的“己私难克”，是每个人都必然遇到，且无法回避的问题。

分清真正的“为己”和“自我戕害”，才能在真正的“为己”中“克己”，才是真正的存养心性、进入圣人之境的路径。

【123】
积极面对，以待天命

【原文】

有一学者病目，戚戚甚忧。

先生曰："尔乃贵目贱心！"

【老刘说】

这一节有两种解释。

一种解释是，有个学者因为害了眼病，每天忧心忡忡。

先生说，这是贵目贱心，本末倒置，把性命根本放在了次要位置。

前面已经说过，人的天命由两个部分组成，一部分人力可及，一部分人力不可及。修身的核心在人力可及的这一部分。对于人力不可及之处，儒家的态度一直是积极面对，以待天命。

明人陈继儒曰："天薄我福，吾厚吾德以迓之；天劳我形，吾逸吾心以补之；天阨我遇，吾亨吾道以通之。"

生老病死，沧海桑田，人力不可及，为此牵绊虚耗时光，无疑是不智的。

另一种解释是，有个学者，修身的毛病在眼睛上，喜欢看美色。一看到漂亮东西，马上就被吸引过去了，存养心性也忘记了。所以他每天很忧愁，修心性始终没什么进展。

阳明先生知道这件事情之后，就对他讲：你这是贵目贱心，你把你眼睛的需求放在心的需求前面了，顺序颠倒了。心才是核心和首要的，不把心的位置摆正，修身就很难再有进展。

人都喜欢美好的事情，但要"发乎情，止乎礼"，这是最重要的。

比如说游戏，很多人都喜欢玩，这无可厚非，重点是游戏影响到正常的生活，心里要清楚，游戏只是一种消遣。现在很多孩子上网玩游戏上瘾，没日没夜，废寝忘食，学习什么的全扔到一边去了，家长忧心忡忡，但是又没办法。到了这个程度，就不是玩游戏了，而是在被游戏玩。

对于这种现象，有人建议把游戏禁了。但禁了并不能从根本上解决问题，即使禁了，那些沉迷于此的人，一样会用其他的法子，继续沉迷。其实游戏自身并没有对错，问题在于人的心性。

关于“眼疾”这件事，只要做到“贵心”，就可以解决。人人喜欢美色，没什么好大惊小怪的，儒家追求入世治世，自然要面对各种各样的诱惑。要从欣赏的角度去看，不要被美色左右了自己的心性，更不要因此而产生贪嗔好恶之念头，“万花丛中过，片叶不沾身”同样是一种境界。

【124】
儒学的妙处

【原文】

萧惠好仙、释。

先生警之曰："吾亦自幼笃志二氏，自谓既有所得，谓儒者为不足学。其后居夷三载，见得圣人之学若是其简易广大，始自叹悔错用了三十年气力。[①] 大抵二氏之学，其妙与圣人只有毫厘之间。汝今所学，乃其土苴[②]，辄自信自好若此，真鸱鸮[③]窃腐鼠耳。"

惠请问二氏之妙。

先生曰："向汝说圣人之学简易广大，汝却不问我悟的，只问我悔的！"

惠惭谢，请问圣人之学。

先生曰："汝今只是了人事问；待汝办个真要求为圣人的心，来与汝说。"

惠再三请。

先生曰："已与汝一句道尽，汝尚自不会！"

---

① 王阳明十七岁时与道士论养生，中间经过信佛老、怀疑佛老的过程，最后在三十六岁时于贵州龙场悟道，前后持续二十年。《王阳明年谱》中说："吾幼时求圣学不得，亦尝笃志二氏。其后居夷三载，始见圣人端绪，悔错用功二十年。"当以《王阳明年谱》所载为是。

② 土苴：渣滓，糟粕，比喻微贱的东西。

③ 鸱鸮：猫头鹰。

【老刘说】

萧惠喜好佛、道两家的东西，自认为很有心得，阳明先生决定敲打他一下，毕竟佛、道两家和儒家是有分别的，特别是在入世治世方面。

阳明先生说："我自幼也笃信佛、道之学，在上面花了很多精力，自认为颇有心得，觉得儒学不足为学。后来几经变故，特别是在龙场的三年，才豁然开朗，发现圣人之学的简易博大，不禁后悔浪费了三十年的时间和精力。如果这三十年的时间和精力都放在儒学上的话，今天的进境应该会更高一点儿。"

其实儒、道、释三家，在心性精妙方面是差不多的，都是从入静功夫开始，收束心猿意马。三家的分界点在后面的事情上，儒家更注重入世治世的东西，而道家和佛家则更注重出世的东西，在人际关系处理和治世方面涉及的很少。

阳明先生接着说："你现今学到的只是佛道的糟粕，还觉得自己很牛。就像是猫头鹰捡到一只腐烂的老鼠，有什么好自鸣得意的！"

"鸱鸮窃腐鼠"的典故出自《庄子》，说的是庄子的好友惠施在梁国做国相，庄子去看望他。有人告诉惠施说："庄子到梁国来，是想取代你做国相。"于是惠施非常害怕。庄子前去见他，说："南方有一种鸟，它的名字叫鹓雏，你知道它吗？那鹓雏从南海起飞飞到北海去，不是梧桐树不栖息，不是竹子的果实不吃，不是甜美的泉水不喝。有一只猫头鹰拾到一只腐臭的老鼠，在鹓雏从它面前飞过时，它仰头看着，发出'嚇！'的怒斥声，唯恐鹓雏来抢它的老鼠。"

接下来萧惠让阳明先生谈谈佛道两家的妙处。这个做法显然是情商不够的表现。阳明先生刚刚说完对佛道二家叹悔的话，萧惠就要人家谈谈两家的好。这等于和关羽聊天，不问过五关斩六将的光辉事迹，偏偏要他谈谈走麦城有啥感想，这就是纯粹找抽的节奏了。根本原因还是萧惠对阳明先生的警醒，没有给予足够的重视，还依然沉浸在自己的窠臼中，无法自拔。

阳明先生说："给你说圣人之学简易博大，你不听，偏偏只问我所后悔的，你要表达什么意思呢？"

阳明先生这么一说："萧惠也意识到了自己的不妥，马上改口问阳明先生

“圣人之学”。很显然，他这么做只是顺坡下驴，为了掩饰自己的窘态，而非真心想窥探“圣人之学”。

以阳明先生的睿智，怎么可能看不出来，于是回答说：“现在你只是应付着问，等到你什么时候真正想明白了，诚心想学习圣学的时候，再来和你说吧。今天我不想继续聊这事了。”

阳明先生最后对萧惠说的“已与汝一句道尽”究竟指的是什么呢？

个人理解是指“待汝办个真要求为圣人的心”这句，这句讲的是“诚意”。“诚意”是“圣人之学”的根本，自己如果没有“诚意”，别人是无能为力的。

【125】
真知和真行

【原文】

刘观时[1]问："'未发之中'是如何?"

先生曰："汝但戒慎不睹，恐惧不闻，养得此心纯是天理，便自然见。"

观时请略示气象。

先生曰："哑子吃苦瓜，与你说不得；你要知此苦，还须你自吃。"

时曰仁在旁，曰："如此才是真知，即是行矣。"

一时在座诸友皆有省。

【老刘说】

刘观时问"未发之中"究竟是什么样子。

阳明先生从"戒慎恐惧"的角度进行解说，说等他真正明白"慎独"是个什么样子，也就明白"未发之中"是什么样子了。

刘观时表示这么解释，他还是没有听懂。请阳明先生再深入讲一下。

但修心性这件事情，太过抽象，有很多妙处是没办法用文字或者语言表达出来的，语言和文字承载的信息量非常非常有限。这也是我反复强调实修的重要性的原因。很多在语言文字上晦涩难懂的东西，经过实修，会很容易

① 刘观时：王阳明的学生。

理解。比方说“饿了”这件事情，即使说洋洋万言，你可能还是对它没有概念。相反，只要你三天不吃饭，不用看任何文字，也明白“饿了”究竟是什么感觉。

阳明先生这个时候，很无奈地说：“哑子吃苦瓜，与你说不得。你要知此苦，还须你自吃。”苦瓜的味道我吃了之后当然知道是怎么样的一种苦，但如果你没吃过，不管我怎么说，你都不可能感同身受的。你要想知道究竟是怎么个苦法，那只能自己尝一尝。

其实我们讲“知行合一”的时候还有四个字，叫“边知边行”。这时徐爱在旁画龙点睛说了一句：“这个才是‘真知真行’！”

儒家讲的“真行”就是这样子。“一时在座诸友皆有省”，这个“省”，是醒悟的意思。为什么叫在座诸友，不叫诸学生呢？因为阳明先生的名气和学问都很大，来听他讲课的好多都是官员，有一些甚至比他的官还大，讲诸友谓同道为鉴、互相切磋的意思。

阳明心学的“真知”必须实践才能得来，空谈心性，死啃书本是无法获取的。只有凭借良知指引，并跟具体实践结合，才能获得世间真正的“知行合一”的智慧。

【126】
儒家的生、死之道

【原文】

萧惠问死、生之道。

先生曰："知昼、夜，即知死、生。"

问昼、夜之道。

曰："知昼则知夜。"

曰："昼亦有所不知乎？"

先生曰："汝能知昼？懵懵而兴，蠢蠢而食，行不著，习不察，终日昏昏，只是梦昼。惟息有养，瞬有存，① 此心惺惺明明，天理无一息间断，才是能知昼。这便是天德，便是通乎昼夜之道而知。更有甚么死、生！"

【老刘说】

萧惠问死生之道，也就是通常意义上说的生命之存亡的生死。千古以来，人一直有一个疑问：当身体死亡的时候，人的灵魂何去何从？众说纷纭，并无确定的答案。

阳明先生说，知道昼夜的道理，也就知晓了生死的道理。

萧惠又问什么是昼夜之道。

阳明先生回答说，知道白天，也就知道了黑夜。

---

① 《张子全书》："言有教，动有法，昼有为，宵有得，息有养，瞬有存。"

萧惠问，太阳出来就是白天，太阳下山就是晚上，阴阳割昏晓，这是常识性的东西了，怎么可能有人不知道什么是白天，什么是黑夜呢？

阳明先生说，阳明心学中定义的白天和黑夜和萧惠认为的不同，当人心时时刻刻存养良知，保持对天理的明觉洞察，始终和天理的运行步调一致，也即心处于灵明清醒的状态时，就是白天，就是生；相反，天理没有落在心之本体上，或者对良知麻木无觉，只是按照躯壳的引导坐卧止息，这种状态就是黑夜，就是死。

懵懵懂懂起床，糊糊涂涂吃饭，行为完全从躯壳起念，不好的习惯自己也不清楚，整日浑浑噩噩，每天过得像梦游一样，这就是没有分清白天黑夜。

只有做到像张载先生说的那样“息有养，瞬有存”，让心中随时随地存养良知，天理没有一刻间断，才算是懂得什么是白天。天德就是如此，明白了昼夜之道，自然就懂了生死之道。

关于生死，谈谈个人的一点儿看法，我相信人是有灵魂的，灵魂就是阳明先生说的“一点灵明”，我们活着的时候，我们灵魂和躯壳是一体的。我们去世的时候，从生物学的角度来说，躯壳已经没有什么价值了，被抛弃掉了，尘归尘土归土。但灵魂还是存在的。所以从这个角度，我比较相信人有转世的，只不过转世不是像电视电影说的那个样子。

当躯壳停止工作，出窍的灵魂是有意识的，之前修心性的积累都在灵魂上承载着。儒学一直讲“未知生，焉知死”，躯壳的死亡从来不以人的意志为转移，可惜大多数人终其一生都没有正视过这一问题。天命中有人力可及的部分，亦有人力不可及的部分，躯壳的存亡属于人力不可及的部分，是老天爷的事情，不是人力所能左右的。生老病死每个人都害怕，但怕是没有任何意义的，与其在恐惧中惶惶终日，不如坦坦荡荡地以平常心面对。把人生当作一次没有彩排的正式演出，认真地做好作为一个人该做的事情，活好每一个当下，存养良知，修好心性，自然而然对死就不会再感到恐惧了。

阳明先生离世之时，最终遗言只有八个字：“此心光明，亦复何言。”

【127】

率性之谓道

【原文】

马子莘问："'修道之教'，旧说[①]谓圣人品节吾性之固有，以为法于天下，若礼、乐、刑、政之属。此意如何?"

先生曰："道即性即命，本是完完全全，增减不得，不假修饰的。何须要圣人品节，却是不完全的物件！礼、乐、刑、政是治天下之法，固亦可谓之教，但不是子思本旨。若如先儒之说，下面由教入道的，缘何舍了圣人礼、乐、刑、政之教，别说出一段戒慎恐惧工夫?却是圣人之教为虚设矣。"

子莘请问。

先生曰："子思性、道、教皆从本原上说，天命于人则命便谓之性，率性而行则性便谓之道，修道而学则道便谓之教。率性是诚者事，所谓'自诚明谓之性'也；修道是诚之者事，所谓'自明诚谓之教'[②] 也。圣人率性而行即是道。圣人以下未能率性，于道未免有过不及，故须修道。修道则贤知者不得而过，愚不肖者不得而不及，都要循着这个道，则道便是个教。此'教'字与'天道至教'[③]'风

---

① 旧说：指朱熹在《中庸章句》中的解释："圣人因人物之所当行者而品节之，以为法于天下，则谓之教，若礼、乐、刑、政之属是也。"

② 语出《中庸》。"诚"即真诚的德性，"明"即明白通晓。

③ 《礼记·礼器》："天道至教，圣人至德。"

雨霜露，无非教也’[①] 之‘教’同。‘修道’字与‘修道以仁’[②] 同。人能修道，然后能不违于道，以复其性之本体，则亦是圣人率性之道矣。下面‘戒慎恐惧’便是修道的工夫，‘中和’便是复其性之本体。如《易》所谓‘穷理尽性以至于命’，‘中和位育’便是尽性至命。”

【老刘说】

马子莘问，朱熹先生在解释“修道之教”这句话时，认为圣人很清楚人与人的天资是不同的，有上智之人，也有下智之人。人性中固有的东西，有些对于治世是有影响的，并以此为依据制定了天下人效法的标准，如礼、乐、刑、政之类，来规范引导，教化天下。这种说法对吗？

“修道之教”出自《中庸》，原文是：“天命之谓性，率性之谓道，修道之谓教。道也者，不可须臾离也，可离非道也。”

朱熹在《中庸或问》中，对于“修道之谓教”这句的注解是“修道之谓教，言圣人因是道而品节之，以立法垂训于天下，是则所谓教也。盖天命之性，率性之道，皆理之自然，而人物之所同得者也。人虽得其形气之正，然其清浊厚薄之禀，亦有不能不异者，是以贤智者或失之过，愚不肖者或不能及，而得于此者，亦或不能无失于彼。是以私意人欲或生其间，而于所谓性者，不免有所昏蔽错杂，而无以全其所受之正；性有不全，则于所谓道者，因亦有所乖戾舛逆，而无以适乎所行之宜。惟圣人之心，清明纯粹，天理浑然，无所亏阙，故能因其道之所在，而为之品节防范，以立教于天下，使夫过不及者，有以取中焉。”

在朱熹看来，所谓“修道之谓教”，是指人与物由于气禀的不同而存在着差异，人与物有其各自不同的“道”，“不免有所昏蔽错杂，而无以全其所受之正”，因此有可能背“道”而行；圣人能够依据人与物各自不同的“道”而对他们做出不同品级的节制和约束，立礼、乐、刑、政之属，以教化天下。

阳明先生说，“道”就是“性”和“命”。三者本来就是一回事，不必增

---

① 《礼记·孔子闲居》：“天有四时，春秋冬夏，风雨霜露，无非教也。”

② 《中庸》：“故为政在人，取人以身，修身以道，修道以仁。”

减修饰，又何必要圣人去品评节制呢？礼、乐、刑、政是治理天下的法度，固然可以称为教，但并不是子思的本意。阳明先生举了个反例：依照朱熹先生的解释，如果通过外部的约束就可以达到教化的目的，《中庸》的后面应该讲的是礼、乐、刑、政怎么具体去做，为何还要另外说出一套“戒慎恐惧”的功夫呢？“修道”的过程中所下的功夫就是“教”，“礼、乐、刑、政”只是对人类群体的一种外部规范和约束。我们肯修自己的心，并不是因为外部的要求，而是我们自己内心的需求。

关于“道”“性”“命”之前讲过很多了，这里就不再啰唆。打个比方，如果说“道”是一条公路，各种车辆可以在上面通行，那么“性”就是上面跑的一辆汽车，无论这辆车被设计出来的目的是干什么的，是拉货还是拉人，但基础条件是必须能在公路上行驶，且遵守交通规则；而“命”就是这辆车的运行状态和过程，这个状态和过程，与车本身的特性以及公路的路况都有直接的关系。显然三者是一体的。

马子莘没有完全理解，于是请阳明先生讲得更详细一点儿。

阳明先生说，《中庸》讲的“性”“道”“教”都是从根本上说的。天命于人而言，即为“性”；率性而行，那么“性”即“道”；修道而学，那么“道”即“教”。率性是“诚意者”的事，正是《中庸》中说的“自诚明，谓之性”。修道是“诚之者”的事，正是《中庸》中说的“自明诚，谓之教”。圣人率性而行就是道。

对初学者来讲，一定要心有敬畏，心有敬畏的时候才能有诚意，心无敬畏是不可能有真正的诚意的。

圣人是生知安行的人，视、听、言、动都是符合天道的，能做到由着性子而“不逾矩”。我们一般人没这个水平，应对外物，要么过，要么缺，很难拿捏准确，还是好好下功夫修道为好。修道后，贤者智者不会过分，愚昧不肖者不会不及。只有修到圣人的程度，才能率性而为，才能达道。

“修道”的意思与《中庸》中“修道以仁”的“修道”相同。人能够修道，然后才能不违背道，就能恢复性的本体。

借用上面的比方，圣人就像是熟练的老司机，即便由着本性开，也不会违反交通规则。一般人开车的水平还远远不够，那就老老实实地按照交规的要求来开，假以时日，自然就能达到纯熟的程度。

《中庸》后文讲的“戒慎恐惧”是修道的功夫。“中和”就是恢复性的本体。像《周易》上所说的“穷理尽性，以至于命”。“中和位育”就是尽性而至命。

【128】
治大国的根本

【原文】

黄诚甫问："先儒以孔子告颜渊为邦之问，是立万世常行之道[①]，如何?"

先生曰："颜子具体圣人，其于为邦的大本大原都已完备，夫子平日知之已深，到此都不必言，只就制度文为上说。此等处亦不可忽略，须要是如此方尽善，又不可因自己本领是当了，便于防范上疏阔，须是要放郑声、远佞人，盖颜子是个克己向里德上用心的人，孔子恐其外面末节或有疏略，故就他不足处帮补说。若在他人，须告以'为政在人，取人以身，修身以道，修道以仁'，'达道''九经'及'诚身'[②] 许多功夫，方始做得，这个方是万世常行之道。不然，只去行了夏时，乘了殷辂，服了周冕，作了韶舞，天下便治得? 后人但见颜子是孔门第一人，又问个为邦，便把做天大事看了。"

【老刘说】

黄诚甫问，《论语》中，孔子回答颜回关于治国的问题，朱熹认为它确立

① 朱熹《论语集注》引程颐言："盖三代之制，皆因时损益。及其久也，不能无弊……故孔子斟酌先王之礼，立万世常行之道。"

② 《中庸》："天下之达道五，所以行之者三。曰君臣也，父子也，夫妇也，昆弟也，朋友之交也……凡为天下国家有九经，曰：修身也，尊贤也，亲亲也，敬大臣也，体群臣也，子庶民也，来百工也，柔远人也，怀诸侯也。"

了万世常行之道，这样理解对吗？

“孔子告颜渊为邦之问”出自《论语·卫灵公》，原文是：“颜渊问为邦。子曰：‘行夏之时，乘殷之辂，服周之冕，乐则《韶》舞。放郑声，远佞人。郑声淫，佞人殆。’”

颜回问孔子治理一个国家重点是什么，孔子说用夏朝的历法，用殷朝的车辆，用周朝的衣服，用舜时的《韶》乐。郑声是不能用的，佞人也是不能用的，都要离远一点儿。

在农业时代，夏历是我国的标准历法，直到现在，民间所用的历法还是夏历。治国应当先定天时，办事才方便。

殷朝的大车编结蒲草为席，置于车中，以为坐垫，有尚俭之意。

冕是礼帽，此处代表衣冠，周冕有垂旒，用来遮眼，有黈纩塞耳，取意为人君者不听谗言、不需察察为明。

对国民实施教化，需要音乐。孔子告诉颜回，音乐要取法舜乐。舜帝的《韶》乐，尽美尽善，所以可用。

放逐郑国的乐声，不用巧言的佞人。因为郑声淫，佞人危险。郑声淫，是说郑国的音乐声调滥无节制。

阳明先生说，颜回问治国的时候，已经接近圣人之体了，对于治理国家的大本大源已经基本掌握了，孔子和颜回关系密切，对他的本事了如指掌。在治国之道上，是没有必要事无巨细统统说一遍的，孔子只是在颜回可能会忽略的地方提点一下，查缺补漏，大方向没说什么。

“行夏之时，乘殷之辂，服周之冕，乐则《韶》舞”这些只是比方，不能迂腐地照搬照抄。我们中国人到现在，虽说几千年文化，真传承下来的东西有什么？但凡有形的东西都没有了，基本都是无形的东西。孔子作为一代圣人，怎么可能这么浅显的道理都不清楚呢？

孔子讲的重点其实就是六个字“放郑声，远佞人”，靡靡之音会带坏整个社会风气，是不能用的；佞人一天到晚琢磨人不琢磨事，溜须拍马阿谀奉承，治理国家要特别提防这类人，否则是很容易坏事的。

颜回是一个克己慎独、注重内在修养的人，孔子怕他对外在的细节有所疏略，因此就他的不足处加以提醒。

阳明先生接着说，如果不是颜回来问这个问题，而是别人来问，孔子会怎么说？孔子肯定会说“为政在人，取人以身，修身以道，修道以仁”这些东西，然后还会说“达道”和“九经”这些根本性的东西。而不会把夏历、殷朝的车辆、周朝的衣服、《韶》舞这些东西提出来，朱熹见颜回是孔门第一人，又问了个治国之道，就把这件事情当作天大之事来看了。

【129】
修身中诚意的重要性

【原文】

蔡希渊问："文公《大学》新本，先'格致'而后'诚意'工夫，似与首章次第相合；若如先生从旧本之说，即'诚意'反在'格致'之前，于此尚未释然。"

先生曰："《大学》工夫即是'明明德'。'明明德'只是个'诚意'。'诚意'的工夫只是'格物''致知'。若以'诚意'为主，去用'格物''致知'的工夫，即工夫始有下落，即为善、去恶无非是'诚意'的事。如新本先去穷格事物之理，即茫茫荡荡，都无着落处，须用添个'敬'字，方才牵扯得向身心上来。然终是没根源；若须用添个'敬'字，缘何孔门倒将一个最紧要的字落了，直待千余年后要人来补出？正谓以'诚意'为主，即不须添'敬'字。所以提出个'诚意'来说，正是学问的大头脑处。于此不察，直所谓'毫厘之差，千里之缪'。大抵《中庸》工夫只是'诚身'，'诚身'之极，便是'至诚'；《大学》工夫只是'诚意'，'诚意'之极，便是'至善'。工夫总是一般。今说这里补个'敬'字，那里补个'诚'字，未免画蛇添足。"

【老刘说】

蔡希渊问阳明先生："朱熹用的《大学》新本，把'格物致知'的功夫放在'诚意'之前，先生您用的《大学》旧本，把'诚意'的功夫放在'格物致知’之前，在这点上您和朱熹先生的观点是矛盾的，这个事情我没有想明白，先生您能讲解一下吗?”

阳明先生说，《大学》的功夫就是个“明明德”，而“明明德”的根本是“诚意”。“诚意”的功夫就是“格物致知”，“诚意”才是核心。如果是以“格物致知”开始，一切都是外求的，追索万事万物都有个理在，就会离心越来越远了。这个方式，功夫就没有落脚处了。

阳明先生又说，为善去恶存养良知，无非都是“诚意”的事。如果像新本所说，先去穷究事事物物之理，就会茫茫然然全无着落处。必须添一个“敬”字，才能和身心扯上关系，但这“敬”是朱熹自己添出来的，以前没有。既然这个“敬”是最紧要的，那为什么孔圣人这些人都想不起来，非要等到几千年之后，朱熹把这个字补出来呢？这个解释有点儿扯了。

而以“诚意”为主要，就不需要再填这个“敬”字了。“诚意”才是儒学学问的核心处。这个地方不能明察，就是“差之毫厘，谬以千里”了。

阳明先生接着说，《中庸》的功夫只是个“诚身”之极，也就是至诚。《大学》功夫只是个“诚意”，诚意之极就是至善。功夫都是一样的。此时说这里需要添一个“敬”字，在那里要需要补一个“诚”字，就是画蛇添足了。从这个角度来说，朱熹还没有真正理解儒家修身的真谛。

上篇开篇的第一节，是围绕《大学》中的“新民”和“亲民”展开讨论的，结尾是围绕“格物”“致知”和“明明德”展开讨论的。

阳明先生强调的依然是修心要以“诚意”为主，向内求，不求于外，这里是对修心功夫的呼应，做个归纳式的总结。其中阐释的思想分布在《传习录》上篇各章节中，请大家细细体会前述各节。